本书出版受到福建省社科规划社科研究基地重大项目
（项目编号：FJ2020MJDZ031）
福建省"双一流"建设公共管理高原学科建设项目
（项目编号：122-712018020）
福建农林大学科技创新专项基金项目
（项目编号：CXZX2020027S）资助。

福建农林大学公共管理研究丛书

本书出版受到福建省社会科学研究基地"新时代乡村治理研究中心"资助

福建农业经营制度变迁研究
1949-1985

Study on the Changes of Fujian Agricultural
Management Institution:1949-1985

尹 峻 ◎ 著

经济管理出版社
ECONOMY & MANAGEMENT PUBLISHING HOUSE

福建农林大学公共管理研究丛书
总 序

党的十九届四中全会将"坚持和完善中国特色社会主义制度、推进国家治理体系和治理能力现代化"列为全党的一项重大战略任务。这为中国公共管理学科的发展提供了新的历史性机遇，也对公共管理理论研究和实践总结提出了新的期待与要求。作为国家治理体系的重要组成部分，有效的乡村治理体系是乡村振兴的重要保障。在加快推进乡村治理体系和治理能力现代化过程中，党和政府提出一系列新理念新思想新战略，乡村发展也面临重大理论与实践新问题，并将产生大量公共管理实践新经验，亟待农林院校公共管理学科的参与解释、总结和探索。

公共管理是一门综合性与应用性很强的交叉学科。在新时代背景下，福建农林大学公共管理学科建设，既要符合主流公共管理学的话语、理论和学科的建构要求，也要立足地方院校的现实基础，更要突显农林背景的行业特色，稳扎"三农"问题研究"主战场"，从中国乡村振兴实践创新提炼、全球乡村治理趋势应对和多学科融合发展等维度，探讨公共管理学科在特定区域和具体领域的创新发展路径，以有效回应新时代农业农村发展重大需求，更好应对乡村社会转型和城乡融合发展趋势，为区域乡村振兴提供强有力的智力支持。

经过近二十年发展，福建农林大学公共管理学科取得了长足的进步，先后被评为福建省重点学科、福建省"双一流"建设高原学科，当前正朝着农林特色鲜明，在全国同类院校、省内同类学科中位居先进水平的目标方向而努力。

为服务国家和地方发展战略，大力推进学科建设，努力把握公共管理学科前沿问题和乡村发展趋势，同时面向区域农业农村发展现实需求，并根据本学院的学科基础以及教师研究专长，我们精心组织"公共管理"研究丛书选题，涵盖农村经济、社会、政治、文化和生态等领域的治理问题。

在研究过程中，我们广泛采用公共管理及其他学科的研究工具和方法，以期与同行学界沟通对话，并立足农林高校特色和优势，试图推动乡村治理研究范式、理论建构和实践创新，以乡村治理研究成果丰富中国特色公共管理学科的内涵。我们秉承"把论文写在田间地头"的理念，直面乡村治理新场景、新实践、新问题，并在农村实际场域中校正研究视角和价值取向。我们不仅开发利用了国家农业农村部"农村固定观察点"积累三十多年的面板数据，还组织师生深入农村一线，持续开展实地调查和入户访谈；既如实反映农村实际和农民呼声，也客观评价政策的实施效果，并提出了一系列有针对性的对策建议，希望助力乡村治理体系和治理能力现代化，为实施乡村振兴战略贡献我们的智慧。

郑逸芳

2019 年 11 月

前 言

　　农业经营制度是我国经济制度的重要组成部分，它在一定程度上决定了国家与农民的关系及我国农村生产力与生产关系发展状况，进而影响到农业生产、农村经济、农民收入和国家政权的稳定。同时，农业经营制度的产生与发展又受到了本国经济社会发展、历史文化的决定以及国际形势的影响。因此，研究与探讨我国农业经营制度的变迁具有重要的历史意义和现实意义。福建省地处中国东南，人多耕地少，与海外联系紧密且农村社会文化传统根基深厚，农业经营制度变迁有其特定历史轨迹。

　　本书结合土地改革、合作化和人民公社的发展历程回顾了 1949~1985 年福建农业经营制度变迁历程，以农村土地产权制度变革为主线，在充分搜集、确认各种与之有关档案资料、史料的基础上重现中华人民共和国成立后福建农业经营实践，阐述福建农业经营制度变迁绩效和动因，阐明不同时期农业经营制度对农业经济发展的影响，并就研究问题提出相应观点，试图还原这段历史发展的曲折性和复杂性，丰富我国区域性农业经济发展史研究。

　　本书基于"文献综述与提出问题、发展轨迹梳理、理论框架、历史分析与逻辑论证、结论与研究思考"的分析框架，设计了八章内容。第一章为导论，主要阐述研究背景、研究对象、研究目标、研究方法和研究的创新与不足之处。第二章对国内外文献进行回顾，得出本书的研究方向。第三章是相关概念、理论基础，主要厘清农业经营制度概念，阐述农业经营制度变迁相关理论。第四章回顾福建农业经营制度背景，概括土地改革、合作化和人民公社的背景、原因、发展概况及特殊性分析。第五章主要描述不同时期福建农业经营制度的相关政策法令，农业生产组织、农业生产制度和收入分配制度变迁。第六章为农业经营制度绩效分析，着重分析不同农村土地产权下农业经营制度绩效及农业经营制度影响农业经济发展的原因。第七章在前章分析的基础上结合制度变迁理论的内生理论及农村社会文化传统，分析中华人民共和国成立后至人民公社结束时福建农业经营制度变迁动因。第八章为研究结论与思考，得出福建农业经营制度变迁的主要观点与结论，并就福建农业经营的现实问题提出设想。

通过分析福建农业经营制度变迁，本书认为：在农民掌握土地产权的土地改革、互助组、初级社时期，农地产权排他性较强，对农民生产具有正向激励，农民生产积极性较高，农业经营制度绩效明显。高级社后期至人民公社初期，农地产权结构对农民生产经营失去激励，农业经济增速下降。农地产权下放至生产队至人民公社结束，农民或农村经济组织掌握农地的实际使用权及部分收益权，农业产出增速较快，但由于农地制度供给不灵活、监督费用高和干部管理水平有待提高等原因，影响了农业经营制度效率。因此，本书的主要研究结论如下：农业经营制度变迁中，农村土地产权制度是核心，土地所有权、使用权和收益权影响着农业生产要素投入，对农业经营制度绩效及农村经济发展至关重要，同时农业经营制度变迁的方向、速度、形式、广度和深度等依赖于权利调整或界定中各行为主体的利益追求和力量对比及政治结构中核心领导者偏好。对于福建农业经营制度演变路径，"农地产权集体所有，农民掌握农地使用权和收益权，农民家庭经营、股份合作和适度规模经营"是相对较好的制度安排，农业经营主体拥有的农地产权排他性较强，在制度激励下，他们的生产积极性相对较高，能够更大程度地投入和利用农业要素，使土地利用率、产出率和劳动生产率得以提高，进而促进农业经济增长；明晰因经济地位提升而对农村土地制度有新的需求的农民和农业合作组织农地产权，制度供给方应尊重其意愿与利益进而避免各方因利益摩擦而造成的高昂制度实施成本，最大程度上实现制度均衡，促使制度激励得以充分释放；尊重农村基层文化传统，寻求因时而动以各种形式表现出来的农村社会文化传统与农业经营制度相适应的平衡点，释放农业经营制度效率；强化农业收入贡献的农业经营制度创新，提高农民收入水平，缩小城乡、区域差距，是农业现代化发展目标结构的基本宗旨。

Preface

The agricultural management institution is the important part of China's economic institution. To a certain extent, this institution determines the relationship between the state and the peasants, the relationship between rural productivity and rural production relations, affects the agricultural production, rural economy, the peasants' income and the stability of the regime. Meanwhile, the emergence and development of the agricultural management institution has been determined by its economic and social development and history, culture and affected by the international situation. Therefore, it is of great historical and practical significance to discuss the changes of agricultural management institution in China. Fujian Province is located in the southeast of China where more people and less land, has close ties with overseas and has a strong foundation in rural social and cultural traditions, the changes of its agricultural management institution have specific historical track.

This book reviews the history of the changes of Fujian agricultural management institution from 1949 to 1985, collects and confirms the relevant materials, describes the performance and motivation of the changes of the agricultural management institution during the land reform, the cooperative and the people's commune period, clarifies the impact of agricultural management institution on agricultural economic development in different periods, summarizes relevant inspirations. Based on the existing data, the archives and historical datum, this paper makes a systematic study to fill the gap of the studies on the changes of Fujian agricultural management institution, combining with Fujian agriculture management practice, puts forward corresponding points, tries to reappear the tortuosity and complexity of historical development of Fujian agriculture, provides a historical reference, enriches the study on the history of regional agricultural economy in China.

This book follows the logical framework of "literature review and questioning, development tracking, theoretical framework, historical analysis and logical argumentation, conclusion and reflections". In this study, eight chapters are designed to illustrate the changes of Fujian agricultural management institution by means of literature, field investigation, logical reasoning and historical analysis. The first chapter is an introduction, elaborates the background, research objectives, research methods and the possible innovation and deficiency. The second chapter reviews relevant domestic and foreign literature, and puts forward the direction of the dissertation. The third chapter is related concepts and theories, mainly clarifies the concepts of agricultural management institution, elaborates the relevant theories of agricultural management institution. The fourth chapter describes the background of Fujian agricultural management institution, summarizes background, causes, development overview and the particularity of its land reform, cooperative and the people's commune. The fifth chapter mainly elaborates the related policies, the changes of agricultural production organizations、agricultural production institution and income distribution institution of Fujian from 1949 to 1985. Chapter six analyzes the performance of agricultural management institution under different rural land property rights and the reasons which agricultural management institution affects agricultural economy development. Chapter seven is motivation analysis, the endogenous institutional change model and rural social and cultural traditions are used to analyze the causes of institutional changes. Chapter eight is the conclusion and reflections, the study draws the conclusion on the changes of Fujian agricultural management institution, puts forward relevant proposals.

By analyzing the changes of agricultural management institution in Fujian, thestudy holds the points: In the period of land reform, mutual aid team and elementary cooperative, rural land property rights were more exclusive, which had a positive incentive to farmers' production behavior, the peasants' production enthusiasm was high, the performance of the agricultural management institution was obvious. From advanced cooperative to the early people's commune, rural land property structure made the farmers' management lose the incentive of property rights, agricultural economy declined. From the production team to the end of the people's communes, farmers or rural economic organizations grasped the actual use rights of farmland and part rights of land benefit, agricultural output grew faster. But coupled with the stickiness of agricultural land institution, the state control, the high cost of supervision and the low level of cadre management, which affected the overall efficiency of agricultural management institution. Therefore, the conclusion of this study is that: in the changes of agricultural management institution, rural land property rights institution is the core, the ownership, use and income rights of agricultural land affects production factors input, which is the crucial impact on agricultural management institution performance and rural economic development, moreover, the direction, speed, form, breadth and depth of agricultural management institution changes depend on the pursuit of interests, the power contrast of powers in adjustment or definition of the rights and the preferences of the core leaders in political structure; for Fujian evolution path of agricultural management institution, this study considers that "collective ownership of rural land property rights, peasants have the rights to manage rural land and rights of land benefit, farmer family management, stock cooperation and moderately scale management" is a relatively good institution, under such stimulation of the institution performance, the exclusion of rural land property rights is strong, the enthusiasm of subjects of agricultural management is relatively high, the use of agricultural input elements will be to a greater extent, land's utilization rate, output and labor efficiency will be improved, which will contribute to agricultural economy growth; Clarifying new demand for rural land property rights of peasants and agricultural cooperatives with their economic status improved, institutional suppliers should respect their wishes and interests, avoid the high cost of the institution implementation caused by the interests friction of the parties, achieve balanced institution which makes the institution performance fully release; respect the cultural traditions of the rural grassroots and seek the balance between the rural social and cultural traditions which are manifested in various forms and the agricultural economic institution, release the efficiency of agricultural management institution innovation; the basic purpose of agricultural modernization goal structure is to strengthen the income contribution in the innovation of agricultural management institution, to improve the income level of peasants and narrow the regional differences of urban and rural areas.

目　录

第一章 导 论

第一节 选题背景、研究目的和研究意义

一、选题背景

农业是我国的基础性产业，是社会经济发展和人民生活的前提。农业经营制度决定着农村社会其他经济制度安排，对农业、农村、农民都产生了深刻的影响。中华人民共和国成立后，我国农业经营制度经历了曲折发展历程，并由此导致农业和农村经济兴衰更替。党的十七届三中全会将农村基本经营制度上升到"党的农村政策基石"高度。党的十八届三中全会强调，坚持家庭经营在农业中的基础性地位，坚持农村土地集体所有权，稳定农村土地承包关系并保持长久不变，赋予农民对承包地占有、使用、收益、流转及承包经营权抵押、担保权能，允许农民以承包经营权入股发展农业产业化经营，以此构建新型农业经营体系。可见，稳定与完善以家庭经营为基础的农业经营制度，是推动农业现代化、保障农民权益、实现城乡统筹发展的必然要求，具有重要的战略意义和历史意义。

农业经营制度是我国经济制度的重要组成部分，它不仅决定了国家基本制度的性质，影响国家与农民的关系和政权稳定，而且决定了农村生产力与生产关系状况，影响农业生产、农民收入和农民命运。鉴于此，在中国的政治和经济决策中，农业经营制度选择与变迁具有举足轻重的地位，受到高度重视[1]。因此，研究与探讨我国农业经营制度变迁具有重要意义。福建地处中国东南，人多耕地少，与海外联系紧密且农村社会文化传

统根基深厚，农业经营制度变迁有其特定的历史轨迹。尽管研究福建个案有一定的局限性，但对于 1949 年后以一个新面孔出现的中国社会而言，研究意义仍不言而喻。

当前，国内外学者一致认为我国集体经济时期年人均粮食消费量为 275~300 千克。1949~1978 年，福建只有三年超过这个平均量，其余年份都低于此平均数，在这 30 年中，福建粮食总赤字达 540 万吨。国内革命战争时期，大米还可由东南亚进口[2]，中华人民共和国成立后，福建外来粮食进口则更多依赖于省际交易，而这种贸易缺口是当时其他自身已存在粮食安全省份无法补齐的。美国康纳尔大学 Thomas P. Lyons 教授研究显示，1953~1957 年，福建基本粮食自给，1961~1965 年，福建进口粮食约占供应量的 3.4%，1966~1970 年，此比例为 3.7%，1971~1973 年，福建粮食生产基本满足需求，至 20 世纪 70 年代中后期，福建所需外来粮食进口量约占总供应的 2%~4.8%。20 世纪 80 年代依然如此，1987 年，福建进口粮食占到供应量的 23%[3]。中华人民共和国成立后至改革开放初期，福建农业经营实践具体如何？农地产权经历了怎样变革？农业经营制度变迁对农业经济发展产生了何种影响？等等。这些问题的解答有利于拓展学界对福建及我国农业经营的理解。因而，本书选取了 1949~1985 年①福建农业经营制度变迁作为主要内容，探究各个时期农业经营实际、农业经营制度变迁及其动因。当前，学界对福建农业经营制度研究主要集中在个别时段，系统性研究不够，对于农业经营制度绩效及其对农业经济发展影响和制度变迁动力机制的研究不够全面，同时，对福建农业经营的史料、档案等整理和挖掘亦不够深入。因此，本书选择 1949~1985 年福建农业经营制度为研究对象，以农地产权变迁为主线，通过挖掘并分析相关史料、档案等，描述福建农业经营制度变迁及其绩效和动因，阐明不同时期农业经营制度对福建农业经济发展的影响，并就研究过程提出相应观点，试图还原这段历史发展的曲

---

① 本书主要分析土地改革、农业合作化和人民公社三个时期福建农业经营制度变迁，并将福建人民公社结束时间定在 1985 年的原因是：福建 1984 年上半年开始有准备、有步骤地进行政社分开建立乡政府的工作，先在原人民公社管辖范围基础上建立乡（镇）政府，尔后在原生产大队管辖范围基础上建立群众性自治组织的村民委员会，并把原生产队改设为村民小组；1985 年，全省政社分设工作已告一个段落，原来 870 个农村人民公社改为 959 个乡（镇）政府（包括 199 个镇政府、11 个民族乡政府），14497 个生产大队改为 14676 个村民委员会，171400 个生产队改为 160928 个村民小组。参见杨涛. 福建农业经济 [M]. 福州：福建人民出版社，1988：84.

折性和复杂性，为当前我国农业经营制度创新提供可资参考的依据。

二、研究目的和研究意义

对农业经营制度演进的重新审视有助于更好地认识当前农村土地制度政策选择的历史渊源，从而对农村土地和农业经营等现实问题有更为深切的认识，并能提供更为可行和可具操作性的政策建议。1949～1985年，福建农业经营制度经历了多次变革（农地私有私营、农地私有互助合作、农地私有入股经营、农地集体所有集体经营、农地公有集体经营等），这些变革的产生与发展都有其特定政治、经济与历史原因。研究这些制度的产生、发展与变革，是加强当前农业经营制度创新研究题中应有之义。

本书的研究意义有以下三点：

（1）相关土地改革、农业合作化以及人民公社的研究一般是全国性的，对地方研究不够充分和具体。本书以1949～1985年福建农业经营制度为研究对象，搜集并发掘一批新的档案、文献和史料，以此作为基础，拓展对福建这段历史的理解，这对丰富地域性农业经济史研究具有重要的意义。

（2）学界对福建农业经营制度变迁研究涉及较少。本书系统性地探讨福建农业经营制度变迁以填补这方面研究空白，为后续研究者深入研究提供整体性历史解析。本书搜集1949～1985年福建农业经营制度史料，通过系统分析与逻辑论证剖析与探究其变迁，概括和总结福建农业经营制度绩效及演变规律。

（3）历史与现实的联系密不可分，曾经的制度或政策对今天的制度或政策具有借鉴作用，尤其是中华人民共和国成立后农业合作化与集体化农业实践，其影响深度和广度持续至当下。本书围绕新中国成立后至人民公社结束福建农业经营制度变迁进行研究，为当前我国农业经营制度创新和农村政治、经济、社会的改革决策提供历史借鉴。

第二节　研究对象

福建是中国东南重要的农业省份[4]之一，地处祖国东南沿海，跨中、南亚热带，北与浙江为邻，西北与江西交界，南与广东接壤，东及东南滨海，与台湾省仅一水之隔。全省陆地总面积为 12.138 万平方千米（包括金门县 148.89 平方千米），折 18207 万亩。境内多山，群峰耸峙，山岭蜿蜒，丘陵起伏，素有"八山，一水，一分田"和"东南山国"之称。

福建农业历史文明源远流长。早在 4 万~8 万年前，福建先人已用蚌壳、石器、树干等工具，进行采集、狩猎和捕捞。闽侯、福清、光泽、武平等县的新石器遗址和闽侯县石山的考古发掘证明，距今约四五千年的新石器晚期，福建已有原始农业。夏商周时期，福建种植业有了较大进步，新的农业生产工具大量投入。汉代，北方大量劳力和先进生产工具输入福建，《宋书·州郡志》记载：建安太守本闽越，汉武帝世，东越反，徙其民于江淮间，后有遁山谷者颇出，自立为冶县[5]。魏晋南北朝时，福建移民大增，北方汉人带来先进生产工具、技术等，推动了福建农业耕作方式变革和农业生产力水平提高。

隋唐五代时期，福建农业经济发展较快，具体体现有以下五点：①外地移民入闽，人口持续增长。②山区整治开发。《三山志》记载：闽山多于田，人率危耕侧种，塍级满山，宛如缪篆[6]。③塍海造田。《重纂福建通志》卷三四《水利·兴化府》记载，莆田人吴兴始塍海为田，筑长堤于渡塘，又筑延寿陂，溉田 400 余顷。④兴修水利。《三山志》记载：盖长乐海滨山浅而泉微，故潴防为特多，大者为湖，次为陂为圳；埤海而成为塘，次为堰[7]。⑤经济作物种植。《三山志》记载：唐宪宗元和间，诏方山院僧怀恽麟德殿说法，赐之茶，怀恽奏曰：此茶不及方山之佳。则方山茶得名久矣，……盖建茶未盛前也[8]。

宋元时期，福建重视农业基础性地位，具体体现有以下四点：①山区和沿海大修水利灌溉工程。《宋会要辑稿》瑞异 2 之 29 记载："泉溜接续，自上而下，耕垦灌溉，虽不得雨，岁亦倍收。"②营造梯田，围垦滩涂。北宋方勺《泊宅编》记载："七闽地狭瘠而水源浅远，……垦山陇为田。"梁克家《淳熙三山志》卷 12《海田》中记载："海田卤入，盖不可种……家家率因地势筑埕。"③引进水稻良种。《淳熙三山志》记载，福州种植的水稻品种约 20 种："早种曰献台、曰金州、曰秫；晚种曰占城、曰白香、曰白芒，通谓之稻。"④对外开放。泉州市舶贸易东至朝鲜半岛、日本，南至南洋群岛，西至阿拉伯及东非海岸。

明朝时期，福建水稻品种和生产技术得到改进。品种方面，据《闽产录异》统计，建宁县早稻有"大十日默"等12种；崇安有晚稻"鹧鸪斑"等17种。作物栽培技术上，福建出版不少有关农事著作，如《荔枝谱》等。农业生产开始出现区域性分工，生产结构向多元化方向转变。经济作物种植不断扩大，改变农民单一生产粮食状况，并引发自然经济结构的变化。

早清时期，福建农民在实践中发现并积累了许多驱除病虫害方法，推广寄种技术，解决了早晚稻生长期矛盾问题，在全国稻作中具有重要影响①。晚清时期（通常指1840~1911年），福建长期缺粮，62个县中，缺粮县达34个，全省由外省、外国输入粮食约七八百万石，且耕地逐年减少（1873~1913年，耕地面积减少了230万亩②），全省水稻亩产量不高（约300斤），经营方式粗放，80%以上的土地在冬季休耕。农业生产结构上，福建一些地区出现了专业户，如茶叶、烟草、杉木等，农业专门化，促进了农业区域间家庭产品间交换，促使农民与市场的联系更为紧密。1912~1949年，由于经济作物种植的不断扩大，农业生产急剧萎缩，一方面，战乱使耕地面积大量减少，稻田被甘蔗、茶叶、烟草等经济作物占用，如安溪、长汀、上杭等地烟草占用了大量稻田，"……始辟地者，多植茶、麻、蓝靛、青子、柑桔、荔枝之属，耕地已三分之一，其物犹足供食用也。今则烟草之植，耕地十之六七"[9]。另一方面，粮食作物耕作农具与生产技术，基本沿用明清时期，机械化程度不高。

福建农业发展历史为研究中华人民共和国成立后农业经营制度变迁提供了一定的历史背景。同时，这些历史积淀也融入福建农业经营制度具体变迁过程中，使农业经营制度变迁与全国其他地区又有特别之处。中华人民共和国成立后，福建农业经营大环境和全国其他地区并无差异，但也有其自身的历史特点。

首先，人多地少。统计数据显示，1950年、1952年、1957年、1962年、1978年、1985年福建人均耕地分别为1.79亩、1.74亩、1.52亩、1.18亩、0.79亩和0.69亩，约为全国平均数的一半，并逐年下降③。福建如何克服自身资源禀赋缺点，提高农业经营效率以解决粮食安全问题是

---

① 福建省地方志编纂委员会. 福建省志·农业志 [M]. 福州：福建人民出版社，1992：3.

② 许道夫. 中国近代农业生产及贸易统计资料 [M]. 上海：上海人民出版社，1983：8-9.

③ 根据全国耕地和人口数据，本研究计算出1952年、1957年、1962年、1978年和1985年人均耕地面积分别为2.81亩、2.59亩、2.29亩、1.55亩和1.39亩。人民公社之后，福建人均耕地约为全国平均水平一半。

其与全国其他地区相区别的重要特点。

其次，历史上福建是一个人杰地灵的地方。福建地理环境较为封闭，战乱相对较少，社会相对稳定，利于文化发展、知识积累和人才培养。海上丝绸之路造就了福建人的灵性，开拓了福建人的视野。人多地少培育了福建人吃苦耐劳、自强不息的禀性。另外，福建各地基于自然地理环境各具特色的区域性农村生态，主要表现为宗族、家族、民间信仰和宗教等；基于血缘和地缘叠加的伦理关系而形成的自然村落结构，家族文化浓厚，在中国东南沿海地区具有典型性，并具体影响到农民经营行为以及农业经营绩效。

最后，山海阻隔与海外交往。闽人越洋与各国人民交往已有两千多年历史。早在西汉时期，闽粤沿海地区就有人取海道至苏门答腊、缅甸、印度、锡兰和日本等地。20世纪辛亥革命后，由于军阀混战和帝国主义掠夺，福建又一次出现海外移民高潮。据统计，20世纪20年代，每年从厦门出国有10万人之余；1937年，进入新加坡的福建华侨多达40.26万人，整个20世纪30年代，华侨时刻关心家乡发展，带来了数目可观的资金，引进和传播了国外大量先进农业技术和经验，沟通了福建与其他国家农业发展信息，带动了福建市场发展，改变了福建人民传统观念，培育了人们市场意识。

此外，选择农业经营制度历史变迁研究还与福建当前农业经营中一些现实问题相关。

第一，粮食安全问题。福建耕地和粮食生产弹性空间很小，面对国内、国际粮食市场严峻形势，福建要用占全国0.89%的耕地来养活占全国2.75%的人口，此外还要满足数以百万计外来人口的消费需求，这无疑是巨大的挑战。2002~2014年，福建粮食播种面积逐年减少，由2445.42万亩下降到1796.62万亩，下降26.53%[10]，同时，粮食产量也不断下滑，1991~2014年，年均增长-1.1%，加之人口增长，特别是农村缺粮人口、净流入人口增长，使得粮食缺口逐年扩大。种植粮食比较效益低影响到农民生产积极性①，粗种粗管带来粮食"隐性减产"，耕地复种指数低，耕地

———————

① 闽统计资料，以2010~2014年为例，谷物及其他作物收益分别比上一年增长-6.1%、4.1%、0.8%、1.6%、-0.2%，经济作物蔬菜食用菌类收益分别比上一年增长5.1%、3.9%、3.3%、4.2%、4.7%。

利用率下降等促使农业经营主体创新农地产权制度，完善农业经营制度，提高农地产能。

第二，农业劳动力素质低。据统计，2005～2014 年，农村劳动力由 1490.55 万增至 1655.59 万。2012 年，农村劳动力中初中以下文化程度约占总人数 80%，较高文化程度、技能型农民流动到经济发达城镇（据统计，2012 年福建省城镇化率达到 69%，农村劳动力净流出 149.3 万人，占全省农村劳动力的 43.8%，平均每年净流出近 15 万人）。这对农业生产力提高产生不利影响。

第三，农业合作组织不完善。福建农业合作组织发展面临着专业技术缺乏、资金紧缺、管理不规范等问题，缺乏带动农户参与特色农业，做大产业的农业合作组织。另外，福建合作社还存在规模不大，运作不规范、经济实力不强、合作松散以及信息化水平低等问题。

第四，城乡二元结构突出。城乡收入差距与社会公共服务差距并存。据统计，城镇居民可支配收入与农牧民纯收入比，2013～2014 年为 2.47∶1，2.43∶1。2010 年、2013 年、2014 年城镇居民恩格尔系数为 39.3%、32.7%、33.2%，农民恩格尔系数为 46.1%、38.9%、38.2%。城乡公共资源方面，农村卫生、文化等社会事业发展以及政府可提供的公共服务存在明显差距。如 2012 年，福建省每千农村人口医疗机构数（个）和乡村医生和卫生员（人）为 1.18 和 1.06。

第五，农业生态环境脆弱。由于降水量不均，相对变率大，福建旱涝灾害频繁。温、水等气候条件不稳定，农、林、牧、渔多种病虫害发生概率不断提高。过量使用化肥、农药、地膜等农用化学物质造成了一定土壤污染（2012 年，福建化肥、农药、地膜使用量分别为：1208660 吨、57846 吨、58692 吨，2014 年，化肥和地膜增加到 1226138 吨、60932 吨，农药减少为 56391 吨）。2012 年，福建发生地质灾害 130 起，海洋灾害 15 次，森林火灾 92 次，这些都会对福建农业发展造成不同程度危害。

第六，农产品供应结构层次低。长期以来，我国在农业政策制定上，注重农产品总量增加，对农产品质量、结构的改进需加以重试，把是否达到高产及高产品种面积作为衡量农村工作的标准。随着人们生活水平的提高，农产品品质不优，产后加工不高等问题日益凸显。

第七，其他方面。福建农村金融机构贷款结构比例不合理日益成为现代农业经发展的瓶颈；福建农业保险方面，赔付标准偏低，理赔款未能及时发放等。

基于上述政策与农业实际，本书以 1949~1985 年福建农业经营制度变迁为研究对象，分析制度安排得失，为当前农业经营制度创新提供历史借鉴。

第三节　研究内容、思路、方法与技术路线图

一、研究内容

本书分为三个时期，即土地改革时期、农业合作化时期和人民公社时期，对每个时期背景、原因、过程、农业经营制度安排及其绩效和农业经营制度影响农业经济发展的原因进行分析，如图 1-1 所示。具体分为以下五个部分：

第一部分：导论，包括第一章。主要阐述研究背景、研究目的和意义、研究对象、研究目标、研究方法和可能的创新与不足。

第二部分：文献综述、相关概念与理论框架，包括第二章、第三章。第二章对国内外文献进行回顾，得出本书的方向。第三章厘清农业经营制度概念，阐述农业经营制度变迁的相关理论。

第三部分：发展概况梳理和农业经营制度变迁及绩效分析，包括第四章、第五章和第六章。这部分回顾福建土地改革、农业合作化及农村人民公社发展历程。概括各个时期农业经营制度背景，分析不同农地产权下农业经营制度安排及绩效和农业经营制度影响农业经济发展的原因。

第四部分：农业经营制度变迁动因分析，包括第七章。结合制度变迁理论的内生理论与农村社会文化传统对福建农业经营制度变迁动因进行分析。

第五部分：结论与思考，包括第八章。就研究过程得出主要观点与结论，并就福建农业经营现实问题，提出设想。

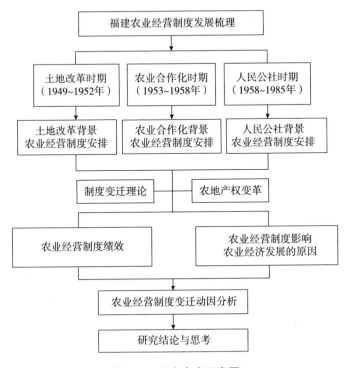

图 1-1 研究内容示意图

二、研究思路

农业经营制度内涵丰富，本书以农村土地产权（或称农地产权）变革为中心的历史考察，围绕福建农业经营发展的历史脉络，结合土地产权从农业生产要素、农业经济组织、农村市场等对农业经营制度进行综合分析与动态研究。

本书回顾分析福建农业经营制度私有私营→混合所有混合经营→集体所有集体经营的变迁过程，探讨其变迁绩效及其对农业经济影响，为当前福建农业经营制度创新提供借鉴。本书遵循着"文献综述与提出问题→发展概况梳理→理论框架→历史分析与逻辑论证→结论与研究思考"逻辑路线进行研究。

三、研究方法

（1）文献法。在现有的研究基础上，广泛阅读中共中央及福建省关于农业政策相关文件，查阅福建农村变迁的各种文献资料、地方志、历史档案等。通过这些文献研读对 1949~1985 年福建农业经营制度发展概况进行梳理。查阅省、各市、县档案馆和图书馆一手史料，力求客观、真实地反映福建农业经营制度变迁过程。

（2）实地调查法。为了更加如实反映福建农业变迁以及印证相关材料，实地调研了解福建农业经营的基本现状，对当前农业经营制度创新提出设想。

（3）逻辑推理与历史分析法。前者是研究过程中运用逻辑推理方法，后者是对福建农业经营制度历史发展过程分析。逻辑分析须以历史分析为基础，脱离历史发展都是空谈，历史分析如缺少逻辑推理，很难总结发展本质与规律。本书一方面展现福建农业经营制度发展历史，另一方面总结出其变迁规律。

四、技术路线图

本书基于制度变迁相关理论，运用文献法、实地调查法、逻辑论证和历史资料分析方法，对 1949~1985 年福建农业经营变迁进行历史考察。首先，在文献综述和历史资料基础上，对福建农业经营发展概况进行梳理，分别从土地改革、农业合作化和人民公社三个时期进行描述；其次，按照时间顺序分别分析了农地私有私营、农地混合所有混合经营和农地集体所有集体经营的制度安排及其绩效；再次，基于制度变迁理论内生理论模型分析了福建农业经营制度变迁动因；最后，就研究过程进行总结，并提出了研究思考。本书技术路线如图 1-2 所示。

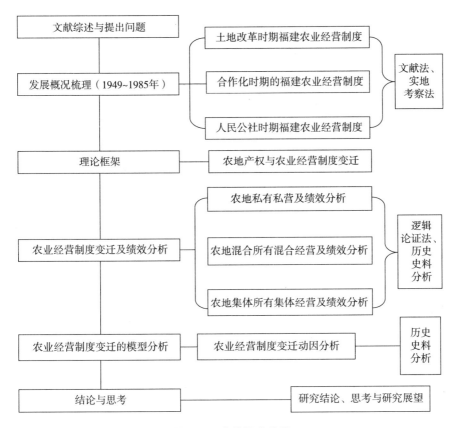

图 1-2　本书技术路线

第四节　研究的创新之处与不足

一、研究的创新之处

本书主要的创新之处有以下三个方面：

（1）研究资料和研究系统。本书以土地改革时期、农业合作化时期和人民公社时期农业经营制度及其绩效为考察对象。资料整理上，本书在现有资料基础上进一步挖掘档案资料，以弥补现有资料搜集不足。目前，学界对福建农业经营制度变迁的系统研究甚少，本书以农村土地产权变革为主线，通过对档案、史料的整理与分析系统重现中华人民共和国成立后福建农业经营实践。

（2）研究角度。本书从经济史角度研究福建农业经营制度，从历史维度梳理福建农业经营制度的历史嬗变过程，分析历史背景与现实约束，描述农业经营制度背景、制度安排、制度绩效及变迁动因等，总结规律，为我国农业经营制度创新提供历史借鉴。

（3）研究内容。本书提出了福建各个时期农业经营制度的特色。土地改革时期，分田到户过程中，北方以土地改革运动推翻地主，福建则除推翻地主外，还将家族公产（公田）分田到户。以公田为中心的传统村落互助习惯对后期农业互助合作产生了重要影响。福建闽西土改实践为中华人民共和国成立后土地改革法制定提供了历史经验，对中国土地改革有重要的历史贡献，同时，福建老区土地改革也采取了有别于其他老区或一般新区的特殊政策和做法。土地改革过程中的剿匪，为农业生产创造了安定的环境，成为不同于其他新、老解放区的一个特点。福建侨区土地占有和使用较少且分散，但侨区土地改革对中华人民共和国成立后福建农村经济及农业经营产生了重要影响。另外，福建根据山林区、渔区和盐区情况，经过调查研究制定具体分配土地实施办法，而非机械地照搬一个模式，这是将马克思主义基本理论与中国实践相结合的成功典范。土地革命战争时期，福建苏区人民在原先"换工"基础上开展了互助合作运动以及苏区制定的相关政策为全国农业合作化提供了历史经验。苏区"犁牛合作社""消费合作社"和"粮食合作社"成为我国农村生产、消费和流通互助合作的雏形。农业合作化时，福建根据省情在侨区、农林区、茶区以及渔盐区实施了专业化合作组织，这在全国具有特殊性，同时，福建还进行了包工制和包耕制等制度创新。人民公社时期，福建华侨农场实行"包、定、奖"生产责任制，这在全国其他农村地区实施统一经营下，具有一定的特殊意义，同时，该时期福建农业产量和产值除1962年之前有所波动外，其余年份都逐年增长，这与福建耕地复种指数、农业劳动生产率等有着密切关系。

二、研究的不足之处

本书存在的不足主要有以下三点：

（1）研究方法上，本书侧重于历史资料解析，行文大部分以文字论述为主，相关实证研究不够。

（2）研究内容上，本书注重福建地区研究，与国内外相关地区比较研究较少，影响了借鉴与吸收其他地区历史经验与教训，这也是未来本书深入探讨的方向之一。

（3）本书尝试用定量方法分析福建农业要素投入与农业产出关系，但由于资料缺失及数据不完善导致了模型不稳定。本书也尝试搜集地市数据，但由于数据统计口径不一、数据残缺等，未使用定量分析。后续研究中，将进一步深化理解，收集更多地市数据对福建和中国农业经营制度发展历史作更深入的研究。

第二章　国内外文献综述

第一节　国外研究综述

由于社会制度、自然条件、经济条件等差异，世界各国农业经营制度各不相同。虽然国外对我国农业经营制度研究不多，但是，研究和归纳国外关于农业经营制度的基础理论，提炼制度运行特性，对于全面研究我国农业经营制度具有重要的意义。

一、关于制度

1. 老制度主义与新制度主义

经济史上，制度主义学派对制度进行专门研究并将其贯穿于经济思想史始终。老制度主义（The Old Institutionalism）和新制度主义（The New Institutionalism）是制度学派两大主要派别。

马尔科姆·卢瑟福归纳，托斯坦·凡勃伦、维斯雷·米契尔、约翰·R. 康芒斯和克莱伦斯·阿里斯等人是老制度主义主要代表人物。他们主要考察新技术对制度安排的影响，关注法律、产权和组织及其演变对经济权力、经济交易及收入分配的影响。

新制度主义学派由于代表人物研究重点不同分为三类：第一类，德姆塞茨、阿尔钦和波斯纳等，他们注重考察产权和习惯法；第二类，奥尔森、墨勒尔等，他们侧重于对公共选择过程的研究；第三类侧重于考察组织，如简森和麦克林的代理理论，科斯和奥立弗·威廉姆森的交易费用理论。新制度主义还包括奥地利学派和新熊彼特学派（哈耶克，1967，

1973，1979；尼尔森和温特，1982；郎鲁瓦，1986a) [11]。

2. 制度

康芒斯将人类社会的交换关系归纳为三种交易：买卖的交易，管理的交易和限额的交易。这三类交易集合在一起成了经济研究中的一个更大的单位，在英美实践中被称为"运行中的机构"（going concern）。正是这些运行中的机构，加上维持其运行的业务规则，再加上家庭、公司、工会、行会一直到国家本身的所有的一切，称之为制度，静态概念就是"团体"，动态概念就是"运行中的机构"[12]。康芒斯认为组织及组织的运行规则构成了制度概念。麦考密克和魏因贝格尔《制度法论》认为，制度是用规则或通过规则表述的，规则的任何出现、发展或进化的过程都可以是制度的出现、发展或进化的过程[13]。规则又为"创制规则""结果规则""终止规则"提供了法律制度结构。

舒尔茨将制度定义为一种行为规则，将其划分为四个方面：一是用于降低交易费用的制度（如货币、期货市场）；二是用于影响生产要素的所有者之间配置风险的制度（如合约、分成制、合作社、公司、保险、公共社会安全计划）；三是用于提供职能组织与个人收入流的联系的制度（如财产，包括移产法，资历和劳动者的其他权利）；四是用于确立公共品和服务的生产与分配的框架的制度（如高速公路、飞机场、学校和农业试验站）[14]。诺思认为，制度是一个社会的博弈规则，或者更规范地说，它们是一些人为设计的、形塑人们互动关系的约束。制度构造了人们在政治、社会或经济方面发生交换的激励结构。在诺思看来，制度是用以形塑人们相互交往的所有约束，分为正式约束（如人为设计的规则）、非正式约束（如惯例）和实施的形式与有效性[15]。此外，他还认为制度对于当代经济分析的重要性有以下四点：第一，特定的制度约束格局有特定的经济（和政治）模型；第二，自觉地纳入制度因素，使得社会科学家更加系统地探究信息的成本及其不完美的处理过程对于行为人行为的含义；第三，观念和意识形态形塑了个人用以解释周围世界并作出选择的主观心智构念；第四，在理解经济绩效时，都要将政治与经济的关系考虑在内①。

---

① 诺思. 制度、制度变迁与经济绩效［M］. 北京：中国政法大学出版社，1994：151-154.

二、关于经营制度与农业经营制度

德国农业经济学家特奥多尔·布林克曼在《农业经营经济学》中认为，经营制度是指生产方向，或按照生产部门与经营部门而对于整个经营实行分类。他指出，"一个经营单位里，有时可以结合多数的土地利用部门与农产品精制部门、主要部门与小部门而成为一个整体；由于各个部门间量的比例之不同，又可能出现极其复杂的结构。要对经营形态得到一个简明的概念，只有把某种特定部门占据优势而给全部经营以显著特征的诸种经营集合在一起，分门别类，而这便是所谓的经营制度（Betriebs-oder Wirtschafsystem）"。他认为，"经营制度，只有在两种矛盾的力量或两组矛盾的力量互相对抗中，始能发生。一方面必须要有一种力量，使某种生产最利于在某种位置，使另一种生产在它位置上最为有利，这就是所谓的分化力（Krafte der Differenzierung）；另一方面必须还有一种力量，使各种不同的生产合并成为一个整体，更为有利，将分化的利益部分消灭，从而强制造成经营的多面性，这就是所谓的集合力（Krafte der Integrierung）"。布林克曼进一步指出，集合力是驱使每个农业经营之全体生产具有多面性的强制力，主要归结为三种原因：一是把劳动力和工作补助手段尽可能地经常利用；二是把土地所有的全部肥沃条件尽量加以利用；三是对于经营内部加工部门，特别是役畜部门供给方面的考虑[16]。由此，形成三种共同体：土地利用手段共同体、土地利用条件共同体、农产品加工共同体。它们使每个生产部门在全部经营范围内都具有一定的规模。如果忽视这种共同体，那么将会引起经营工作片面加重，土地肥沃度未充分利用和农产品合理加工的困难，会增加每单位面积和单位生产物的生产费用，降低每单位面积的实物收益，减少收获物和货币价值[17]。

舒尔茨在《改造传统农业》中论述了土地制度安排影响农业增长的过程。他认为，改造传统农业最重要的制度保证是运用以经济刺激为基础的市场方式，通过农产品和生产要素价格来刺激农民；控制农场规模，所有权和经营权合一，用能适应市场变化的家庭农场来改造传统农业，改造农业中低效率的所有制形式，实行居住所有制形式等[14]。

艾瑞葆在《农业经营学概论》中提出了农业经营有机体理论：农业家在其经营中所追求的是其全部措施发生作用的最有利的比例；完善的土地

利用制度是一个有机整体；经营手段的互相合作利用与补充构成"经营手段共同体"；经营手段利用和土地利用合二为一是最合理的经营形式[18]。

苏布拉塔·加塔克和肯·英格森的《农业与经济发展》研究了农地经营制度的有关问题。他们对欠发达农业中土地分成租佃关系进行研究，认为因为土地是欠发达国家农民的主要财产，所以土地所有权立法的变化必然会使土地资源分配与财富分配发生变化①。

三、关于土地制度与农业生产绩效

亚当·斯密认为奴隶耕作制度阻碍了农业的发展，他在《国富论》中阐述到："我相信，一切时代、一切国民的经验，都证明了一件事：奴隶劳动虽表面上看来只需维持他们生活的费用，但彻底通盘计算起来，其代价是任何劳动中最高的。一个不能获得一点财产的人，食必求其最多，作必望其最少，除此之外，什么也不关心。他的工作，够他维持生活就行了，你要从他身上多榨出一些来，都只有出于强迫，他自己绝不会愿意的。"[19]

冈纳·缪尔达尔的《亚洲的戏剧——对一些国家贫困问题的研究》主张进行土地所有制和土地租佃制的改革，以提高农民的生产积极性，他认为，"尽管战后模型的倾向是把资本和技术作为劳动生产率的基本决定因素，但资本和技术绝不是限制农业进步的仅有因素。劳动者的努力勤奋是更为关键的变量。然而，劳动力的行为必须在营养、健康和体力的标准下和缺乏促使努力工作刺激因素的社会和制度的复杂环境中加以理解"[20]。

米切尔·卡特、米切尔·罗斯和格申·费达指出，土地制度的核心是产权的界定和分配，他们从理论和实践角度检验产权界定是怎样影响农业绩效，并评论了产权的分配对农业绩效的影响，对土地市场政策方面提出了相关建议[21]。

张五常的《佃农理论》对传统观点的分成租佃制提出不同解释。他认为分成租佃制会导致资源配置无效率是一种错觉，在私人产权的条件下，无论是地主自己耕种土地，雇用农民耕种，还是按一个固定的地租租给他人耕种，或地主与佃农分享实际的产出，这些方式所暗含的资源配置都是

---

① 孙全亮. 现阶段我国农地经营制度研究［D］. 北京：中共中央党校，2011.

相同的。换句话说，合约安排本身是私人产权的不同表现形式，不同的合约安排并不意味着资源使用的不同效率。同时，他认为如果私人产权被弱化（attenuate）或否定了产权的私有性，或者政府否决市场的资源配置过程，那么资源配置的效率会有所不同[22]。

四、关于中国土地制度

Randolph Barker 等的 *The Chinese Agriculture Economy*（Randolph Barker，1982）一书中阐述了中国改革开放后农村土地制度变迁对中国经济与社会发展产生的影响。该书前四章为中国农村土地制度变迁概述，后八章重点研究了中国土地产权、土地政策及土地制度。

Peter Schran 的 *The Development of Chinese Agriculture*：1950-1959（Peter Schran，1969）是基于其博士论文 *The Structure of Income in Communist China* 完成的，主要阐明基于共产主义经济发展理论的土地制度，以及由此产生的收入分配的差异。

Y. Y. Kueh 和 Robert F. Ash 的 *Economic Trends in Chinese Agriculture—The Impact of Post-Mao Reforms*（Y. Y. Kueh and Robert F. Ash，1993），主要阐述农业土地制度发展史，后毛泽东时代中国农业经济发展政策等，作者还分析了改革开放后农业经济组织发展变化和农业收入变化。

Kenneth R. Walker 的 *Planning in Chinese Agriculture*：*Socialisation and the Private Sector*，1956-1962（Kenneth R. Walker，1965），阐述了农村土地私有制的发展以及在社会主义意识形态与土地私有制的冲撞下农业经济私有成分的发展。

第二节　国内研究综述

中国农业经营制度理论随着我国农业经营实践的发展而不断完善。中华人民共和国成立后，农业经营经历了土地改革、农业合作化、人民公社和家庭承包经营等阶段，学术界取得了较为丰硕的研究成果。

一、关于农业经营制度

农业经营制度作为农村经济发展的基础性制度支撑，决定着农村生产力与生产关系状况，影响农业生产发展、农民收入和农民的命运，近年来，越来越受党和国家的重视[1]。学界的研究主要体现在以下五个方面：

第一，农业经营制度总体研究。如许经勇《论农业经营制度及其制约因素》（1988），从地理位置、自然环境等阐述制约农业经营制度发展的因素；温铁军《中国农业基本经营制度研究》（1996），从"大包干"引起的组织制度变化，农业经营制度中的财产关系和土地制度，社会化服务体系与社区性合作经济组织建设，产业一体化与专业合作经济组织，国营农场的组织制度建设五个方面阐述中国农业经营制度；许月明《中国农地制度变迁绩效评述》（2003），评述了中国封建地主土地私有制、农民土地私有制和农村集体土地所有制，并对各个时期的绩效进行分析；陈锡文《中国农村制度变迁60年》（2009），对农业经营制度各个具体制度分析，如农村土地制度，农业生产支持保护制度，粮食流通制度等；许经勇《中国农村经济制度变迁六十年研究》（2009），描述了中华人民共和国成立60年以来中国农村经济发展以及相应的制度变迁；农业部软科学委员会办公室《农业经营体制改革与制度创新》（2013），对转变农业发展方式，培育新型农业经营主体，发展多种形式农业规模经营，推进农业科技体制机制创新，加快建立新型农业社会化服务体系和深化农村经济管理体制改革等方面进行了分析；国务院发展研究中心农村经济研究部课题组《稳定与完善农村基本经营制度研究》（2014），从当前农村经营制度与组织变化情况入手，对于如何完善农村基本经营制度、创新农业生产经营体制提出相应政策建议等。

第二，农业经营制度创新研究。如顾吾浩《农业经营制度的再创新》（1995），从家庭联产承包责任制与城乡经济发展矛盾，农业规模经营的多元角度出发，提出解决规模经营的几个问题；阮文彪《中国农业家庭经营制度创新的总体设计》（1998）提出了农业家庭经营制度创新的运作策略；吴惠芳《中国农村农业经营制度创新与农民利益问题》（2000）从农民利益角度，论述农业经营制度创新的发生背景、发展过程以及制度绩效和制度缺陷；洪振学《农业经营制度的绩效困境及创新选择》（2001）从制度绩效层面提出解决制度困境的路径；于金富《完善农业经营制度关键在于农地产权制度的改革》（2002），认为我国农业经营制度不完善的根源在于农地产权制度缺陷；胡必亮《国应选择一条"双轨并行"的农业经营制度》（2003），并提出了双轨概念：一条是建立在专业化、商品化、市场化、机械化基础上的规模型的大农（场）经济，另一条是建立在生物化、技术化、保护型、密集型基础上的小农经济；杨晓达在《我国农地产权制度创新的一种设想》（2004）中认为将现行农地集体所有权的权能返还给农户，使其有完整的农地产权，并建立一个农户所有、法律保护、市场配置、国家干预的现代农地产权制度，以提高农业经营效率；蒋满元在《基于经济可持续发展的农业经营制度创新分析》（2006）中认为要在农地使用制度、农业资源有偿使用制度、农业产业经营制度、农村社会保障制度等方面，对现行农业经营制度进行变革与创新；王志文《论现代农业经营制度创新》（2007）中从小规模分散经营与市场化、产业化、集约化经营的矛盾视角提出完善土地家庭经营制、发展农民专业合作组织及发展现代股份公司等措施；张德元在《农村基本经营制度的异化及其根源》（2012）中指出要稳定及完善农村基本经营制度，必须培育现代农民、提高农民组织化程度、重构农民间的利益联结机制；张云华的《农业生产经营制度创新问题的调查》（2012）在总结苏州农地股份合作社和合作农场等实践后，提出"农地股份合作，生产专业承包"是解决这些问题的重要制度创新；廖祖君在《中国农业经营制度变迁的逻辑与方向——基于产业链整合的视角》（2012）中认为产业链整合机制的深化，以企业为龙头、合作社为载体、农户为单元的"公司+合作社+农户"的混合一体化经营成为现代农业发展的重要趋势；黄祖辉在《在农业转型中完善创新农业经营制度》（2012）中从整个农业产业链、农业市场化、农业竞争力角度，提出要充分发挥家庭经营、合作经营、公司经营这三大制度优势；王建国在《关于创新现代农业经营制度的思考》（2014）中认为创新现代农业经营制度要坚持政府引导，突出深化改革，保证农民主体，统筹分类推进；罗必良的《农业经营制度的理论轨迹及其方向创新：川省个案》（2014）认为崇州市所探索的"农业共营制"，可能是以家庭经营为基础的农业经营方式创新的重要方向等。

第三，农业经营主体变革研究。如杜志雄在《中国农业基本经营制度变革的理论思考》（2013）中提出家庭农场是顺应现阶段中国农业生产的新变革；董凌芳在《松江粮食家庭农场：农业经营制度的新探索》（2013）

中探讨了家庭农场作为新型经营形态的适应性及发展前景；孔祥智在《现行农村基本经营制度下农业现代化的主体研究》（2014）中认为要进一步构建制度和服务平台，促进农村土地承包经营权的长期、稳定流转，加强农民合作社的制度建设，加强农业社会化服务体系建设；罗必良在《农业经营制度：制度底线、性质辨识与创新空间——基于"农村家庭经营制度研讨会"的思考》（2014）中认为：①稳定和完善农村基本经营制度，必须坚持制度目标与制度底线。②农业经营方式转变的一个重要方向是实现农业的规模经营，单纯地推进土地的流转集中与规模经营存在重大的政策缺陷。③将家庭经营卷入分工活动，农业规模经济性的获得就可以从土地规模经济转向农业的服务规模经济。④家庭经营与经营规模无关，在产权细分与农事活动可分离的前提下家庭经营具有广泛的适应性，其实现形式可以多样。⑤只要坚持农村土地的集体所有制和家庭承包的主体地位，家庭经营制度就具有不可替代性。

第四，区域性农业经营制度研究。曹世雄在《陕北农业经营制度的历史变迁以及对未来农业的设想》（1991）中关注陕北高原地区农业经营制度发展；刘二仁在《稳定完善农村基本经营制度推进农业经营体制机制创新》（2010），李宏鸣在《现代农业经营制度的成功创新》（2011）中分别关注山西和安徽宿州的农业经营制度；张宏在《中国农业基本经营制度变迁的地区差异》（2007）中认为中国客观存在的区域间经济资源的非均衡性分布以及由此而产生的地区经济差距，决定了各个区域、各个地区之间在同一制度安排下所产生的结果不同，因而造成了农业基本经营制度的区际差异等。

第五，农业经营制度绩效研究。如张红宇的《中国农地制度变迁的制度绩效：从实证到理论的分析》（2002），从政治表现角度观察，土地制度变迁获得了不同经济当事人"同意的一致性"，从经济发展角度观察，制度变迁促进了对农村微观经济组织的改造，引发了农业资源要素流动，实现了农业与国民经济共同发展，从制度创新角度观察，中国农地制度变迁方式以及制度变迁的交易规则选择等丰富了制度经济学理论；吴玲的《人民公社阶段的农地产权制度变迁及其绩效》（2006），探讨了人民公社阶段农地产权制度演进、特征、变迁的原因、内在缺陷以及制度绩效，并认为人民公社阶段农地产权严重残缺、缺少激励机制、组织管理费用高昂，制度安排处于非均衡状态，依靠国家主流的意识形态和超经济强制来维持，制度效率低；杨小东的《农地承包制下农业经营组织的演进与绩效分析——一个制度经济学的视角》（2009），将农业经营组织分为自生型组织与外来型组织，认为自生型组织的形成虽受到组织资源缺乏的制约，该类型组织协调成本低，农户能完全享有组织效率带来的收益，社会功能明显，外来型组织缓解了农户增收中资金、技术、市场的缺乏，但由于"利益分享，风险共担"的机制天生不完善，可持续发展能力弱；何一鸣、罗必良的《产权管制、制度行为与经济绩效——来自中国农业经济体制转轨的证据（1958~2005 年）》（2010）构建了一个"产权管制结构—体制选择行为—经济制度绩效"的新 SCP（结构—行为—绩效）理论范式分析经济体制转轨问题，得出产权管制放松是中国农业经济制度绩效提高的动力源泉。

二、关于农业经营制度变迁

陈吉元《中国农村社会经济变迁（1949—1989）》（1993）、刘守英《制度理论与中国现代农村土地制度》（1993）、孔径源《中国农村土地制度：变迁过程的实证分析》（1993）、周其仁《国家和所有权关系的变化——一个经济制度变迁史的回顾》（1994）、陈剑波《人民公社的产权制度》（1994）、傅晨《农村土地股份合作制的制度分析》（1996）、伍山林《制度变迁效率评价》（1996）、钱忠好《中国农村土地制度变迁和创新研究》（1999）、唐忠《农村土地制度比较研究》（1999）、温铁军《中国农村基本经济制度研究》（2000）等，从不同视角考察了我国农村土地产权制度变迁的历史进程、绩效、问题，并探讨了未来的制度创新。张秀生《中国农村经济改革与发展》（2005）从多个方面系统阐述了中国农村经济改革与发展的相关理论；蔡昉《中国农村改革与变迁——30 年历程和经验分析》（2008）运行经济学理论总结、提炼三农领域改革和发展的经验；张履鹏等的《中国农田制度变迁与展望》（2009）对先秦至现代土地制度变迁历史作相关描述，但内容偏简单；陈锡文《中国农村制度变迁 60 年》（2009）从农业经营制度的各个具体制度角度阐述农村土地制度，农业生产支持保护制度，粮食流通制度等；许经勇《中国农村经济制度变迁六十年研究》（2009），描述了中华人民共和国成立 60 年来中国农村经济的发展以及相应的制度变迁过程；钱忠好《中国农村土地制度变迁和创新研究

（Ⅲ）》（2010）汇集了作者近几年有关中国农村土地制度变迁和创新成果；张悦《中国农村土地制度变迁——基于意识形态的视角》（2011），从意识形态理论视角研究中国农村土地制度变迁的过程；农业部软科学委员会办公室《农业经营体制改革与制度创新》（2013），对转变农业发展方式，培育新型农业经营主体，发展多种形式农业规模经营，推进农业科技体制机制创新，加快建立新型农业社会化服务体系和深化农村经济管理体制改革等方面进行了阐述；国务院发展研究中心农村经济研究部课题组《稳定与完善农村基本经营制度研究》（2014），从当前农村经营制度与组织变化情况入手，对于如何完善农村基本经营制度、创新农业生产经营体制提出相应政策建议等。

上述研究成果为研究我国农业经营制度发展提供了较好的研究范式及相关素材。但是，关于我国农业经营制度变迁的历史，还有许多档案资料、史料有待学界深入挖掘。本书从经济史角度探讨农业经营制度变迁，为后续进一步研究中国农业经营制度提供研究基础，同时，对局部地区农业经营制度的探讨可以深化对我国农业经营制度的理解。

三、关于福建农业经营

学术界关于福建农业经营的研究具体有以下四点：

第一，福建农业经济史。主要研究成果有：唐文基《福建古代经济史》（1995）、林庆元《福建近代经济史》（2001）、杨涛《福建农业经济》（1988）、费梅尔、林仁川译《泉州农业经济史》（1998）、中共福建省委党史研究室《中共福建地方史（新民主主义时期）》（1993）、《"大跃进"运动（福建卷）》《中共福建地方史（社会主义时期）》（2008），钟健英《六十年代国民经济调整（福建卷）》（1998）等。这些学者和论著以时间顺序对福建农业历史发展作出相关阐述，为研究福建农业经济提供了历史资料。

第二，福建土地研究。这些成果具体分为以下三方面的研究：一是土地改革研究。如刘裕清《福建省的土地改革》（1986）、陈于勤《福建省土地改革探讨》（1994）；赵贺怡《建国初期福建侨区土地改革运动评析》（2013）、谢丹琳《建国初期的龙岩县华侨与土地改革》（2014）等。二是土地流转研究。这些研究大都是各个地区农业局或农业服务中心人员所著，阐述了土地流转实际情况。三是土地利用研究。学界大多从土地节约利用，土壤肥力，土地利用与生态环境等角度阐述，如邢世和等《福建沿海地区土地潜力和适宜性评价》（1994）、张华《福建闽北经济开发区土地集约利用评价研究》（2010）、周江梅《福建农村土地资源利用的研究》（2003）、李晓、郑达贤《福建土地利用对生态环境的影响》（2004）、陈德棣《福建土地利用特点与土地资源可持续利用分析》（2005）等。上述研究对福建农地制度变迁过程涉及较少。

第三，福建农业合作化研究。如苏黎明《变革·成就·启示——福建农业合作化运动回顾》（1994）、黄超凡《福建农业合作化》（1999）、许永杰《福建农业合作化历史》（2011）、陈宝轩《一个特殊历史典型的追思——对合作化时期福建福安"中农社"与"贫农社"的认识》（1993）、江俊伟《福建农村社会主义教育运动：1957-1958》（2007）等。这些成果为研究福建农业合作化时期农业经营制度变迁提供了较好素材。

第四，福建农业经营演变。学术界主要集中在某个特定时期，如叶琪《改革开放以来福建农业结构调整的演变及展望》（2009）、章招坤《关于1950—1952年福州市郊土地改革述评》（2014）等。

第三节　国内外研究述评

上述成果研究了农业经营制度和我国及部分地区农业经营制度变迁及其绩效，从制度视角对土地改革至改革开放初期农业经营体制进行诠释，并在现有农地所有制框架下，对农业经营制度创新、农地产权制度及其结构、农业经营主体变革、农地资源配置效率和农业产业化等进行了深入探讨，为我国农业经营制度创新提供了理论基础和研究素材，为本书的开展提供了借鉴。当然，上述研究也存在一些缺憾和不足，这也是进一步研究的立足点和切入点：

第一，学术研究缺乏理论研究前瞻性。学术界将研究的重点及理论探讨与农村改革实践和政府政策相关联，这无疑能增强学术的社会认同感，但是理论的相对独立性与前瞻性却有所缺失，使得学术界有一定的短期行为，难以形成"近期内有现实针对性，中期内有相对合理性，远期内有历史必然性"的理论模式[23]。

第二，区域性农业经济史研究有所欠缺。各个区域由于其自身历史、人文、资源禀赋等差异，农业经营制度变迁过程有所不同，揭示区域农业经营发展过程对于促进我国农业经营现代化具有一定的现实意义。

第三，对于福建农业经营制度，学者研究一方面不够系统，只分析了个别时段；另一方面，已有研究过于宏观，对于福建农业经营制度的史料和档案资料等挖掘不够，难以展现那段历史的复杂性。此外，对于福建农业经营制度研究不能脱离当时特定的历史发展背景，它必定与社会其他相关制度相联系，其变迁必定受到其他社会及经济制度的约束，如农村生产力的发展、农民科学文化素质等。只有将福建农业经营制度置于当代整个历史发展的长河中才能保证学术研究的科学性与时代性，才能真正体现科学研究，否则只是一种抽象的总结。

基于以上文献与经验事实，本书回顾了福建1949~1985年农业经营制度变迁，以农村土地产权变迁为主线，通过收集相关史料，试图剖析福建农业经营制度变迁进程，阐明不同时期福建农业经营制度对农业经济发展的影响，为当前农业经营制度创新提供历史借鉴，丰富我国区域性农业经济史研究。

第三章　相关概念与理论基础

第一节　相关概念

一、农业经营

关于农业经营，学界有如下几种观点：

（1）七户长生（1994）认为，"农业经营，是在现实的资本主义商品经济中，以社会产业中的农业为基础，企业家的性格正在成熟的、个体经济主体所从事的、以农业生产为中心的综合性经济活动"。他认为，农业经营是以生产产品为主的综合性经济活动。

（2）农业经营本质上是一种经济活动，是为了满足经营者经济上的收益。布林克曼认为，"为达到高度且持久的私经济上的利益，农业企业家必须在他所经营的面积上附加资本和劳力；而且，他可以继续累积此两者，使其经营集约化，直至最后一次此项支出的货币额及其按国内通行利率所需的利息额（指广义的货币支出），能由此获得的总收益恰足抵偿为止"①。他指出，影响农业经营的总收益与支出的决定性要素有：农业企业的交通位置、农场的自然状况、国民经济的发展阶段、企业家个人的情况，其中第一、第二、第四因素同时并存，第三种因素主要说明时间上的先后。

（3）农业经营是指在一定的制度环境和技术条件下，以土地为主要生

---

① 布林克曼.农业经营经济学［M］.北京：农业出版社，1984：8.

产资料和劳动对象，经济主体为实现自己的目标以一定的形式与他人、国家和市场所发生的经济活动（谢太平，2010）。

综上所述，本书赞同布林克曼的观点，认为农业经营是在一定的自然、社会环境下的经济活动，农业经营主体以土地为主要生产资料与劳动对象，在具备一定的物质和技术储备的前提下，依托一定的组织形式将人、财、物、信息等生产要素有机结合起来，以此完成农业生产预期目标。

二、农业经营制度

农业经营制度有广义和狭义之分，本书所采用的是狭义的理解。狭义上的农业经营制度等同于农村基本经营制度，是指经营者与土地、组织以及经营者的关系。本书中的农业经营制度主要是经营者与土地的关系。因此，本书的农业经营制度是指在一定经济、自然、社会关系下，农业经营者以土地为主要生产资料和劳动对象，依托一定的组织形式，为了实现经营主体的预期目标所定的规则或行为准则安排，这种安排在整个农业经营中以其显著特征集合其他诸种制度安排。

根据定义，本书所界定的农业经营制度包含以下三个要素：一是影响农业经营制度变迁的相关政策法令，它虽然有别于宪法，但对农业经营制度绩效产生了一定的影响。二是农地产权制度。它涉及农地所有权、使用权、收益权和处置权及其所派生出的相关制度安排。三是农业生产组织。农业经营制度与农业生产组织关系密切，农业经营制度为农业生产组织提供基本规则，构造模式和结构框架，而农业生产组织则是农业经营制度的载体。

农地产权制度是农业经营制度的核心，它是以农村土地所有权为基础，以农地使用为核心包括农地所有权、使用权、收益权、处置权等权能的农地财产权的制度总和。它具有排他性，可交易性和可分解性特征以及配置资源、激励、约束经济主体行为选择集等功能。

三、农村土地制度

农村土地制度又称农地制度。关于农地，目前国内外学术界还没有一个统一的定义，其表述有："耕地""农村土地""农业用地""农牧业用地"等。目前较为普遍的观点是，农地是直接用于农业生产的土地，如种植业、林业、畜牧业、副业以及农田水利用地等。本书所采用的农村土地是用于农业生产的土地，具体以种植业为主的土地利用活动。

农村土地制度的基础是土地制度。关于土地制度学术界代表性观点有：土地制度，是指在一定的经济社会条件下社会成员之间所结成的有关土地关系的总和（陆红生，2002）；土地制度是由土地开发与利用过程中所形成的一种社会经济制度（陈宪，1989）；土地制度是指土地所有制制度，包括土地所有权归属、占有和支配使用土地的形式（刘书楷，2000）等。

本书认为，土地制度是人类社会经济关系的一项重要内容，是人们以土地为核心，在社会生产活动中所形成的与之相关的各种关系的总和。农村土地制度是土地制度的重要内容，是在以种植业为主的农业生产活动中，为了得到农业资源和要素的有效配置，以土地（指耕地）为核心所形成的法律、政策等相关制度。

第二节　理论基础

一、制度变迁理论

马尔科姆·卢瑟福认为，制度及制度变迁的有关问题是经济思想史的重要组成部分[24]。

1. 国外学者关于制度变迁理论概述

马克思与恩格斯在《德意志意识形态》中提出了制度变迁理论。他们认为，生产力→交往形式（生产关系）→社会上层建筑[25]。在这框架中，生产力是根本动力，生产力的发展引起生产力与生产关系矛盾并推动生产关系变化，而生产关系变化又引起上层建筑变化。

康芒斯（1981）认为，资源的稀缺性引起组织内成员间的利益冲突，这种利益冲突导致制度变迁以消除冲突。此外，新的经济环境及经济增长均会对组织提出新的挑战，导致组织内部的制度变迁以作出回应。

诺思（1994）在《制度、制度变迁与经济绩效》中指出，制度在一个社会中是通过建立一个人们相互作用的稳定的结构。制度的稳定性丝毫没有否定它们是处于变迁之中的这一事实。诺思（1994）认为，由于变迁在边际上可能是一系列规则、非正式约束、实施的形式与有效性发生变迁的结果，制度变迁是一个复杂的过程。至于制度是如何渐进性变迁，变迁原因，以及非连续变迁（如革命或武装征服），为什么很少是完全非连续性的，这些都是社会中非正规约束嵌入（imbeddedness）的结果①。诺思的制度变迁理论由产权理论、国家理论和意识形态理论构成。

奥尔森（1995，1999）认为，一国的公共政策的形成及演变在很大程度上受到利益集团院外活动的影响。哈耶克（1997a，1997b）、纳尔逊和温特（1997）认为，制度变迁不是人为的有意识的理性设计结果，而是无数个体及人群之间互动博弈所成的自发演化过程的结果。一方面，过去的制度与规则中较为适应的部分留下，不适应的部分被修正或淘汰；另一方面，在互动博弈中，个体及人群之间实现了信息与知识的充分交流与共享，从而促进制度演变。拉坦认为，制度变迁可能是由对经济增长相联系的更为有效的制度绩效的需求所引致的[26]。

2. 关于土地制度变迁

诺思和托马斯在《西方世界的崛起》（North and Thomas，1973）中指出，西欧从公田制向私有制的转变过程是由土地相对稀缺导致的。诺思在《制度、制度变迁与经济绩效》中进一步将诱导性制度变迁理论总结为效率假说，他认为，制度总是朝着辅助经济系统达到社会最优的方向发展[27]。巴雷尔在研究中国土地管理制度改革后指出，中国农村土地制度变迁的原因是现有制度中存在外部利润，如土地改革的外部利润能改善分配状况不平等；合作化运动、初级社及高级社的外部利润能推动农业发展；人民公社的外部利润是农业生产的规模效益和财富的再分配；包产到户的外部利润使农民生产积极性提高[28]。

3. 关于制度变迁的内在机制

首先，有效的组织是制度变迁的关键。其一，在资源稀缺并存在互相竞争等条件下，制度和组织的连续相互作用是制度变迁的关键点。竞争迫使组织不断与外部环境进行互动并改变其结构。其二，组织的竞争与合作

---

① 诺思. 制度、制度变迁与经济绩效 [M]. 北京：中国政法大学出版社，1994：7.

决定了制度演变轨迹。其三，有效的组织能实现自我经济实力提升，增强与其他组织或集团谈判地位，有利于其成为制度变迁主体。

其次，相对价格和偏好是制度变迁的源泉。相对价格变化包括信息成本、要素价格和技术变化等因素，它改变了人们之间的激励；要素价格变动促进资源日益稀缺，激发人们获得排他性产权的努力；信息不完全及信息成本影响制度变迁；技术进步增加了制度变迁的潜在利润，降低制度变迁成本；领导者偏好对制度变迁影响较大，尤其在缺乏民主政治的情况下。

最后，适应效率。它涉及经济增长，社会获得知识和学习的愿望，引发分担风险、创新、进行各种创造活动的愿望，以及解决社会长期问题的愿望。有效的制度能够为组织提供创新机制以及适应外部不确定性的"适应效率"，并分担组织创新的风险[26]。制度变迁是制度的替代、转换和交易过程，是一种高效率制度对低效率制度的替代过程，制度变迁也存在着自我强化机制即路径依赖。

4. 制度变迁方式

制度变迁方式主要有诱致性制度变迁和强制性制度变迁（林毅夫，1994）。两者区别主要在于：①实施变迁主体不同，前者是基层社会成员，后者是国家利益代表；②变迁原因不同，前者是当前制度存在外部利润，主体创新能获得较大的潜在收益，后者是满足统治者偏好和国家租金利益最大化；③前者主要受到经济因素影响，后者主要受到意识形态和政治环境影响。制度安排总是由起初的非均衡向均衡过渡，然后再进入非均衡的循环之中，制度均衡是暂时的，非均衡是常态，制度的非均衡导致了制度变迁和创新。

二、产权理论

产权是关于财产所有、占有和使用过程中引发的权利归属问题，是一项权利束。科斯《企业的性质》引入了交易费用概念，并开创产权理论研究。随后，经过阿尔曼·阿尔奇安和哈罗德·德姆塞茨的发展，该理论越来越精细。诺思将国家理论与产权理论结合起来，认为，如果假定国家是中立的，根据产权理论，在现有技术、信息成本和未来不确定环境的影响下和资源稀缺并互相竞争的世界中，成本小的产权形式将是有效率的。产权的出现是国家统治者的欲望与交换当事人努力降低交易费用的企图彼此合作的结果[29]。竞争将使有效率的经济组织形式替代无效率的经济组织形式，有效率的产权应是竞争性的或排他性的。为此，产权的界定将有助于减少未来不确定性因素并减少产生机会主义行为。现实中，国家并不是"中立"的，国家决定产权结构，国家最终要对造成经济的增长、衰退或停滞的产权结构效率负责。

产权的特征属性，主要有以下五个方面：

（1）可分解性。产权是一项权利，这决定了产权中的各项权利可以分别隶属于不同主体，这是现代研究产权制度变迁，尤其是农村土地制度改革尤为注意的。这种属性是当前我国农村土地集体所有前提下，如何完善与创新农地经营权流转与土地产权"三权分置"的理论基础。

（2）排他性。它是指经济主体对某一资源的某项权利的行使具有垄断性。排他性是产权的内在特征属性，是产权市场建立的基础。产权的排他性越强，其功能发挥越完善。这些决定了我国农地产权的改革，一定要产权明晰。

（3）收益性。它是指经济主体对资源行使权利时所带来的收益。收益最大化是经济主体从事经济生产实践的目标和出发点，产权是实现其收益的有效保障。产权所带来的成本与收益计算能促使经济主体追求某项产权制度的外部利润所带来的收益，从而引发制度变迁。

（4）可转让性。它是指产权在不同经济主体间让渡。产权的可转让必须建立在完善的产权交易市场和产权交易法律、法规基础之上。这对处理当前我国农地流转纠纷至关重要。

（5）完整性与有限性。产权的完整性体现在经济主体在社会界定的范围内拥有某资源完整的使用权、收益权和处置权，且方式是自由选择的。产权的权利边界明晰是完整性的前提；产权的行使在不违法、不损害他人利益的前提下，经济主体可自由使用且须承担行使产权所带来的责任[30]。产权的有限性体现在权利界限清晰，产权功能的发挥易受国家政治结构与意识形态的影响。

产权是一种契约关系，它能帮助人们形成交易中理性预期。产权是指物的存在及其使用所引起的人们间相互认可的行为关系，具有排他性权利，影响着资源配置效率。一个社会的经济绩效最终取决于产权制度安排对个人行为的激励。产权的功能主要体现在以下四个方面：

（1）外部性内部化。外部性是经济主体从事经济实践活动时没有考虑到费用和收益问题或者某经济主体在经济实践中所产生的成本或不利影响由其他主体承担。产权经济学家们认为，解决外部性问题，是通过产权界定和产权谈判来使外部性问题内部化，即当内部收益大于成本时，通过确立产权，将外部性内部化，形成合理预期。

（2）激励与约束。激励表现在经济主体拥有产权后，根据法律安排的权利，权衡成本和收益后采取合适的行动，该行为能使经济主体有效地控制并直接或间接地获取经济利益。由于产权的界定同样是经济主体行为规则的确立，产权的排他性限制了其他经济主体涉及该权利，这是产权的约束功能。因此，明晰的产权是发挥产权约束功能的关键。

（3）资源配置。产权的排他性设定了产权的使用范围和界限，决定了产权拥有的经济主体可以自行决定产权的使用方式和收益并承担其行为所带来的后果，这使得资源往往向效率高的地方配置。产权的可转让性保证了产权由不善经营的所有者转向善于经营的所有者，从而提高社会整体资源利用效率。

（4）减少不确定性。有限理性和信息不对称导致了经济主体所处的环境充满了不确定性和复杂性，所以，明确产权设置能减少不确定性带来的不利影响。产权可以将未被确定的财产权利界定给某经济主体，使其能够得到合理利用，同时，还让经济主体明确自己财产权利边界，减少产权模糊所带来的不良影响，促使经济主体在产权交易过程中形成合理预期。

三、国家理论

纵观中华人民共和国成立后农业经营制度变迁，国家在其中发挥着重大作用。"国家的存在是经济增长的关键，然而国家又是人为经济衰退的根源"[29]，这一悖论使国家成为经济史研究的核心。因此，国家理论成为分析我国农业经营制度变迁的重要理论之一。

关于国家理论，首先要阐明的是国家性质。对于这一点，政治学已进行了充分的阐述，概括为两种：国家掠夺论和国家契约论。前者指国家是统治者或统治阶级剥削工具，是掠夺或剥削的产物；后者指国家是公民之间达成契约的结果。诺思在其国家理论中提出了国家"暴力潜能"分配论。他认为，若暴力潜能在公民之间进行平等分配，便产生契约性国家，反之，则产生掠夺（剥削）性国家。为此，诺思构建了国家的新古典理论，他认为国家有三个基本特征：其一，国家为人们之间发生相互关系制定规则并提供一个公正、稳定的环境，由于国家在提供此类服务时存在规模经济，因此在它"保护"下的社会总收入会高于个人保护自己产权的收益。因非排他性产权实施成本较低，且对国家收益和统治者的威胁较小，国家会更倾向于非排他性产权安排。其二，为使国家收入最大化，国家为不同集团设定不同产权。由于国家具有较强的比较优势，它在制定产权时可节约交易费用和在产权的界定和实施过程中占据垄断地位，这样可以保证国家收益最大化。其三，国家面临着其他国家或内部潜在竞争者的竞争。国家为维持其垄断地位，一方面通过社会习俗、伦理等非正式制度影响产权选择，另一方面通过产权实施的反馈不断修正产权安排且产权规则有利于谈判力量强的团体。所以，国家有两个目的，它既要使统治者租金最大化，又要降低交易费用使社会产出最大化，增加国家税收。这两者之间的相互冲突导致相互矛盾乃至对抗行为的出现，国家由此兴衰[29]。

国家的性质决定了国家在制度变迁中作用和目标多元化。林毅夫指出，统治者只有在下列情况下才会采取行动来弥补制度创新供给不足：按税收净收入、政治支持以及其他进入统治者效用函数的商品来衡量，强制推行一种新制度安排的预计边际收益要等于统治者预计的边际成本[31]。诺思指出，国家提供的基本服务是博弈基本规则。无论这些规则载于非正式制度抑或正式制度，国家的目的有两个：一是界定形成产权结构的竞争与合作的基本规则（在要素和产品市场上界定所有权结构），使统治者租金最大化。二是降低交易费用以使社会产出最大化，增加国家税收。显然，这两个目标不完全一致。在租金最大化的所有权结构与降低交易费用促进产权效率和经济发展之间存在着持久矛盾并导致经济未能持久增长。

国家理论中，诺思还提出"搭便车"问题。他指出，"抵触国家强制力的个人成本通常源于对国家规则的漠不关心与顺从"①。对于统治者和选民来说，选民会面临着"搭便车"，这将是国家结构变迁及其稳定的重要障碍，为了解决"搭便车"难题，诺思提出意识形态理论。

---

① 诺思. 经济史中的结构与变迁［M］. 上海：上海人民出版社，1994：32.

四、意识形态理论

本书认为，意识形态是一种群体的相似反应，构成群体的个人拥有共同的思想，采取共同的行动，达到共同的目标，是统治阶级或社会集团对一定时期政治、经济和思想的自我表达和自我意识而形成的价值观念体系。

意识形态理论是诺思为克服大团体行动下的"搭便车"问题而提出的。他指出，"勤勉的""努力工作的"和"凭良心做事的"工人与"懒惰的""工作上懒汉式的"和"得过且过混日子的"工人之间存在产出上的差别，这种差别由用以减少逃避责任的意识形态观念在多大程度上是成功的决定①。他认为，社会强有力的意识形态是经济体制可行的稳定要素，是现代社会资源非市场机制配置、历史变迁能力和社会合理性投资的关键因素。

诺思认为，意识形态本质上是一种节约机制，可以简化其导引下的决策过程。他进一步指出，意识形态不可避免地与个人经验发生冲突，对收入分配的"恰当"评价是人们对理性和意识形态选择中的关键；人们改变意识形态实际是发展适合自己经验的新的理性。关于意识形态变化，诺思指出，不同的意识形态起源于不同的区位和职业分工，意识形态最初是由经验各异的区位相邻人群结合语言、习惯、禁忌、神话和宗教等，最终形成与其他地域人群相异的意识形态。他提出了四种相对价格选择会导致意识形态的改变：否定人们对其已被习惯或法律等承认的资源所有权；交换条件偏离市场公平交换的要素市场或产品市场；劳动力要素中，某一阶层的相对收入偏离了整体；信息成本的降低，使得人们去寻求不同或更优惠的交换条件。

诺思（1994）认为，成功意识形态具有以下三个特征：首先，意识形态必须能解释现存的产权结构和交换条件是如何成为更大体制的组成部分；其次，意识形态必须是灵活的，能够得到新的团体的拥护，或者作为外在条件变化的结果而得到旧的团体的忠诚拥护；最后，意识形态必须克服"搭便车"问题，促进一些群体不再按有关成本与收益的简单的、享乐

---

① 诺思. 经济史中的结构与变迁 [M]. 上海：上海人民出版社，1994：51.

主义的和个人的计算来行事①。关于意识形态的作用，除了上述的节约机制，资源非市场机制配置和避免"搭便车"外，它还具有对经济促进或阻碍作用。意识形态通过以下两种方式影响经济绩效：一是通过影响经济当事人行为而影响经济绩效；二是政治过程影响经济绩效。

意识形态促进经济发展主要表现为：一是能够有效地发现或识别潜在利润或当前经济体制的外部利润。二是在意识形态引导下，各集团能够达成一致同意，减少交易费用和组织费用，形成集体行动。三是新的制度本身就是在意识形态指引下创新而成的，意识形态具有降低运行成本功能。

意识形态阻碍经济发展主要表现为：其一，意识形态促进作用会随着现实社会政治、经济等环境变化通过边际革命的方式渐变，一旦一种意识形态不能给已经变化了的事实或经验更合理的解释，它就表现出滞后性并带来交易费用增加，社会成本提高，经济发展滞后。其二，现实社会并不是一个同质社会，它是由不同地域和不同利益集团组成，在没有强大社会思想和意识形态的指导下，各方面会基于其各自意识形态诱致相互约束、损伤和资源耗散，影响经济发展。

---

① 诺思. 制度、制度变迁与经济绩效 [M]. 上海：上海人民出版社，1994：149.

第四章　不同时期福建农业经营制度背景

1949~1985年，福建农业经历了三个历史发展阶段，包括四次农业经营变革：1949~1952年为土地改革时期，国家废除封建土地所有制，实行农民土地私有制；1953~1957年为农业合作化时期，初级社，农地农民私有，但农地所有权和使用权发生了分离，高级社，农地集体所有集体经营，农业生产合作组织为农业经营的主要载体；1958~1985年为人民公社阶段，1980年前，农地集体所有，生产队为主要农业经营组织形式，1980年后，农地仍为集体所有，家庭联产承包经营已缓慢推行，1983年全省基本实现家庭承包经营。本章通过收集与之相关资料，概述福建各个时期农业经营制度的背景、历史原因及发展过程。

第一节　土地改革时期

中华人民共和国成立后，为彻底完成新民主主义革命，并为社会主义革命和建设创造条件，全国各地掀起了土地改革运动。中共福建省委和人民政府，根据中共中央七届三中全会的决定、中华人民共和国土地改革法以及全省各地情况和特点，领导农民分批开展了土地改革。1950年8月，福建先在闽侯地区试点，尔后，在全省42个县逐步展开，通过剿匪、打土豪、查田、查阶级、分田地等，初步使广大农民获得了土地。1952年6月，土改大体分三批完成，全省（除金门县和尚未解放岛屿外）66个县、2个市共5852乡均完成分配土地和颁发土地证。

一、土地改革背景

1. 中华人民共和国成立初农业经营环境概述

福建山地、丘陵多，平原少，面积分别占全省 53.88%、29.01%、10%。全省山多林茂，雨量充沛，水系发达，河网密集，有福州、泉州、漳州和兴化四大平原。福建土地类型复杂多样，农业具有多宜性特点，农林牧副渔各业发展空间广阔。中华人民共和国成立初期，福建民族工业极端落后，1949 年全省工业仅占工农业总产值的 0.83%，产业破落和市场萧条使福建约有 15 万城镇失业人口。1949 年前，福建人口平均寿命仅 35 岁左右，1912~1949 年，全省人口下降 25.05%，加上国民党时期商业凋敝和物价飞涨，人民生活不断恶化。1949 年，全省粮食总产量 565672 万斤，人均不到 200 斤，比 1936 年减少 30%，缺粮县占全省总县数的 1/3，相较于 1936 年，甘蔗、水果、茶叶、水产品、家畜等分别下降 71.2%、55.7%、45%、66% 和 20%~25%。

2. 中华人民共和国成立前农村土地占有及农村经济变化

中华人民共和国成立前，关于福建农村土地地主占有情况，学界有不同观点。刘裕清（1986）认为，占农村总人口 3.16% 的地主，拥有的土地及公田占全省耕地 42.8%[32]。何少川（1991）认为，占农村总人口 5.8% 的地主，占有和控制的土地及公田，约占全省耕地 61.3%，占农村总人口 90.8% 的雇农、贫农、中农只占全省耕地 38.7%，还有一些非农业人口，约占 3.4% 的田地[33]。土地改革（以下简称"土改"）档案显示，占总人口 7.88% 的地主、富农占有总土地的 32.16%，贫农及其他劳动人民占总人口 93%，占有总土地的 37.6%，公田占总土地的 30%，其中地主操纵 80%[34]。另外，全省公田分布也有差别。据福建省农村调查显示，闽西、闽北地区，公田占耕地面积的 50% 以上，沿海地区是 20%~30%①。由此，本书估算土改前福建农村地主实际拥有土地为总耕地面积的 40%。总之，占农村绝大多数人口的农民拥有较少土地，而占农村人口少数的地主和富

---

① 公田又称"公轮田"，包括族田、社田、祭田、学田等，名义上是宗族、家族或村社"公堂"所有，实际上大部分由地主阶级和封建势力把持。

农却拥有全省约一半的土地①。

根据当时革命力量以及地理环境，本书将福建农村土地占有情况分为三种。第一，拥有 140 万人口，25 个县的革命苏区。第二次国内革命战争时，苏区已开展过土地革命，农民已分得土地，虽然红军长征期间农村土地有部分被地主收回，但相较于没有进行过土地革命的地区，苏区地主占有土地比例有所下降。第二，闽北、闽东山区。这些地区山高林密，交通不便，人口稀少耕地多，地主土地集中程度较高。第三，沿海和福建、厦门等市郊区。这些地区人多地少，土地分散，手工业等商品经济较发达。一部分华侨在家乡购买土地，一些官僚资本和工商业者在沿海城市郊区购置良田，地主、富农除占有一定土地外，大都在城镇发展工商业。

中华人民共和国成立前福建农村经济关系变化大体如下：

（1）农村土地租佃。中华人民共和国成立前，福建农村地租额占田地收获量的比例最低为 50%，少数高达 100% 以上。全省山区土地出租比例较沿海大，山区地主、富农出租土地分别占土地出租的 95% 和 34.4%，沿海地区地主、富农出租土地分别占土地出租的 26.6% 和 11.9%；山区中农，贫雇农租入土地分别占其全部使用土地的 45.3% 和 82.2%，沿海地区分别为 82.2% 和 64.6%。这表明中华人民共和国成立前福建大部分农民是靠租地经营为生，且地租额较重。

地租主要为定租制和分租制。前者承租时定某块地租，不论年岁丰歉、收成多寡，农民都按一定原租额交租的情况在沿海地区较为普遍。后者不事先确定租额，以每年土地产量按比例分成，这一般多在山区。据资料显示，福建地租 80% 以不定期租制为主，永佃制只占 20%，其结果是如若农民无法交租地主可随意剥夺农民的承佃权[35]。租佃形式分活租制、死租制和二东家制等。此外，地主对贫雇农还有其他额外盘剥，如押租金、预交租、定礼、鸭埕租、中人钱等[36]。以地租形成的农村债务关系特点是谷子、油、麦等实物借贷较普遍，这种债务关系下形成的土地关系有先典后租（一典一租）、人情田和卖青苗三种②。

---

① 福建省各阶层土地改革前后土地占有变化见附表 1。

② 先典后租（一典一租），农民因急需钱，把土地典给地主，但土地仍由农民耕种，每年给地主交租，负担仍归农民；人情田，农民欠地主钱，把地押给地主，地主仍让农民种；卖青苗，农民在青黄不接时，生活无助，需粮急切，地主拿出少部分粮食，贱价将田中的青苗买去，将来田中庄稼由地主收获。

（2）其他土地关系。第一，公轮田。它多为地主通过宗族、会社等操纵，地主收租管理，任意贪污挪用。公轮田在农村中占有很大比重，且名目繁多，如祠堂田、庙宇田、寺院田、学校田、慈善事业田、公益事业田、书灯田、祭田、赛田、社田、会田、保公田、水利田、义渡田、茶亭田等。第二，根面权土地关系。福清瑶峰，有根面权的土地 2145.27 亩，占全乡土地 54%，其中地主、富农占有 41.1%，且多系面权或根面俱全，公轮田占 31.5%，中农占有 13.8%，贫农占有 8.7%，这些多系根面权不俱全。如此，地主、富农可以较小代价夺取农民面权收入。第三，土地交错，地主放债典押夺地。这是地主夺取外乡农民土地和农民受地主剥削无法为生迁徙造成的。

（3）高利贷。农村高利贷放债主体多为地主、富农且形式多样，一般有借谷债、银洋债、银租债、神会债等①。高利贷利率最低为 20%，最高达 233%，如古田县七保村，高利贷有"牛相斗"之说，年利率达 100%，更有"牛母加牛子踢一脚"，年利率高达 233%（踢一脚指 33% 的部分）。

（4）商业资本。商业资本在农村中的重要表现为"买青苗"，赚取巨额差价。抗战后，由于通货膨胀、粮价猛涨，商业资本大量投于土地买卖。如福州鼓山区，抗战前，每亩上等田田价折合谷 16~17 担，福州第一收复后，中等田每亩田价为 20 担谷，1948 年冬，每亩上等田田价涨至 30 担谷。

（5）牛租。中华人民共和国成立前，牛是重要的农业生产资料。大部分贫雇农因无力购买耕牛而向富农或富裕中农租借耕牛耕种田地并向其交租。牛的占有不均衡，使富农阶层拥有了潜在牛租收益，这加重了贫农负担。

3. 福建土地革命实践

中华人民共和国成立前，福建农村遭受地租、赋税、徭役、外国资本和商业资本等剥削，农民生活艰难。抗战时期，农村遭到极大破坏，加之国民政府不断加捐加税，地主和买办资产结合，农民负担沉重。抗战结束后，国民党统治区，农村加捐加税更加严重，生活更加困苦。因此，土地制度改革是中国新民主主义革命的主要内容，只有完成土地制度改革，国家才能实现真正的独立与统一。1928 年，中国共产党于龙岩、上杭和永定

---

① 华东军政委员会土地改革委员会. 福建省农村调查 [M]. 华东军政委员会土地改革委员会编，1952：7.

地区组织领导了武装暴动，并在溪南地区 13 个乡开展了土地没收和分配工作。1927 年 8 月至 1937 年 7 月，闽西红军游击队在上杭、龙岩和永定 15 个区、83 个乡开展了各种形式保田运动，闽西 14.6 万农民分得约 20 万亩土地。福建农村开展的土地夺权运动，实践了新民主主义革命理想，促进了农村生产力提升，坚定了党继续开展土地改革的信心。

4. 福建土地改革环境概述

截至 1950 年 12 月，福建共歼灭土匪 4 万余名，斗争恶霸千余人，农民因减租得谷 6000 万斤以上，兴修水利 3000 余处，开荒 15 万亩，粮食增产 3 亿~4 亿斤，完成了征粮、支前任务。福建各区、乡召开了农民代表会，成立了农民协会，发展会员 158 万人，民兵 15 万人。福建 70% 以上的乡废除了保甲制度，改造了基层政权，培养了大批干部和积极分子。这些为土地改革的顺利进行奠定了初步基础。

二、土地改革原因

1. 土地占有不合理

中华人民共和国成立初期，福建农村土地等生产资料占有不合理，束缚了农业生产力，加重了农民负担，影响了农民生产积极性。地主土地私有制，土地所有权和使用权分离，影响了土地投资、农业资本积累和农业生产力突破，加之农业基础设施破败、生产工具简陋和自然灾害等导致了农民生活更加贫困。同时，福建工业落后，使农业仍为国民经济主要来源，农村人口占绝对优势，地主与农民矛盾不断升级，农村成为火药桶。

2. 人口增长内在需求

抗战后，福建人口增长缓慢。1937~1947 年，福建总人口数由 1240.79 万降至 1105.73 万，减少 135.06 万。中华人民共和国成立后，福建人口增长恢复，1950~1952 年，总人口数由 1210.5 万增至 1259.2 万，年均新增人口 23.7 万（见附表 13）。人口城乡分布上，城镇人口逐年增长，1949~1954 年，全省市镇人口数由 171.3 万增至 251.9 万，占总人口比例由 14.42% 升到 18.82%（见附表 14）。1949 年，乡村总人口数为 1016.6 万，占总人口的比例为 85.58%，1954 年，乡村人口总数为 1086.6 万，占总人口的比例为 81.18%（见附表 15）。人口的迅猛增长导致了人口管理与人口需求矛盾。土地改革前，地主经济很难提供较多生产、生活资料给存量和增量人口，加之城市经济发展缓慢，新增人口的需求很难得到满足。因此，人口规模扩大是土地改革发生的重要内生变量，推动了国家实施土地改革。

3. 市场供求及发育程度

抗战后，福建沿海口岸被封锁，省际输入渠道被切断，外来商品无法输入。省内民族工业由于侨汇断源，民营企业元气大伤，现有官营企业效益不佳。这些导致了福建省内工业产品供应不断下降，其中糖降幅约300%（见表4-1）。

表4-1 民国二十五至三十年（1936~1941年）福建省主要工业产品产量

单位：万吨

年份	糖	纸	盐	茶叶
1936	5.1	39.5	8.9	1.2
1937	6.1	39.4	7.1	
1938	4.58	33.9	10.2	
1939	2.92	11.6	4.4	
1940	3.04		6.4	
1941	1.3		8.2	

资料来源：福建省地方志编纂委员会. 福建省志·商业志 [M]. 福州：中国社会科学出版社，1999：19.

抗战后，外来商品大量倾入，福建工业又告衰落，原先市场供应品，糖、茶叶、盐等再复锐减，加之国内战争不断，省际物资交流切断，这些导致了省内市场产品供求波动大。据统计，1936~1949年，粮食价格下降16.8%，甘蔗价格下降25%，猪牛价格下降20%~25%等，同时，市场商品物价飞涨，1937~1948年，市场商品价格涨了600倍[38]。1950年初，投机者利用人们"重物轻币"的心理，大肆进行货币倒卖，囤积居奇，物价飞涨。省内生产方面，由于国际封锁、港口禁运，更多生活物品从上海、浙江、江苏等地调入，但这无法满足人民需求。因此，摆在福建面前的首要任务是结合实际稳定物价和货币、稳定市场、安定人民生活。

综合国内政治、经济力量对比，政策传统以及新形势下赢得民众支持等因素，中国共产党决定开展大范围的土地改革运动。土地改革解决了土地占有不合理，解放了农村生产力，为新中国工业提供了物质保障。刘少奇代表中央强调，"废除地主阶级封建剥削的土地所有制，实行农民的土地所有制，借以解放农村生产力，发展农业生产，为新中国的工业化开辟道路。这就是我们要实行土地改革的基本理由和基本目的"[39]。

三、土地改革过程

1. 土地改革的主要内容

1950 年 6 月，福建在闽侯、福清、长乐、连江、闽清等县进行土地改革试点，尔后在全省逐步展开。

（1）土地分配方法与原则。对农村土地的处理方法因占有土地量的不同而有所差别。对于地主，没收其土地、耕畜、农具、多余粮食（指扣除地主应减租粮、应交公粮及度过明年春季口粮之外的多余粮食）及其农村中多余房屋①，分配给无地少地农民，分给地主同样一份土地，地主的其他财产，包括其工商业，均不予没收[40]。对于富农所有自耕或雇人耕种土地及其他财产予以保护。对于半地主式富农，征收其出租部分，对于其占有的大量土地，出租部分未超过其自耕或雇人耕种部分，政府酌情征收其出租土地的一部分或全部。保护富农是党维系农村稳定和保存农村生产力的重要举措。政府联合中农，包括富裕中农，吸收其积极分子入农会。对于沿海地区小商贩所出租土地及内陆地区鳏、寡、孤、独及英烈家属政府予以保护和照顾。土地分配的原则主要有"谁种谁收"和"谁得谁种"原则。前者是福建土改中土地继续耕种原则，将来或由得地户偿还原耕户分配土地前一切耕作与施肥成本，或在原耕户和得地户双方同意情况下，收获后按一定标准，双方分益。后者是已分配土地地方进行耕种原则。

---

① 地主多余房屋指地主在农村给佃户居住的庄房，供个人享用的别墅等，前者应分配给农民，后者因分配给农民对生产作用不大，故作为政府办公之地或农村公共文化场所，家具随房屋一起分配。

（2）土地改革组织体系。为了顺利开展土地改革，中央成立"福建人民政府土地改革委员会"。一方面使党领导下的土改能顺利进行，另一方面有效地节约行政组织沟通成本。

地方上，县以上各级人民政府成立土地改革委员会，负责指导和处理土地改革各项事宜。农民协会是基层农村联系农民的中间组织，其主要成员以贫雇农为主，全省约有150万农民参加农会，15万农民参加民兵，全省组织了约75万青年、30万妇女、14万工会会员参与土改[40]，这样从省到县、乡、农村都有领导土地改革组织。土地改革组织体系代替了农村中的氏族、宗庙和秘密会社，他们承担了教育、调节等功能，进入组织体系的新型农村干部精英，学会新的农村工作方法，如说服教育、阶级斗争等。土地改革组织体系有利于福建克服土地改革进程中的阻力①，保障土地改革顺利进行。

（3）土地改革主体力量。土地改革中，中国共产党依靠贫农、雇农，团结中农，充分发动广大农民，提高农民与地主阶级斗争的自我觉悟和组织程度，反对不发动群众，用行政命令把土地给农民的"和平土改"，同时又对群众运动不能放任自流，把放手发动群众同用党的政策去武装群众、引导群众结合起来[41]。

贫雇农是土改中最积极的阶层，也是土改中最大的受益群体，他们与下中农结成同盟，使土改运动得到绝大多数农民支持。获得土地等生产资料的农民加大生产投资，农业产出逐步增长。江一真总结福建土地改革时指出，依靠贫雇农是执行土地改革政策的基本环节，"凡是依靠了贫农、雇农，使他们真正成为运动中的主力，并基本上满足了他们土地要求，消灭封建制度的斗争就有力而彻底；反之就发生了'夹生饭'、和平土改或明改暗不改等"[42]。

巩固团结中农是土地改革能否胜利的关键。福建严格执行保护中农

①　对于土地改革进程阻力，本研究认为主要来自地主对农民的压迫及其影响。在传统较为封闭的农村，农民长期生活在畏惧地主的环境之中，他们不敢反抗当地长期居支配地位的势力，对新型中国共产党统治力量没有信心，农民对土地改革中的阶级划分界限模糊，对于富农和地主的区分不甚了解等，这些导致了农民对土改政策迟疑和不理解。同时，社会的紧张状态由于在困难时候地主对农民的传统义务，以及特别的家族纽带、在土地居住和同为一个氏族而缓和了，这些农村中传统的、固有的联系往往为地主所利用去破坏农会，隐瞒土地及财产，并通过秘密会社及其他手段去保持原来的权力结构。参见［美］R. 麦克法夸尔，费正清. 剑桥中华人民共和国史：1949–1965［M］. 北京：中国社会科学出版社，1990：87.

（包括富裕中农），保存富农经济政策。对富农所有自耕土地和雇人耕种土地及其财产一律不动，富农出租的小量土地保持不动。其间，福建对城镇各阶层加强土改教育，安排一部分大学生及民主党派干部参加土改工作队，组织城市各界人民代表下乡参观土改。这些人民代表回城后进行宣传，形成城乡反封建统一战线。

福建对于农村其他劳动人民，如革命军人、烈士家属、工人、职员、自由职业者、小贩、华侨家眷等，均作适当照顾，对工商业者、民主人士，在不侵犯其利益前提下鼓励其参与土改。土地改革中，福建占农村总人口97%人结成了最广泛的统一战线，为土地改革顺利进行奠定坚实的群众基础[43]。

2. 土地改革实施过程

（1）土地改革实施步骤。福建结合本省实际，有计划、有步骤地分三批在十个专区开展土地改革①。

1950年12月至1951年春耕前，第一批土改在交通方便的沿海42个县进行。如图4-1所示②，土改工作队到达农村后，一般以乡为单位进行土改，1951年春耕前，土改已在全省2629个乡开展。

1951年春耕后至1951年秋收前，第二批土改在情况复杂的山林和渔区的2592个乡进行。除了第一批中完成的福州市郊和未开展的厦门市郊外，其余8个专区土改都有序开展。

1951年秋收后，第三批土改在经济文化落后、交通不便的边沿结合部和渔、盐地区的821个乡展开。由于土地改革各种条件已具备，环境相当安定，且省委已抽调经历过第一、二期土改锻炼并富有经验的干部参加这些地区土改工作，土改进展较快，于1952年6月前完成。

---

① 福建十个专区分别为：建阳专区（包括建瓯、建阳、浦城、邵武、崇安、水吉、松溪、政和和光泽共9个县市）、南平专区（包括南平、古田、沙县、顺昌、将乐、尤溪、建宁、泰宁和屏南共9个县市）、福安专区（包括福安、福鼎、周宁、宁德、寿宁、柘荣和霞浦共7个县市）、闽侯专区（包括罗源、连江、永泰、闽清、福清、长乐、平潭和闽侯共8个县市）、晋江专区（包括晋江、南安、莆田、惠安、仙游、安溪、永春、同安、德化和泉州市共10个县市）、龙溪专区（包括龙溪、海澄、漳浦、华安、云霄、平和、诏安、南靖、长泰、东山和漳州市郊共11个县市）、永安专区（包括永安、三元、明溪、清流、宁化、宁洋和大田共7个县市）、龙岩专区（包括连城、上杭、永定、漳平、龙岩、武平和长汀共7个县市）、福州市郊专区（包括鼓山、新店、洪山、盖山、仓山、大根、鼓楼、小桥和台江共9个区）和厦门市郊专区。

② 福建土地改革进度见附表2。

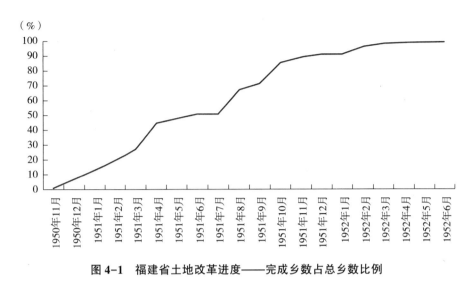

图 4-1　福建省土地改革进度——完成乡数占总乡数比例

（2）土地改革的四个阶段。第一，调查研究、宣传政策、发动群众。土改伊始，福建抽调 17000 多名地方干部和 10000 名军队干部，组织成土改工作队。工作队宣传土改政策，根据当地情况，调查和研究土地占有情况，召开农民代表会，向广大农民讲明土改目的、意义及方针政策。如土改工作队在泉州地区结合当地实际开展宣传工作，用南曲"公公六公"调谱写《王阿五》民歌[44]。这些深入农村实际的工作方法，有效地降低了土改政策执行成本。在群众运动的热潮下，福建整顿农村组织尤其是农会组织，改选农会领导机构，夯实干部队伍、健全农民协会、青年团、妇女会、民兵、儿童团等组织，树立贫雇农优势，增强土改领导力量，为土改展开创造有利条件。

第二，划分阶级。土改工作队利用民间组织发动群众熟悉、了解并实施阶级划分。阶级划分一般先划分阶级成分明朗的，后划分不明朗的，注意阶级与阶级间界限。土地占有及其使用是划分阶级的主要根据，主要劳动与附带劳动是区别地主与富农的主要界限。有论者指出，这种阶级划分是对乡村社会关系进行了实质性重构[45]。本书认为，阶级划分以新的命名方式对农村社会阶层进行区分和归类，在农村社会重新建立了一个道德与等级秩序，阶级划分在村庄内外以运动方式改变了农民对自我政治角色的认知，使农民能自觉地融入党和国家的政策，最终实现党和国家对乡村社会有效治理。

第三，没收、征收、分配土地、房屋、耕牛、农具和粮食等财产。福建各地结合本地实际，周密计算利益分配，民主成立分配委员会，严格遵守在原耕基础上按土地数量、质量及其位置远近进行抽补调整，分给地主与农民同样一份土地和财产。如表4-2所示，地主财产全部被没收征收，其占各阶层单项总数据份额分别为：土地29.76%，房屋89.22%，耕畜98.46%，农具99.38%，粮食98.18%。土改工作队进入农村后，提出"干部要大公无私""农民要互让互谅""方法要民主协商""目的要有利生产"等原则[32]。在分配过程中，工作队既满足贫雇农需求，又适当照顾中农利益；既大体按人口平均分配，又不搞绝对平均主义。贫农虽然分到土地、房屋等财产，但其人数多、分配分母大，所以他们得到的绝对量少。尽管广大农民获得土地数量少，但他们心理上感到满足，从而为国家在农村实施农业经济体制变革奠定了群众基础。

第四，复查总结、部署生产。经过土改，政府在农村中发展党员，建立党支部、农民协会和土改工作队。这些组织认真研究和总结土改工作，检查工作中缺点，纠正政策执行偏差，解决遗留问题。各土改工作队深入农村制订发展生产计划，尔后，召开农民大会、确定产权、颁发土地证、讨论今后生产计划，大力推动生产、强制并监督地主及"二流子"劳动改造、召开农民代表大会，总结工作、评选模范、选举新的农会领导机构。

土改中，正式制度为中央土地改革法、华东土地改革实施办法及福建土地改革具体政策等。这些法案、政策规定了分配原则和阶级划分标准等，为具体地区实施土改降低了交易成本。各地区农会组织为土改的实施提供了有效组织保障，减少了政策执行成本。紧紧依靠贫雇农、团结中农、中立富农等方式方法，使政府赢得了民众支持，利于土改顺利进行。制度供给者需要得到广大农民的支持，制度需求者已经饱受战争、饥饿及各种剥削，他们需要温饱、土地等。土改符合供需双方利益需求，是符合农村实际的生产关系调整。

土改完成了农地地主所有向农地农民所有转变。土改后的农业经营制度是农地农民私有，家庭分散经营，农民拥有农地所有权、使用权、收益权和处置权，农地产权结构边界清晰，是较完整的排他性产权。土改实现了农民"耕者有其田"的理想，激发了他们的生产积极性，为巩固新生人民政权，恢复和发展国民经济奠定了基础，既是一场政治、经济革命，又是一次深远的社会变革。

表 4-2　福建省土地改革中没收征收的土地财产统计

阶层	总户数（户）	总人口数（人）	总土地数（亩）（土改前）	被没收征收土地的户数（户）	被没收征收占各该阶层及没征收各阶层合计占全省总数（%）	被没收征收土地的人口（人）	被没收征收占各该阶层及没收征收各阶层合计占全省总数（%）
地主	63105	368364	2753304.41	63105	100.00	368364	100.00
工商业家	27818	172553	136949.39	18161	65.37	93850	54.53
半地主式富农	11332	62623	314477.09	10497	92.37	53259	85.21
富农	39014	236229	728812.87	16250	41.43	92484	39.12
小土地出租者	68643	214500	509177.51	28824	42.08	78665	36.66
公田			5936632.13				
债利生活者	1772	7464	11221.77	504	28.42	1792	24.01
其他	185035	680648	367536.27	4698	2.53	17926	2.63
合计	396719	1742381	10758111.44	142039	35.79	706340	40.54

阶层	没收征收的土地数（亩）	被没收征收占各该阶层及没收征收各阶层合计占全省总数（%）	没收征收的其他财产			
			多余房屋（间）	耕畜（头）	农具（件）	多余粮食（斤）
地主	2753304.41	100.00	403726	43292.50	1091111	93865625
工商业家	89109.48	65.05	3122.50	53	730	66715
半地主式富农	169891.13	54.03	414	38.50	1686	138470
富农	133108.06	18.24	1939.50	444.50	2373	981112
小土地出租者	132752.93	46.06	44	2	49	5735
公田	5936632.13	100.00	43206	137	1884	543560
债利生活者	1902.55	16.92	29			

阶层	没收征收的土地数（亩）	被没收征收占各该阶层及没收征收各阶层合计占全省总数%	没收征收的其他财产			
			多余房屋（间）	耕畜（头）	农具（件）	多余粮食（斤）
其他	34468.32	9.37				
合计	9251169.01	86.08	452481	43967.50	1097833	95601217

注：表中有没收富农、小土地出租者等之四大财产，系土改中因被错划成分而错没收，后已陆续纠正退还。

资料来源：福建省人民政府土地改革委员会. 福建省土地改革文献丛编（下）[C]. 福建省人民政府土地改革委员会编印，1953：83.

四、土地改革时期福建特殊性分析

土地改革时期福建特殊性具体为共有田土改、侨区土改、老区土改、山林渔盐土改及土改与剿匪同时进行。

1. 共有田土改

如附表1所示，土改前，福建公田占总耕地面积的比例为29.59%，这种土地占有关系反映了福建农村社会家族、宗族关系较发达。家族、宗族关系能建构较强的民间认同，实现民间地方秩序、民间互助和公益事业的发展等。因此，当北方以土地改革运动推翻地主时，福建除推翻地主外，还剥夺了家族公产，将公田分田到户。

1950年，省农民协会对全省共有田情况作了典型地区调查。福建省农村调查显示（以下简称"调查"）："本省各地区共有田总数中的比重是：古田七保占75.8%，古田过溪占61.4%，古田罗华占58.18%，建阳营前占37.31%，建瓯松山保占19.07%，永定中川村占70.04%，永定西湖村占60%，永安吉前保占56.6%（以上属于闽北闽西地区）。仙游（四个村）占43.5%，永春（七个村）占29.53%，莆田华西占21.87%，南安新榜村占15%，福州市郊（六个村）占13.55%，福州市郊（两个村）占

7.98%，福清梧屿村占 9.02%（以上属于沿海地区）"①。如上所述，共有田占比最高的为 75.8%，最低的为 7.98%，闽西闽北地区占 50%以上，沿海地区占 20%~30%。沿海地区共有田占比小的原因是，人多地少。土改时沿海地区人均耕地约 1 亩，按当时生产力计，每人须有七八分土地才能保证粮食足用，因此共有田占土地总量的 20%~30%应是最高额度。调查还指出，共有田中，族田占绝对多数，族田在福建土地总量中占有如此之高的比重，恐怕在全国范围内也是十分少见的[46]。

族田的产生有如下四点原因：一是官僚、商人或地主生前保留下来的赡养田，死后由子孙保留，经过一代、二代后变成族田；二是以全族之力与其他族械斗争夺而来；三是地主怕子孙把产业败光从所有土地中划出一部分为族田，其最终目的还是想使占有的土地更加稳固；四是中农、贫农族田一方面受祭祀观念影响，但更重要的是他们占有土地数量有限，若分给子孙，非但不能解决他们生活反而会使耕地细碎化。所以，以族田的方式保留下来可以让土地得到合理的利用。据调查，族田形式上属于全族共有，但实际占有者与受益者是富农、地主。族田的使用及买卖，一般要先商请其他共有者承买，只有他们声明不买，才能卖给别人，这样大部分族田便集中在本族地主、富农手中。

基于上述分析，由于部分地区家族势力的存在，共有田分配成为福建土改中的重要内容。如安溪县美法村，土改主要任务不是没收地主土地，而是对家族公田与私田再分配，首先将所有农田收归国有，其次将农田分配平均份额分配给家户和个人。1951 年，根据土改阶级与阶层划分，美法村仅有 3 人被划为"恶霸地主"，并且其中两人属家族房长，所占土地并不足以使他们成为地主，富农 4 人，工商业者 2 人，小商贩和自由职业者100 多人，其余是中农和贫农。当时分田对象是农业人口，不包括小商贩和自由职业者，每人分到农田 0.5 亩[47]。

土改消灭公田对农村社会产生了一定的影响，本书认为：首先，公田大部为地主、富农所掌握，与新政权的主流意识形态相悖，其被消灭是历史必然。其次，传统村落互助习惯，即救济、帮扶，是农民之间固有传统，它并未因公田的消失而衰落。族田形成的初衷并非是互助，而是出于

---

① 华东军政委员会土地改革委员会. 福建省农村调查［M］. 华东军政委员会土地改革委员会编，1952：109.

各阶层"私心"或各阶层生存理性，各阶层将宗族作为土地使用权保留下来的保护伞。最后，国家推行合作制度是基于政治、经济等因素的考量，农民合作需求是出于耕作习惯、经济理性、土地细碎等原因，而公田并非互助制度的根源。

共有田消灭也对中华人民共和国成立后的农业经营产生重要影响，强化了农民的阶级意识。共有田分到户意味着以血缘关系为基础的宗法组织和宗族制度衰落，乡村社会结构被阶级标准进行重组，转向以阶级中心的关系，农民以阶级视角处理乡村社会人际关系，即天下农民同属一个阶层。这种认识强化了农民阶级认同感，利于其团结，为后期农业合作化运动奠定了群众基础。共有田被没收，消灭了宗法组织载体，但其社会土壤并未根本铲除。本书第七章中将阐述，残存于农民意识中的宗法观念和家族意识对农村社会文化传统仍有着较大影响，它是一种根深蒂固的乡土本位意识，促使人们对其生活共同体高度认同，为农业集体生产延续发挥了一定作用。

2. "侨区"土改

闽人越洋与各国人民交往已有两千多年历史。西汉时期，闽粤沿海就有人取海道至苏门答腊、缅甸、印度、锡兰和日本等地。辛亥革命后，由于军阀混战和帝国主义掠夺，造成闽人近代史上又一次海外移民高潮。据统计，20 世纪 20 年代，每年从厦门出国的福建人有 10 万之余，整个 20 世纪 30 年代，闽粤人被迫出国超过 400 万。战后几年，闽人出国趋势越来越少[①]。土地改革时期，福建出国侨胞约 350 万以上，散布在南洋各地，以马来西亚最多，菲律宾、印度尼西亚、缅甸、越南等地次之，省内侨眷 150 万以上，遍布闽南、闽东的 23 县内[48]。

华侨身居异国，爱国、爱乡是其传统。中国第一个资产阶级革命团体——兴中会是孙中山先生于 1894 年在海外华侨中创建的，闽籍华侨积极参加兴中会的创建及其组织的革命活动。抗日战争时期，闽籍华侨不但捐款支援国内战争，还积极发展救亡组织，他们组织了决死队、救护队、战地服务团、记者团等。抗战胜利后，东南亚华侨多次集会，通电反对国民党发动内战。1946 年 9 月 7 日，陈嘉庚以南侨总会名义致电美国时任总统杜鲁门等人，劝告其停止支持国民党进行内战。

① 何少川. 当代中国的福建 [M]. 北京：当代中国出版社，1991：16-17.

土地改革时期，福建专门颁布了侨区土改相关规定。省农委主任魏金水以晋江县第八区塘市乡土改为试点，并以此取得的经验展开全省侨区土改工作。土改中，福建及时消除侨眷的各种顾虑，并宣传"土地改革中对华侨土地财产的处理办法"，积极发动他们诉苦并参加反封建斗争。福建省政府特别强调在没收、征收和分配土地中照顾侨眷的利益：华侨地主、工商业者所有房屋，除原系出租给农民者外，均予以保留，原系劳动人民，出国后上升为兼地主者，除土地没收外，其他财产不动；对于不能及时接受侨汇的侨眷，征收其出租土地时一般都要作适当照顾；对侨眷某些少量出租土地和菜园等，亦作照顾，少量学校公地一般不动；贫苦侨眷根据劳动与否，侨汇多寡及其经常程度，都分得了相应土地。晋江县塘市乡104 户贫苦侨眷，土地改革前后土地占有由 694.74 亩增至 825.85 亩[49]。

侨区土改作为福建土地改革时期特色主要基于以下三方面原因：

（1）华侨土地财产特殊性。首先，土地财产来源特殊。华侨土地财产主要靠其国外打拼劳动所得外汇购买。受中华传统文化影响，华侨买田地是为"叶落归根"。所以，在传统观念指引下，华侨在农村中使用侨汇购买土地、建造房屋是一种普遍现象[50]。其次，华侨土地财产使用方式与目的。华侨占有土地一部分自耕，一部分出租且数量较少，受到侨汇影响和劳动力缺乏，侨眷一般采取与佃农合伙共耕的经营方式。华侨占有土地的目的是赡养国内侨眷。

（2）华侨、归侨、侨眷积极踊跃支持和参加抗美援朝、保家卫国运动。首先，声讨。1950 年 11 月 10 日，晋江县第四届各界人民代表会议，代表们对美国侵朝，威胁我国安全，表示无比愤怒。华侨代表赵祖培说："从今天起便要做好准备，提高警惕，从各方面支援朝鲜人民正义战争，胜利一定属于朝鲜人民"。同月 14 日，中国人民保卫世界和平反对美国侵略委员会福建分会召开首次会议，归国华侨张兆汉、李述中、庄炎林、马宁、张壮飞等出席会议并决定要加强领导全省抗美援朝运动并谴责美国发动侵朝战争[51]。其次，捐赠与支援。抗美援朝期间，福建华侨、归侨以各种方式支援战争。1950 年 11 月 15 日，陈嘉庚将 500 元人民币交中国银行代转，作为寒衣捐，郑昌祯等 4 人捐 1100 元。1951 年 2 月，旅居新加坡闽籍华侨转寄慰问金 5786 元。1951 年 7 月，晋江归侨联谊会决定响应抗美援朝总会号召，捐献"晋江华侨号"飞机 1 架，莆田县抗美援朝分会于同年 6 月底捐献战斗机 3 架。新加坡崑兴企业有限公司常务董事郭瑞人等人，为祖国采购大量橡胶等军用物资①。

（3）华侨遭受封建剥削且其土地和生命等财产缺乏保障。国内侨眷虽然在一定时期内过着比当地普通人优越的生活，但他们同样遭受封建剥削，侨汇断绝期间生活悲惨。在晋江塘市乡，占总人口 8% 的地主占有30% 土地，占总人口 36% 的贫雇农只占 12.1% 土地。这说明侨区农村与一般农村一样，存在着土地占有不合理现象。中华人民共和国成立前侨乡流行"侨汇难过夜"便是侨眷生存状况的真实写照。这些表明侨胞和其他人民一样，人生和土地等财产得不到保障。

侨区土改是依据《中华人民共和国土地改革法》《中央人民政府政务院关于土地改革中对华侨土地财产的处理办法》（以下简称《办法》）和福建省委《闽华侨土地房屋问题处理办法草案》推进的。《办法》规定，凡中国人民连续在国外侨居从事各种职业满一年以上者，本人及其家属（直系亲属）在国内的土地财产称为华侨土地财产②。土改过程中，福建给华侨侨属最大限度照顾，如保护绝大多数华侨地主财产（对华侨地主所有，农民居住的房屋外的房屋财产一律保留不动）；照顾侨眷中一般劳动者（侨眷中非地主身份工商业者，小土地出租者、半出租者和占有土地的自耕、半自耕或雇用人耕种者）以及帮助生活中有实际困难的华侨。在上述政策下，福建侨区土改取得了一定成就。首先，大部分侨眷归侨分得土地。据晋江坂乡统计，土改前后侨眷土地由 1095.37 亩增加至 1991.5 亩，增加了 80%。另福建典型侨乡调查，侨眷归侨分到土地的约占侨户 60%~70%，华侨工人家庭增加了 100%。分得土地侨眷生产积极性大为提高，如永春茂霞乡归侨侨眷 644 人，除 323 人无劳动能力外，主要劳动力 115 人，附带劳动力 164 人都参加农业生产，有劳动力没有参加劳动的只占总人数的 1.86%[52]。其次，在生产发展、党组织教育及社会环境稳定下，广大侨眷归侨心理上认同党和政府。政府对摧残侨胞的恶霸地主、土匪和特务等严厉打击使侨乡社会秩序安宁，侨眷积极参与到政府建设中来。如秀梧一乡 86 个小组长以上的干部中，侨眷有 41 人。同时，侨区的县、区、乡人民代表会和农民代表会都有一定侨胞席位。此外，侨眷文化水平得到提高。土改后，广大侨眷积极投入到文化学习中去。晋江、莆田、仙游、同

---

① 福建省地方志编纂委员会. 福建省志·华侨志 [M]. 福州：福建人民出版社，1992：180.
② 中国土地改革编辑部. 中国土地改革史料选编 [M]. 北京：国防大学出版社，1988：680.

安、惠安、永春、德化等县共有冬学 1091 所，学员 272842 人。侨眷学习文化知识并自觉组成相关文化团体宣传党的方针政策，为党的农村教育奠定了基础。

福建华侨及侨眷占有土地数量较少，使用也较分散①，但侨区土改对新中国成立后福建农村经济及农业经营产生了重要影响，具体有以下三点：

（1）侨区土改巩固党的统一战线。华侨爱国思想使其成为民主革命的重要力量。中华人民共和国成立后，国内恢复国民经济，国外抗美援朝及美帝国主义封锁等决定了党将争取华侨作为统一战线的重要任务。侨区土改表明了党对华侨及侨眷的照顾与公平对待，促使国外华侨利用其自身资源支援国内经济建设。

（2）侨汇促进经济恢复、侨乡稳定。侨汇不仅是侨乡千万家眷生活的重要来源，而且也是支持中国民主革命，经济建设和国家外汇的重要来源。福建华侨凭借自己多年在外打拼的经历，积累了一定资本，这对于福建发展工商业有一定的积极作用。19 世纪 70 年代起，闽籍华侨就开始投资国内建设，据统计，1871～1949 年，福建华侨投资国内建设累计达 13919 万元[49]。1937 年，福建工业资本总额为 1300 万元，华侨投资占 50%，厦门工业中，90% 有余是华侨投资的。据福建省华侨志统计，福建侨汇 1905～1911 年共计 14342.10 万元，1912～1920 年每年基本 2000 万元左右，1921～1938 年每年 4000 万～8000 万元，1939 年和 1940 年分别达到了 11500 万元和 14150 万元[51]。侨区土改稳定了侨乡社会环境，保障了侨汇流通渠道，对福建经济恢复、侨眷生活、侨乡稳定具有重要的意义。

（3）侨乡农业生产得到恢复。许多华侨、归侨改变过去依赖侨汇，不参加或少参加劳动的状况，积极参加农业生产建设，侨乡农业生产得到恢复，工业生产逐渐发展，逐步由消费型农村社区向农业生产型农村社区转变，促进福建侨眷集中地区农业发展。

---

①　据福建省委 1950 年 9 月对晋江檀林村、莆田县石西乡、闽侯县徐家村抽样调查，这三个村土地较为分散，华侨及侨眷人均土地占有量分别为 0.815 亩、0.482 亩和 1.04 亩。在华侨、侨眷较多晋江彰田村，人均土地不足 1 亩。参见农业部农村经济研究中心当代农业史研究室 . 中国土地改革研究 [M]. 北京：中国农业出版社，2000：235.

3. "老区"土改

闽西（指福建龙岩地区，包括龙岩、长汀、永定、上杭、漳平、连城等）是十年内战期间党的重要农村革命根据地。1928 年，中国共产党领导永定县溪南区分田运动，开启了闽西土地革命开端。同年 8 月，溪南区苏维埃政府在金砂乡作分配土地试点，并总结出一套分配土地政策，这套政策与中华人民共和国成立后土地改革法有许多相同或相似之处（1928 年闽西土地政策简称"土地政策"，中华人民共和国成立后土地改革法简称"土改法"）。"土地政策"具体包括以下四点：①所有土地都拿出来分配，只保留中农的自耕土地不动；②土地按人口平均分配，地主富农也同样分得一份；③分田以乡为单位，各乡农民原来耕种的土地，归各乡农民分配；④分田方法按原耕土地抽多补少，不能打乱平分。苏区成立没收和分配土地委员会，进行人口登记和土地调查登记，在分配前召开各种会议，宣传土地政策，分配方案确定之后，张榜公布，然后召开群众大会通过[53]。土地政策与土改法相同或相似之处主要有四个方面。首先，两者都采取了保护中农政策；其次，《土改法》没收地主土地、耕畜、农具、多余粮食及其农村中多余房屋后，分配地主一块土地让其经营，保护富农自耕地及其他财产，这与"土地政策"中地主富农同样分得土地的基本精神是一致的；再次，"土改法"采取以乡或等于乡的行政单位，在原耕基础上，按土地数量、质量及其位置远近，用抽补调整方法按人口统一分配之，这与"土地政策"中分配方式基本一致；最后，两者都为实施土改建立了土改机关并规定实施政策细则等。两者也有不同之处：一是分配土地范围不同，"土地政策"除了中农以外的所有土地，还包括富农土地，《土改法》则修改为保护富农土地；二是《土改法》政策实施组织较"土地政策"更完善。总之，土地革命时期，闽西土改实践为中华人民共和国成立后土地改革法制定提供了历史经验，对中国土改具有重要历史贡献。同时，这套土改政策不仅实际肯定了农民土地使用权，而且正式宣布了农民土地所有权。

中华人民共和国成立后，由于存在着极其复杂的土地占有情况，闽西采取了有别于其他老区或一般新区特殊政策和做法。1951 年 1 月 8 日，福建省人民政府颁布《关于龙岩专区经过土地革命地区有关土地改革若干具体实施办法的规定》（以下简称《规定》），将老区土地分为三类，并采取不同的实施办法，具体有以下三点。

（1）对保持苏维埃土地革命果实的地区，按共同纲领第27条规定，必须保护农民已得土地所有权，进行必要的土地调整，确定地权，结束土地改革，发展生产；保护农民及其他劳动人民在苏维埃土地革命时分得的以及土地革命后所得的土地财产。这种做法保护了农民生产积极性。《规定》贯彻了保护富农经济政策，即富农在土地革命时依法保留的土地及其土地革命后劳动所得之自耕或雇人耕种的土地，不受侵犯。《规定》充分考虑到老区农民所受剥削以及对土地的渴望，将征收的公田，由农会分配给无地少地农民。《规定》强调在调整土地时应切实解决军人家属、烈士家属的土地和其他生产资料。

（2）对经过苏维埃时期土地革命，但红军北上后封建势力复辟，封建土地制度恢复地区应视为新区，依据《中华人民共和国土地改革法》实行土地改革。对于这类地区，福建主要处理反动恶霸地主、其他反革命分子和反动富农等阶层，保证土地公平分配。

（3）在中华人民共和国土地改革法颁布之前，农民自发分配土地地区，福建对农民自发分配的土地，基本被予以承认，根据《中华人民共和国土地改革法》的规定，对农民进行教育、复查，继续没收尚未被没收的地主土地财产，并征收尚未被征收的公田。中农占农村社会很大一部分，中农利益被侵犯者，福建以公田及没收地主土地财产对其进行补偿，加强中农政治上和组织上的团结。

经过土地改革，闽西老区共没收、征收土地110多万亩，没收地主、反革命财产计房屋43047间，耕牛3913头，农具约6万件，多余粮食448万余斤，其他家具财产约5万件，纸料5万多斤[54]。与此同时，老区还建立农村基层组织及农会，民兵，青年团和妇女组织。经过土改，老区经济得到一定发展，全区粮食总产量在1950～1951年增长180%，达63500多万斤，贫农人均购买力增长80%。

4. 山、林、渔和盐区土改

福建山区占全省总面积的80%以上，林木地带占全省总面积的17%以上。山林特产在全省经济中占有重要地位，全省以森林及山林特产为生的人口数约400万，中华人民共和国成立前，林业收入约为全省每年产出粮食价值的20%以上。同时，全省沿海渔区还有24万人和盐区10万人。这些地区的土地改革政策及实施都有别于全国其他省份。

1951年9月《福建省土地改革中山林处理办法》规定，没收地主的山林及其直接使用于山林生产的房屋与生产工具；征收祠堂、庙宇、寺院、教堂、学校和团体的山林即各种族山、众山以及征收工商业家的山林；对于小土地出租者及华侨的山林以及土地改革法第五条及对华侨土地财产处理办法处理；保护贫雇农、中农的山林，保存富农自己经营及雇工经营的山林，征收富农出租给农民经营的山林；对于大森林、大荒山和矿山，经过福建省人民政府批准收归国家所有。山林分配的原则是：以原经营为基础，山田统一计算分配，山林便于一户经营者分给一户所有，不便于一户经营者分给数户共有，或分给自愿相结合的组所有，或分给一乡一村共有，大块山林则收归国有。山林分配的计算原则依据土质好坏、苗木大小、面积多少、离村远近、运输方便与否、产品价格高低等不同情况，参照当地原有习惯并经过农民民主评议，以每年平均收益折合普通土地加以计算。

1952 年 11 月《福建省渔区土地改革实施办法》（以下简称《办法》），将渔区阶级划分为封建剥削者、渔业资本家、富渔民、中渔民、贫渔民、渔业工人、渔业中的主要劳动 7 种成分。《办法》规定，没收渔业封建剥削者的渔业用地及附属于该项土地上的渔业设备；征收祠堂、庙宇、寺院、教堂、学校和团体的渔用地及附属于该项土地上的渔业设备；保护渔业资本家、中渔民、贫渔民的渔用地及其设备；保存富渔民所有自己经营与雇工经营的渔用地及其他一切渔业财产。

1952 年 11 月《福建省盐区土地改革实施办法》（以下简称《实施办法》），将盐区阶级划为盐坎主、富盐民、中盐民、贫盐民、盐业工人、小量盐坎出租者、盐业主要劳动与附带劳动 7 种成分。《实施办法》规定，没收盐坎主的盐坎、停晒坎、盐具、多余存盐、多余粮食、多余房屋中的家具，征收祠堂、庙宇、寺院、教堂、学校和团体的在盐区的盐坎和停晒坎；征收工商业家在盐区出租的盐坎、停晒坎等；保护富盐民自己经营与雇工经营的盐坎及其他财产；保护中盐民和贫盐民的盐坎及其他财产；所有废弃盐坎收为国有等。福建针对不同地域制定具体土改政策及其实施办法，对其他地区土地改革的健康、有序开展具有重要的影响效应。

第二节　农业合作化时期

土改后，农地产权制度强度在私有权中是最弱的①，国家将自己的意志铸入土地产权，土地产权将随着国家战略变化而变迁。农民生存理性与国家"制造"产权的博弈引发了平分地租小农经济与国家重工业战略矛盾。为降低交易费用和获得税制以外农业剩余，国家须通过一定方式逐渐获得土地产权制度外部利润。同时，我国个体农民，特别是土地改革中新获得土地而缺少其他生产资料的贫下中农在发展生产，兴修水利，抵御自然灾害，采用机械和其他新技术等方面确有互助合作需求。随着工业化的发展，国家一方面对农产品需求日益增多，另一方面对农业技术改造支援也日益增强，这是农业向合作化方向转变的一个动力[56]。因此，土改后，国家实施了农业合作化。

一、农业合作化背景

1. 苏区历史经验

福建是中国共产党领导农村互助合作的发源地之一。土地革命战争时期，受到国民党军队进攻，苏区农业遭受破坏，大批青壮年参军参战，农业生产要素缺乏普遍。为解决这些问题，苏区人民在原先"换工"的基础上开展了互助合作运动。1930 年春，上杭县才溪乡群众为帮助红军家属种田，在"换工"的基础上，创造性地组织了"耕田队"，有组织地调剂了

---

① 有研究区分了三种土地私有产权：一是经过独立的自由契约获得的产权；二是通过国家干预的土地市场获得的产权，这种产权如果没有政府的介入，产权交易是不可能完成的；三是通过国家强制的制度安排，不经过土地交易而获得土地产权，这是国家通过政治运动进行土地重新分配的结果。这三种土地产权中，第一种情况下，农民具有独立谈判地位，在获得产权过程中，也许获得过国家的正规法律服务，也许仅仅是依靠传统社区习俗和村庄内中间人。农民可以评价国家服务质量决定付费，或者在他认为不合算的条件下，完全让渡产权也就无须再购买国家的服务。第二种情况下，农民谈判地位大打折扣，因为他所获得的产权需有政府介入。而在第三种情况下农民谈判地位几乎荡然无存。详见周其仁. 中国农村改革：国家和所有权关系的变化（上）—— 一个经济制度变迁史的回顾 [J]. 管理世界，1995（3）：183.

农村劳动力。1931 年夏,才溪乡"耕田队"发展成为"劳动合作社",这是以土地和生产资料私有为基础,农民集体劳动的农业经营组织,它坚持了自愿互利原则,并正确处理了农民劳动力多寡问题。这一制度安排为互助组和农业合作社提供了历史路径。同时,该乡又组织了"犁牛合作社""消费合作社"和"粮食合作社",这些是我国农村生产、消费和流通领域互助合作雏形,对于发展生产、繁荣经济、改善农民生活发挥着重要作用。毛泽东指出,"劳动合作社、消费合作社、粮食合作社,组织了全乡群众的经济生活,成为全苏区第一个光荣的模范……成为争取全中国胜利的坚强的前进阵地"[57]。此外,苏区中央政府为促进农业互助合作颁布了《关于春耕问题的训令》《劳动互助社组织纲要》《关于组织犁牛站的办法》和《关于组织犁牛合作社的训令》等,为农业合作化经营制度安排提供了历史经验。

2. 马克思主义合作化理论与党内经验共识

马克思、恩格斯农业合作理论指出,小生产既排斥生产资料的积累,也排斥协作,排斥同一生产过程内部的分工,排斥社会对自然的统治和支配,排斥社会生产力的自由发展[58],所以无产阶级取得政权后,"就应当促进土地私有制向集体所有制的过渡"[59]。马克思主义合作化理论的两个重要基石是:土地规模经营优于分散经营;公有制优于私有制。这些思想对共产党领导人影响深远。1943 年,毛泽东指出,"在农民群众方面,分散的个体生产,使农民自己陷入永远的穷苦。克服这种情况的办法,就是逐渐集体化,而达到集体化的唯一道路,依据列宁说就是经过合作化"[60]。同年 11 月,毛泽东在讲话中瞻望,"将个体经济为基础的劳动互助组织及农民的农业生产合作社加以发展,生产就可以大大提高。这种方法将来推行到全国,在中国的经济史上也要大书特书的"①。

面对土改后的农业经营,党内认为只有组织起来互助合作,才能发展生产,共同富裕②。土改期间,农村中已根据耕作习惯普遍建立了互助组、初级社和高级社在相关农村也有所发展,这些经验使党内认为,互助合作是帮助贫困农民克服困难,增加生产,引导农业向社会主义方向发展的适当形式。同时,党内还有一个基本经验共识:中国工业化和农业机械化是一个漫长过程,农业合作化不能坐等工业化和机械化实现,一般规模较小

---

① 毛泽东. 毛泽东文集: 第 3 卷 [M]. 北京: 人民出版社, 1996: 70-71.
② 胡绳. 中国共产党七十年 [M]. 北京: 中共党史出版社, 2005: 259.

的农业互助合作组织，没有大机器，靠统一经营和协作，也可以增产，正如手工业工场初起时，没有大机器，靠协作，也能提高生产力一样。虽然这种认识被证实忽视了工场手工业和农业经营区别，但它是驱动党和政府实践农业合作化的重要理论基础。

3. 国际环境与国家经济战略转变

中华人民共和国成立之初，中国共产党就已经认识到在分散小农经济上不宜过快建立社会主义，应逐渐过渡到社会主义。毛泽东指出，"在各种条件具备了以后，在全国人民考虑成熟并在大家同意了以后，就可以从容地和妥善地走进社会主义的新时期"[61]。但国际环境的波谲云诡使党改变了原先策略。美苏争霸及第二次世界大战后国际政治格局，使中国不可能首先发展自耕农经济和民族工商业，逐渐社会主义已无法"从容和妥善"了。1953年，我国正式提出社会主义过渡时期总路线，从根本上改变了新民主主义经济方针，在社会主义改造中，全面推进农业集体化。西方"经济封锁"使得新中国只能接受以苏联为首的社会主义阵营的计划经济，唯一外部市场和国外投资是来自苏联军用重工业生产线，而这种生产不可能进入国际市场而外销，它只能实施对内"计划分配"。对内"计划分配"须完成"工农两大部类交换"，因重工业是资本密集型及其在国内外环境中的重要性，所以这种"交换"只能在农业中完成内向型国家资本原始积累，其主要方式为：在国家高度集中、垄断的经济体制下，全额占有城乡各种资源，全环节控制工业、农业和其他各产业的生产、交换、分配、消费等过程，由政府占有城乡劳动者全部劳动剩余价值，然后通过国家财政再分配，转化为城市工业资本。

4. 国家工业化战略与农业分散经营矛盾

土改后，国家选择了重工业发展战略①，这需国家运用工农产品不等

---

①　对于为什么发展重工业？本书认为，首先，中华人民共和国成立后，我国正处于 20 世纪工业革命时代，发展工业是世界每个国家追求的目标，中国也不例外，虽然当时有西方世界的封锁，但是以苏联为首的社会主义阵营是中国发展国家工业的重要信息渠道和榜样。从获得国际认可角度看，中国发展工业是国家战略需求，在土地改革完成后就开始借鉴苏联的工业化尤其以重工业为先的发展战略。其次，中国领导人在新中国成立前已经历"落后就要挨打"命运，这是党的领导人的政治经验。在几乎没有工业基础新中国，发展工业尤其是体现国家实力的重工业是新中国政权维护国家安全的重要基础。因此，我国决定走"优先发展重工业"道路。最后，19 世纪中叶以后，工业化思想成为中国经济思想主流。20 世纪初，中国工业化思想表现为强调工业在国民经济中的主导地位，并提出了"以工立国"等命题，使得中国经济思想发展主流由传统农业经济思想转变为工业化思想。这些经济思想的转变对经历落后年代的我国领导人产生深远影响，并在某种程度上影响了党在中华人民共和国成立后的经济战略选择。

价交换实施快速工业资本积累。中华人民共和国成立后，工业基础薄弱，无力提供资金积累，无法在重工业内部寻找市场循环，相较之下，基础较薄弱的农业却是当时国民经济主要部门，也是唯一能够为国家工业化发展提供资本积累的部门[62]。但是分散的农业经营很难适应国民经济迅速恢复及计划经济需要，即以重工业为主的计划经济所带来农产品"高消费"与国营粮食部门不可能强制农民售粮及统购统销在农村基层因没有相应的组织载体之间的矛盾。国家工业化与农业剩余索取间矛盾主要表现在：第一，城镇人口激增。据杜润生统计，1950～1953年城镇人口增长36%[63]，增量人口对粮食的巨大需求造成了城市粮食消费与农民自给自足生产矛盾。第二，农业税制限制。有研究认为，工业化所需资金至少占农业剩余30%。如果通过税制征收，达到15%即会引起农民强烈反抗并会动摇国家政权基础，因此，国家只有通过其他途径获得农业剩余。第三，农村市场价格波动。杜润生认为，工业化前期，农村市场粮食价格普遍比国家牌照价格高20%～30%，国家征收粮食大部需高价从市场买入，这无疑对新中国工业化建设造成了很大负担。因此，国家若要重新集中分散于农民手中的地租就得改土地农民私有制为集体所有制，国家无须面对单个农民，只需面对集体或其代理人，集体所有制降低了制度实施交易费用。毛泽东强调，"社会主义工业化是不能离开农业合作化而孤立地去进行的""如果不使农业社会主义改造的速度和社会主义工业化的速度相适应，则社会主义工业化不可能孤立地完成，势必遇到极大的困难"[64]。1950～1952年，福建工业总产值年均递增30.93%，工业在工农总产值中比重由23.97%上升至33.23%。1949～1954年，福建市镇人口由171.3万人增至251.9万人，占总人口的比例由14.42%上升到18.82%（见附表14）。工业快速发展，城市人口流动加快和城镇人口收入增加刺激了粮食需求增长，而农村缺乏规模生产者和供给者，这促进了农业生产向合作化转变。

上述背景下的农业经营实际是：土地私有、家庭经营、生产工具落后、传统农家作物、土地规模狭小、自然资源有限、自给家庭经济和乡村市场发育不全[65]。这一切必然引起新的家庭之间的竞争，违背了党的公平原则。"为进一步提高农业生产力，党在农村就是要善于用明白易懂而为农民所能够接受的道理和办法去教育和促进农民群众逐步联合组织起来，实行农业的社会主义改造，使农业能够由落后的小规模生产的个体经济变为先进的大规模生产的合作经济"[66]。为此，中央制定了过渡时期总路线，逐步实现国家社会主义工业化，对农业、手工业和资本主义工商业进行社会主义改造。

二、农业合作化发展原因

1. 农业经营现状及农民理性

土改后，农民平均分得土地等生产资料，生产和生活得到了相对改善，由于人均土地少、生产工具简陋、农业生产资金缺乏等使得一部分农民无法进行精耕细作，农业经营经济效应较差。农村社会中，有些农民生产条件好，努力生产，善于经营，逐渐富裕起来，但绝大多数农民缺少生产资料，生产有困难，他们有合作的需求。如福清音西乡，全乡 7 个自然村，722 户、3173 人，耕地 4138.6 亩，只有耕牛 60 头（13 头是老废牛）、犁 106 张、耙 127 张、水车 87 架，且破烂不堪，有的农户连一把锄头都没有。1951 年 7 月，音西乡久旱无雨，全乡 1790.4 亩间作稻田，暴晒龟裂有 960 亩，濒于绝收①。同时，农村中也出现了商品性生产。如 1952 年龙溪县翁建等几个乡农民，获知种柑桔获利较大，不惜将稻田改种柑桔，一个冬春新种柑桔 6.57 万株，占原有柑桔的 45.4%②。土地改革在农村没有消除以土地私有为基础的传统家际竞争，只不过为这场竞争划出了一条新的起跑线。在土地产权私有和农民的理性影响下，农村出现了新的分化：一些刚分得土地农民重新丧失土地，或面临失地危险，占农村绝大多数贫农、雇农、下中农，仍有相当一部分因家庭经济底子薄，生产要素残缺不全，农业生产能力差，他们积极支持合作化，这为农业合作化奠定了群众基础。如龙岩县铁石乡，在现有农业社中、积极支持合作化的有 110 户，占调查总户数的 75.34%，贫农和新下中农积极支持比例高，分别占该阶层的 75.67% 和 83.92%。互助组及单干农民中，积极支持合作化的占比50.71%，贫农和新下中农中支持合作化的比例分别为 58.66% 和 68.42%[67]。同时，党与农民多次成功的合作经验也增强了广大农民对党的领导的信赖，农民文化水平普遍偏低，他们愿意接受具有较高知识文化水平的党的

---

① 福建农村发展研究中心. 福建省农业合作经济史料：第 1 卷［M］. 福州：福建科学技术出版社，1988：47.

② 福建农业合作化历史：1962~05［Z］. 福州：福建省档案馆（全宗101，目录12，案卷号260）：47.

宣传，相信党领导的社会变革能给他们带来更大收益。

2. 农地产权形成方式

农民土地私有制是国家组织大规模群众运动平均分配地主土地的结果。由于党和国家的组织领导对突破无地少地农民在平分土地运动中不可避免的"搭便车"行为具有决定性作用，同时平分土地的结果又可以经过国家的认可而迅速完成合法化，因此国家领导土地改革这一场私有化运动，须将自己的意志铸入农民私有产权。随着国家意志的改变，农民私有制随之改变[68]。

3. 主流意识形态

土改后，农业经营为土地私有和家庭经营。如何避免农村经济竞争、阶层分化和土地兼并等问题，是摆在新中国面前的一道难题。中华人民共和国成立初，党内意识形态已为广大民众所接受，并贯穿于土改和合作化过程中。1939年毛泽东提出"中共革命的终极前途是社会主义和共产主义""农业社会化的步骤，必须和以国有企业为主体的强大的工业的发展相适应"[69]。1953年，毛泽东指出，我国"农村的底有6条：小农经济；10%左右的缺粮户；每年2千万~4千万灾民；10%左右的落后乡；80%~90%的农民拥戴政府；老区有60%~70%，新区有20%~25%的农民拥护互助合作。""我国农村将来进一步的发展，基本上是靠第六条"[71]。在如何引导农业走向集体化问题上，毛泽东指出，"单有国营经济而没有合作社经济是不可能领导劳动人民的个体经济逐步走向集体化"，因此以合作社为代表的集体化道路"必须组织，必须推广和发展"①。中华人民共和国成立后，中国共产党的较强号召力，为农业合作化的实施降低了交易成本。

4. 政治认同感

土地改革不只是简单地分予农民土地，它更是一种互惠机制：农民获得土地等生产资料，有了政治身份，积极参与农村事务，党和政府赢得民众信任。这种机制为日后发动群众进行社会主义建设提供巨大的社会能量。虽然农业合作化的结果是农地产权集体化，但党使用的一些技术化手段和方法②，使基层群众能迅速适应不断变化的政治环境，逐渐增强对新

---

① 毛泽东.毛泽东选集：第4卷［M］.北京：人民出版社，1992：1432.
② 这些技术化手段和方法主要包括：土改中广大干部对农民群众进行大量思想政治工作，进村宣传、讲解党的土地政策，耐心地、细致地通过会议、个别谈话等方式，采取研究、比较等方法阐明土地政策。

的土地制度的认同感。农民政治认同感还表现为自觉参与农村事务，在长期革命中，农民体会到党的领导的正确性，使其自觉而又积极地参与到农业合作化具体事务中来。

5. 人口因素

土改后，国民经济恢复和发展释放了人口红利。福建人口在 1952～1953 年增长 43.3 万，年均增长 34.4‰，1954～1957 年增长约 114 万，年均增长 34.4‰（见附表 13）。1954 年全省市镇人口 251.9 万，占总人口的比例为 18.82%（见附表 14）。1955～1957 年，乡村人口由 1159.9 万增至 1452.5 万（见附表 15）。中华人民共和国成立后，重工业是资本密集型产业，对劳动力吸收有限，福建又地处海防前线，大规模工业较少，虽有鹰厦铁路，三明、永安和龙岩等地冶金、煤炭、建材等工业，但规模有限。市镇对人口的吸纳受到投资规模和增长速度的刚性制约。经济发展时，市镇的投资规模扩大，提供农业人口就业机会就多；反之，则造成城市人口向农村逆流[72]。如何处理人口增长与国家战略间矛盾，如何扩大供给满足增量人口需求以及如何做好人口管理实现经济的有序增长等，都是需要面对和解决的问题。为了满足工业化需求，国家实施了统购统销政策，为了满足新增人口生活需求及对其实施管理，国家将农民组织起来，通过帮助及投资等激发其生产积极性，提高劳动生产率，并配合户籍管理制度减少农民流动对城市的压力。

三、农业合作化发展过程

1951 年，福建开始农业互助组典型试办，同年春，在 62 个基点乡组织 154 个重点互助组。1951 年底，福建组织 8.93 万个互助组，入组户数达到 34.62 万户，占全省农户的比例为 12.55%，平均每组 3.87 户。1952 年底，全省组织起来的农户 130.11 万人，占比 46.65%。其中，初级社 18 个，占比 0.01%，社均 14.39 户；互助组 18.31 万个，130.09 万户，占比 46.64%。[①] 1953 年 9 月，全省互助组 18.9 万个，参加农户人数 142.1 万人，占全省农户的 51%[73]。据全省 8 个专区，2 个市郊，10 个乡，190 个

---

① 福建农业合作化历史：1962 年 5 月 [Z]. 福州：福建省档案馆（全宗 101，目录 12，案卷号 260）：32-34.

常年互助组统计，互助组一般分为三类：第一类农业绩效好的组 16 个，占比 8.4%，它们做到了与副业、技术、供销（或信用、林业）结合，坚持自愿互利原则，采用死分活评办法，农业增产 20% 以上，有一部分公共财产，坚强的领导骨干；第二类农业绩效较好的组 69 个，占比 36.3%，这些是单纯农业生产互助，基本做到自愿互利，能完成增产计划；第三类农业绩效较差的组 105 个，占比 55.3%，它们基本做到常年不散，但缺乏民主制度、管理制度、等价交换、领导骨干等[74]。

1952 年 12 月，福建试办 18 个初级社①。据统计，18 个初级社共经营土地 2116.57 亩，平均每社 13.3 户劳动力②。这些是在其他省区经验基础上，各地委认真负责，直接掌握领导物色条件最好的互助组，抽调强有力的干部，并经过学习建立的[75]。1953 年，初级社试办范围扩大至县市一级，1954 年，全省初级社 1995 个，分布在 90% 以上地区和 17% 以上乡。1956 年 3 月，初级社的农户 2297757 户，占总农户的比例为 82.68%，除了建阳、福安、龙岩、永安四个专区入社农户占 70% 多以外，南平、闽侯、晋江、龙溪四个专区入社农户都在 80% 以上，福州、厦门两个市郊已经实现了社会主义农业合作化[76]。

1954 年初，福建省委有选择地重点试办高级社，如南平县二区上明洋社（大山区），闽侯县荆溪乡溪下社，闽侯一区潘墩乡连坂村社及龙江乡石步村社。四个社共有农户 387 户（贫农 194 户，中农 145 户，其他成分 48 户），1825 人，土地 3167.01 亩（其中田地 1475.01 亩，农地 83 亩，其

---

① 这 18 个初级社分为两类：一是群众自发组织起来，经省或地委派人检查后认为尚有一定条件可以办的，如林元昌（闽侯县，省农委和闽侯县委共同领导），余呈富、吴魁泉（浦城县，建阳地委领导），邱寿齐（顺昌县，南平地委领导），林三升（武平县），萧荣新（永定县，龙岩地委领导）6 个；二是各地有计划试办的，如郑依姆（福州市郊，省农委和福州市郊工委共同试办），周景尧、葛老五（建阳县，建阳地委试办），张学严（古田县，南平地委试办），郑守金（闽侯县，闽侯地委试办），李增文（晋江县，晋江地委试办），颜秀山、颜金本（龙溪县，是龙溪地委试办），林罗志（永安县，永安地委试办），吴学耕（龙岩县，龙岩地委试办），陈连发、陈利金（福安县，福安地委试办）12 个。

② 福建试办的 18 个初级社在农业生产中发挥了显著优越性。首先，土地入股经营，在种植作物上社打破了原先农民"吃什么种什么"的经营理念，实行因地施种，因地施肥，发挥了土地效率；其次，初级社能在较大范围内统一调配劳动力，合理分工，发挥了全半劳力积极性，克服了互助组在农忙季节耕作矛盾，提高了劳动效率，使粮食增产，副业增收；最后，社内统一经营，培养了集体意识，利于社内团结。详见中共福建省委党史研究室. 福建农业合作化 [M]. 北京：中共党史出版社，1999：25.

他 40 亩，山林 1569 亩）①。1956 年 3 月上旬，全省累计建立高级社 6214 个，入社农户 1510449 户，占总农户的比例为 54.35%。党的八大后，全省农业合作化速度加快，1957 年 3 月 18 日，全省高级社 1.24 万个，入社农户 234.5 万户，占总农户比例为 84.23%。福州、厦门、东山、光泽等 36 个市、县参加高级社的农户已占总农户的 90%~99%。至此，省委宣布福建提前基本实现了农业高级合作化，标志着农业生产资料私有制的社会主义改造基本完成②。

土改后，农业经营制度是去地主阶层的广大农民平分土地的分散经营，消灭了封建剥削，满足了耕者有其田，但农村社会农业生产要素占有不均现象仍十分严重。面对此景，中国共产党基于主流意识形态和国家工业化战略，选择逐渐收回农地产权，开展农业合作化。土改后，分散、私有的农业经营削弱了农村共同纽带以及集体与国家谈判，加之农业生产水平低，农民经济基础薄弱等问题，适应国家制度安排便成为农民的理性选择。

四、农业合作化时期福建特殊性分析

合作化期间福建根据省情发展出各种类型的专业合作化组织：

（1）农林互助合作。由于林业生产社会性、长期性、季节性和商业性等，经济薄弱的单个农户有合伙开山造林的习惯。1952 年，福建农、林互助组育苗面积 588.7 亩，造林面积 24.65 万亩。农林互助一般有四种形式：一是林地私有、生产互助帮工，收益个人所有。这是季节性互助组，组内劳力得到充分发挥。二是按户入股，按股出工、按股分红。这种股份被称为"硬股"，硬性规定每股平均出工量，以工资找平，股份计算方式方便，易为农民接受。三是按劳动力入股、按股分益，这能发挥劳力的积极性。四是以第一年实际投入林业生产劳动力折为股份入股，逐年按股出工和分益，这种常年互助组较适宜于林地间种经济作物的杉木造林地区。初级社时，全省试办山林和土地入股统一经营的农林合作社 390 个并表现出一定

---

① 福建农村发展研究中心. 福建省农业合作经济史料：第 2 卷 [M]. 福州：福建科学技术出版社，1991：280.

② 中共福建省委党史研究室. 中共福建地方史（社会主义时期）[M]. 北京：中央文献出版社，2008：142.

的优越性。1953 年 1 月，南平市王台乡黄金文创办的农林生产合作社，实行农林副统一安排劳力，记工算账，农业包工包产，林业按劳分红。1951~1953 年，粮食增产 63.6%，亩产增长 63.8%。1953 年，合作社砍伐松杂木 3000 余株，收益 7020 元，超过农业收入。1955 年初，社员造林 146 亩，4.48 万株，超过 1953 年、1954 年两年造林总和。高级社时，农林合作社实行土地集体化，林木、耕牛和大农具折价入社①，从根本上改变了山林所有制。这次重大转折对林业生产产生了重要影响。农林互助合作，按照农、林生产季节和组织生产需要、劳力情况，统一实施劳力调配，并根据农、林、副业生产特点，机动灵活使用劳力。南平三区樟湖镇陈德明农林生产合作社在处暑到白露农闲季节，集体大量开山，种植经济作物，次年农忙季节"开山扩大造林面积，量力种植经济作物"②。农林互助合作体现了集体、互助的优势的同时，促进农林相互发展，农业增产为山林副业生产奠定了基础，山林副业收入充实了农业生产资金，改善了农民生活水平。

（2）侨乡农业合作化。土改期间，福建大部分侨民已获得土地并与普通劳动者一样生产，生活，迅速融入农业合作化。1951 年底到 1952 年春，南安县梅山区新蓝乡的侨眷、归侨组织了 32 个互助组，一般有全劳动力的侨户大都参加互助组，1952 年底，入组侨户占总侨户的比例为 47.6%。1953 年，中共福建省委召开第一次侨务工作会议，号召侨眷、归侨参加互助合作运动。1954 年 10 月，全省归侨、侨眷参加互助合作组织占比 50%~60%，闽侯、永春、东山、海澄、诏安、古田等县的比例达 60%~80%。农业合作化期间，各地侨眷根据当地生产条件创办手工业合作社。1954 年，全省侨眷组织手工业合作社 59 个，入社职工人数 2520 人。1953 年冬，新蓝乡建立初级社，1955 年春，全乡初级社增至 21 个，86% 的农民、侨眷参加了初级社。农业合作社促进了侨乡农业经济增长。1953~1954

---

① 林木折价入社原则：自愿互利、民主协商、有利生产、社员满意；林木折价入社方法：用材林以初级社时林木折股入社的股票为依据，区别不同树种、树龄、蓄积量以及土壤、交通情况，自报公议，评定产量，合理折价入社；林改后（互助组、初级社时期）新造幼林，自报公议评定工值，一次性或分期付给林主劳动报酬，归集体所有；经济林（茶、果、竹）有的一次性报酬，有的无代价入社。

② 福建农村发展研究中心. 福建省农业合作经济史料：第 2 卷［M］. 福州：福建科学技术出版社，1991：240.

年，新蓝乡园溪社早、晚稻增产 6.36%，较当地平均产量增长 12.88%；小麦增产 35.96%，超过当地产量 34.44%[77]。全省侨眷大多积极参与合作社，如闽侯荆溪四个合作社中就有四名侨眷担任社长或副社长，同时，大多侨眷积极参加社内劳动，如永春县茂霞乡 644 个侨眷，没有参加劳动的仅占 1.8%①。

（3）茶叶合作化。福建是全国六个主要茶区之一，全省八个专区有 33 个县产茶。福建为帮助茶农克服经营困难，除给予资金帮助外，还积极组织茶农走合作化道路。有研究统计，1952 年，全省组织 1900 多个茶叶合作组织，并普遍建立茶区供销合作组织。这些举动激发了茶农生产积极性，促使茶园面积较新中国成立前扩大了 46.25%，毛茶总产量恢复至 9 万多担②。

（4）渔业合作化。由于支援前线，福建渔业互助合作在 1950 年前仅限个别地区。1952 年底，福建沿海 11 个县市组织 576 个渔业互助组，入组人数占总渔民数的比例为 4.7%。渔业互助组形式有三种：一是渔船、网具私有，或者渔船共租渔具私有伙用，实行共同劳动集体捕捞，收益除少数是按劳力强弱、技术高低等分配外，大多数采取伙打平分或按股分红；二是渔船渔具私有伙用或共有伙用，收益以工具和劳力按比例分红；三是渔船渔具共有，生产收益全部按劳分配。渔业互助合作体现了一定的组织优势：渔具和渔网统一使用，克服了集体劳动和私有工具矛盾，利于提高捕捞效率；合理使用劳动力，发挥各人专长，同时按劳力分红，提高劳动效率；"工具公有，按劳分益"增强了渔民集体化意识，利于深入合作；渔民工具、资金和劳动力得到一定整合和组织，利于渔业规模经营。平潭东庠岛有九十三对冬缯在曾明德大缯互助组"捕捞、加工、运销相结合"的影响下，有九十对组织起来进行集体加工，全季共醃制鱼产 3300 担，比鲜卖多得益 1.4 亿元（旧人民币）③。初级社时，福建渔业互助组 3257 个，渔业初级社 111 个，参加合作社（组）渔民户占总渔民户的比例

---

① 福建省地方志编纂委员会. 福建省志·华侨志［M］. 福州：福建人民出版社，1992：257.

② 许永杰. 福建农业合作化历史［M］. 福州：福建人民出版社，2011：47.

③ 福建农村发展研究中心. 福建省农业合作经济史料：第 2 卷［M］. 福州：福建科学技术出版社，1991：180.

为46.13%。高级社时，福建业实行"五定"原则①，通过生产中队将"五定"任务定到生产队，实行按产值记分，由社统一分配收益。五定单位每一工分的产值＝（五定单位计划产值-工具折旧费-成本定额）÷（本单位全部成员的基本劳动工分总和×计划工作日）。各单位产值越多，工分愈多，反之亦然。高级社按全社产值工分总和计算，实行统一分配按劳取酬，提高了渔业劳动生产率。

第三节　人民公社时期

人民公社是农村经济运行的重要组织载体，"是一个时代的象征"②。人民公社自产生到终结，影响了我国农村几代人。

一、人民公社发展背景

1. 政治背景

中华人民共和国成立后，党在政治领域进行了一系列制度设计。社会主义政治制度确立、党的"一元化"领导体制、农村党组织建设等构成了农村人民公社建立的政治背景。

1949年6月，毛泽东在《论人民民主专政》中指出，各级人民代表大

---

① "五定"包括：定工具，以原生产单位使用的渔船渔具为基础，并确定各种工具使用年限与年平均折旧费，固定给"五定"单位使用、保管按时报废，这可以发挥工具效能，促进渔业生产；定劳力，在原生产单位已有劳动力基础上，根据生产任务轻重和各个生产单位劳力强弱，技术高低等条件将劳动力固定给各五定单位，生产期间一般不变动，这可以各尽所能并促进各单位均衡发展；定成本，以一年（或一汛）渔船渔具实际所需小修费用与直接用于生产的消耗品种（如麻、线、饵料、猪油等），规定定额和价值，固定给五定单位包干使用，这样可固定成本，在成本固定后，各单位在其预算或财务上有一定自主权；定产定值，根据五定单位的渔船渔具、作业种类、劳力和技术等条件，以常年产量为基础，加上可能的增产指标，合理评定五定单位每一渔汛或全年应完成的产值任务，实行按产值记分；按产值记分，根据社员的劳力强弱，技术高低，劳动强度和内外海的生产环境，评定每一成员的基本劳动工分，并根据出勤和增产计划，评定各单位的计划工作日，五定单位全部成员的基本劳动工分总和乘计划工作日，为社固定给五定单位的总工分。

② 张乐天. 告别理想——人民公社制度研究［M］. 上海：上海人民出版社，2005：1.

会和人民政府是国家权力机关，政府机构运作机制是少数服从多数、下级服从上级、全国服从中央的民主集中制。1954 年 9 月，第一届全国人民代表大会第一次会议通过《中华人民共和国宪法》《中华人民共和国全国人民代表大会组织法》《中华人民共和国国务院组织法》等，这些为新中国从新民主主义过渡到社会主义提供了法理基础和法律保障，强化了党对政治、经济、文化及社会其他领域的领导。

抗日战争时期，中国共产党已确立了"一元化"领导原则，"每个根据地由一个统一的领导一切的党委员会（中央局、分局、区党委、委）"，党的委员会"为各地区的最高领导机关，统一各地区的党政军民工作的领导"[79]。社会主义改造期间，"一元化"领导体制进一步完善。1953 年 3 月，中共中央决定，"为了加强中央对于政府工作的领导，今后政府各部门的党组工作必须加强，并直接接受中央的领导"[80]。这实际上把中共中央和中央人民政府的职能定为决策和执行关系。1958 年，中央成立财经、政法、外事、科学、文教小组，"这些小组是党中央的，直隶中央政治局和书记处，向它们直接做报告。大政方针在政治局，具体部署在书记处"[81]。这样的政治体制使权力集中于党委，利于集体统一行动的开展。

农村基层党组织建设一直受到中央和地方政府的重视。1956 年 5 月底，福建党支部一万多个，较 1951 年底增加 8 倍多，其中农村党支部7000 多个，建立党支部的乡占总乡数 95%以上。农业合作化的发展进一步巩固了基层党组织，其间，农村基层党组织设立"三会"制度、支部经常教育制度、定期鉴定党员制度等，一方面组织保障了农村经济发展，另一方面为党全面领导农村作组织铺垫。

2. 经济背景

社会主义经济制度和计划经济确立、统购统销和"一五"计划高速发展是农村人民公社建立的基本经济环境。

社会主义经济制度是以公有制经济为主体，打破了农村经济运行的基础单元，单个农民失去经济上的独立性，适应国家制度安排。1950 年 3 月，以集中统一为基础的财经管理体制以及计划经济体制初步形成，它具有以下特点：决策集中于中央，财力、物力、人力集中统一于中央，中央统一领导国民经济；国民经济以指令性计划为主，国民经济计划的执行具有强烈的行政性和强制性；计划经济体制是指令性计划作用日益增长与市场机制作用日益消退的结果。这些构成了人民公社运行的基本外部经济环境。

1953 年 10 月，中央发布《中共中央关于实行粮食统购统销的决议》《关于粮食统购宣传要点》和《关于实行粮食的计划收购和计划供应的命令》，确立了全国城乡实行粮食统购统销政策。该政策包括计划收购、计划供应、国家严格控制粮食市场和中央对粮食实行统一管理四个组成部分。统购统销本是为解决粮食供给紧张的制度安排，但随着农业合作化发展，它被作为社会主义或工业化的必要措施纳入社会主义与资本主义两条道路的斗争之中。统购统销与社会主义经济制度融为一体共同保障着人民公社化顺利进行。

"一五"计划是我国 1953~1980 年的 5 个五年计划中增长最快，效益最好的时期。有研究者评价到，"从经济增长的数字看，'一五'计划相当成功。国民收入平均增长率为 8.9%（按不变价格计算），农业产出和工业产出每年分别以 3.8% 和 18.7% 的速度递增，由于人口年增长率为 2.4%，而人均产出增长率为 6.5%，就意味着每隔 11 年国民收入可翻一番。与 20 世纪前半叶中国经济的增长格局相比——当时产出增长速度仅和人口增长相当（两者年增长率均为 1% 左右），第一个五年计划具有决定性的加速作用。就是与 21 世纪 50 年代大多数新独立的，人均年增长率为 2.5% 左右的发展中国家相比，中国的经验是成功的。如印度也是内地型的农业经济国，最初的经济状况和中国相似，但它 50 年代的人均产出增长率还不到 2%"[82]。"一五"计划的成功使国家领导人和人民认为高速发展的经济就是建设社会主义，生产关系成为引领我国生产力发展的决定性因素。

3. 文化背景

首先，党在意识形态领域内进行了批判运动，如对电影《武训传》、俞平伯《红楼梦》研究、梁漱溟思想、胡适思想和胡风文艺思想等批判。这些批判是党用马克思列宁主义世界观对哲学、文学、史学、社会政治思想对一些资产阶级学术思想进行清理。对于理论教育，中国共产党指出，"现在国内战争已基本结束，党面临着建设新中国的复杂任务，全党有系统地学习理论比较过去任何时候都有更好的条件，也更加迫切需要"[83]，应将向人民群众宣传马克思主义以提高人民群众的思想觉悟作为党的一项最根本的经常的任务。其次，对知识分子进行改造和整风反右。1951 年，周恩来向京津地区高校师生做《关于知识分子的改造问题》报告，提出，知识分子应确立革命的立场、观点和方法，勉励知识分子站到人民和无产阶级立场。通过对知识分子改造，初步树立了知识的生产者、推广者、继承者、传播者，并使他们掌握了马列主义世界观及方法论。

二、人民公社发展原因

1. 党内思想意识与革命战争经验

穷过渡：毛泽东总结中国的国情是"一穷二白"，"穷"是工农业不发达，"白"是科技文化水平低。从发展的观点看，这并不坏。穷就要革命，富的革命就困难[86]。1958 年 11 月中央政治局扩大会议上，毛泽东进一步指出，"趁穷过渡可能有利些，不然就难过渡"[87]。之所以产生穷过渡思想，这源于党的革命和经济建设实践。从土地改革到农业合作化，贫下中农是党的依靠核心，他们在其中表现最为积极，能较好地执行党的政策。人民公社化中，党继续坚持既定历史经验，认为"穷"更利于向共产主义过渡。

1958 年 8 月，《中共中央关于在农村建立人民公社问题的决议》（以下简称《决议》）指出，"共产主义在我国的实现，已经不是什么遥远将来的事情了"。另外，《决议》还提出"全民所有制将在不断发展中继续增长，逐步地代替集体所有制。由集体所有制向全民所有制过渡，是一个过程，有些地方可能较快，3~4 年内就可完成，有些地方，可能较慢，需要5~6 年"[88]。急过渡是社会主义阵营向共产主义过渡和国家领导人对社会主义认识不足等因素的结果。短时间内过渡到共产主义已在国家领导人中达成共识，在保障过渡"尽快"达成的同时，也违反了农业经济规律。

强调生产关系决定论。中共八大提出，"国内的主要矛盾，已经是人民对于建立先进工业国的要求同落后农业国的现实之间的矛盾，已经是人民对于经济文化迅速发展的需要同当前经济文化不能满足人民需要的状况之间的矛盾"。这次会议实际上提出以先进生产关系解决落后生产力的思想。社会主义和共产主义是先进的生产关系，符合党和全国人民的感情期待，落后的生产力是中国客观现实环境，一时无法改变。生产关系与生产力的矛盾一方面引导人民对社会主义和共产主义有过高期望，另一方面也不断表现为期望和现实之间巨大的差距。先进生产关系与落后生产力之间差距越大，其所产生的感情力量越强，反映在人们行动上则越为急迫。这种"急迫性"同社会主义和共产主义相结合，逐渐发展为领袖和人民的共同意志，变成一种超现实的强大的力量①。以毛泽东为首的中央领导人相信，只要扩大合作社规模，提高公有化程度，就能够取得生产力的高速发展②。

破除资产阶级法权。中央领导人认为资产阶级法权是按劳分配、工资制度、脑力劳动与体力劳动者的收入差别等，并指出要逐步废除工资制，恢复供给制。这是对马克思资产阶级法权概念理解不充分。马克思资产阶级法权的实质是体现了在资本主义社会曾经支配过一切的等价交换原则以及马克思要进一步阐明在社会主义历史阶段消费品分配只能和必须实行按劳分配的原则，还不可能做到事实上的完全平等③。本书认为，党和国家领导人对资产阶级法权批判的本意是要实现人民经济上的平等，这为平均主义及供给制的确立奠定了思想基础。

其他政治思想影响。1958年3月，毛泽东指出，"家庭式原始公社后期产生的，将来要消灭，有始有终。康有为的《大同书》曾看到此点"④，但康有为写了《大同书》，他没有也不可能找到一条到达大同的路。唯一的路是经过工人阶级领导的人民共和国⑤。可见，毛泽东在人民公社运动中有将西方空想社会主义宣扬的"新村"模式与中国"大同思想"联系在一起。另外，毛泽东对《三国志·张鲁传》的两段批注⑥也反映了中国历

---

① 安贞元. 人民公社化运动研究 [M]. 北京：中央文献出版社，2003：72.

② 董辅礽. 中华人民共和国经济史（上卷）[M]. 北京：经济科学出版社，1999：360.

③ 薄一波. 若干重大决策与事件的回顾（下卷）[M]. 北京：中共中央党校出版社，1991：771.

④ 薄一波. 若干重大决策与事件的回顾（下卷）[M]. 北京：中共中央党校出版社，1991：774.

⑤ 中共中央毛泽东主席著作编辑出版委员会. 毛泽东选集：第4卷 [M]. 北京：人民出版社，1977：1471.

⑥ 1958年12月7日批注写道："这里所说的群众性医疗运动，有点像人民公社免费医疗的味道，不过那是神道的。那时只好用神道。道路上饭铺里吃饭不要钱，最有意思，开了人民公共食堂的先河。大约有一千六百年的时间了，贫农、下中农的生产、消费和人们的心情还是大体相同的，都是一穷二白。不同的是生产力于今进步许多了。解放以后，人民掌握了自己这块天地了，在共产党领导之下，但一穷二白古今是接近的。所以这个张鲁传值得一看。"又说："现在的人民公社运动，是有我国的历史来源的。"12月10日他写道："我国从汉末到今一千多年，情况如天地悬隔。但是从某几点看起来，例如，贫农、下中农的一穷二白，还有某些相似之处……张鲁等行五斗米道，'民夷便乐之'，可见大受群众欢迎。……置义舍（大路上的公共宿舍），吃饭不要钱（目的似乎是招徕关中区域的流民）；……多者为治头大祭酒（近乎政社合一，劳武结合，但以小农经济为基础）。"

史上农民平均主义对他产生了重要影响[89]。

革命战争经验。党和国家领导人在革命战争中为克服物质条件困难，实施了供给制，调动了士兵和农民的积极性，保障了战争的胜利。中华人民共和国成立后，毛泽东和党内其他领导人都不同程度地拥护供给制，以致供给制成为人民公社分配制度的主要部分。同时，革命战争中大规模、运动式地调动农民经验成为人民公社组织军事化、行动战斗化、生活集体化的重要渊源。对于我国领导人偏好不断发动群众和不断革命的革命战争经验，胡乔木阐述到，"中国以农村为基础的长期革命战争中行之有效的原则和经验，被认为是推动新社会发展的神圣而万能的准则了"，党员干部在未熟练掌握新的经济环境和经济建设规则下，"传统的原则（指革命战争经验）对他们还有强大的吸引力"，是"难以摆脱的禁锢力"[90]。

2. 农业合作化基础

高级社后，农村掀起了农田水利建设高潮，大规模地兴修水利必定要涉及各个乡和高级社利益，这需要整体规划布局，而高级社规模远未达到要求，超出高级社规模的客观需求便成为人民公社"大"的基础。同时，农业正在迅速地实现农田水利化，并计划在几年内逐步实现耕作机械化。机械化耕作对土地规模较小的高级社提出了更高要求，这就奠定了人民公社一乡一社或一乡几社的规模基础。按劳分配是高级社主要分配方式，但被国家领导人界定为"资产阶级法权"，供给制成为人民公社分配基础。另外，高级社允许农民自由退社，妨碍了国家相关政策有效运行，加之乡政府对高级社领导体制不畅影响了国家计划经济的实施等。在上述因素共同作用下，合作化制度的非均衡产生了，这为国家进行制度重构提供了动力。具体至福建地区，农村人民公社的发展也得益于农业合作化前期准备，如农业合作化的基本实现，农业生产及农民收入增速加快，农村基建、耕作技术的发展等[91]。

在当时中国社会环境下，地方干部都会选择高级或先进的集体化机制，越往农村基层，"冒进"的能量就越大，这可理解为何合作化运动中基层民众的热情总是高涨[94]。在此前提下，农业合作社的规模，发展速度，农村经济等反映中央和地方政府制度选择集的变量在既定集体化道路上被不断增大或夸大，进而影响了党和国家领导人对农村经济真实情况的判断。

3. 国家工业化战略需要

人民公社可避免与数以万计农户的交易成本，实现资金积累，为国家工业化战略提供组织保障。"政社合一"使原先农业社的经济功能、经济地位不断弱化，公社生产服从于国家行政指令。1953~1957年，福建工业产值占工农业产值的比例平均约为40%。1958年，福建工业产值占工农业产值的比例为53.98%（见表4-3）。工业快速发展，城市人口流动加快和城镇人口收入增加等增加了粮食需求。如福建1957~1958年，城镇人口占总人口比例由16.32%增长到20.23%。这些现实要求国家组织更大规模生产单位供应更多粮食以面对工业化和城镇人口的快速增长。

表4-3　1953~1958年福建省工农业总产值统计

年份	工业产值（亿元）	农业产值（亿元）	工业占工农业产值比例（%）
1953	5.43	9.11	37.35
1954	6.12	8.85	40.88
1955	6.35	9.57	39.89
1956	7.32	11.08	39.78
1957	8.57	11.32	43.09
1958	12.94	11.03	53.98

资料来源：福建省委政策研究室. 辉煌五十年（福建卷）[M]. 北京：中央文献出版社，1999：265，270.

4. 行动集团一致性与交易费用低

1957年，毛泽东指出，"现在，全国大多数的合作社还只有一年多的历史，就要求它们那么好，这是不合理的。第一个五年计划内建成合作社，第二个五年计划内合作社能得到巩固"[95]，之后两年内，人民公社席卷全国，这体现了行动集团的一致性。农业合作化后，中农阶层不断扩大并积极参与农村政治事务，在共产主义美好生活的号召下，积极投入到人民公社兴建中来。农民在狂热的同时，也有理性的一面，即明哲保身或不愿戴政治帽子，随大流与政府行动一致，牺牲眼前经济利益而获取相对政治优势。这些共同促进了高级社向人民公社过渡是一场小阻力、低成本的制度变迁。至于原因，一是人民公社缺乏民主政治基础。高级社及人民公社公共事务决策、干部管理、社队经营和生产计划等过程，社员服从干部指挥与国家政策。二是党的政治威望是推动制度变迁的重要政治基础。中华人民共和国成立后，党领导农民进行经济建设实践不仅巩固了党在农民中的传统威望，更使党获得了较以前任何政治力量无法比拟的群众支持。总之，在共产主义宣传下，中国农民对朦胧幸福新生活产生憧憬，他们不计较"一平二调三收款"，世代劳作，为了弄一口饱饭吃，可惜他们从此走进了一个饥饿之乡[96]。

三、人民公社发展过程

1958 年 8 月，福建在福州市郊鼓山乡试办人民公社，8 月 10 日，鼓山乡召开第一次社员代表大会，正式宣布鼓山人民公社成立。福建各地、县委 8 月底普遍试点，9 月上旬全省展开，仅一个多月时间，全省基本实现人民公社化。福建在原有 2500 多个乡，17000 多个农业社基础上，办起 656 个人民公社，参加户数达 305.64 万户，占农村总户数的比例为 97.28%，入社农户 281.63 万户，占总农户的比例为 99.92%，以县、市为单位办公社或联社的，有福州市郊、漳州市郊、东山、顺昌、平潭县委等。人民公社建立之初公社所有制，即将贫富不同、条件各异的合作社合并在一起，财产全部上交公社。人民公社实行统一核算，统一分配，并在"彻底消灭生产资料私有制残余"口号下，将社员自留地、自养牲畜以及一些较大生产工具收归集体。同时，家庭副业、小商小贩以及集贸市场等也都被取缔①。经过 1962 年体制调整，人民公社最终确立为"三级所有，队为基础"经营体制，1962 年，全省人民公社 1842 个，生产大队 1.65 万个，生产队 16.44 万个，其中以生产队为核算单位 15.55 万个，占全省生产队总数的 94.5%，之后核算单位虽有所反复，如 1967~1970 年以生产大队为核算单位，1970~1974 年"割资本主义尾巴"收回自留地等，但这些局部变化并没有影响到"三级所有，队为基础"制度基础。改革开放后，福建逐步推行农业生产责任制，1983 年，全省 99.3% 的生产队实行以家庭联产承包为主的生产责任制，包干到户占比 96.4%。1985 年，全省 870 个

---

① 中共福建省委党史研究室. 中共福建地方史（社会主义时期）[M]. 北京：中央文献出版社，2008：295.

农村人民公社被改为 959 个乡（镇）政府，14497 个生产大队被改为 14676 个村民委员会，171400 个生产队被改为 160928 个村民小组，至此，人民公社在福建经历 27 年后，走向终结。

四、家庭联产承包责任制初步发展

至 1985 年，家庭联产承包责任制已在福建逐渐推广，因此，有必要将家庭联产承包责任制初期发展历程作一简要概述。党的十一届三中全会后，福建开始突破人民公社"一大二公"旧体制，在农村推行多种形式生产责任制，虽经历一些曲折，但改革发展迅速，至 1983 年底，全省基本实现了家庭联产承包为主的生产责任制。在此基础上，福建还大念"山海经"发展商品经济，对农产品价格体系和购销体制进行改革，促使专业户、专业组、专业村大量涌现。

1. 农村经济体制变革背景

山海资源的利用和农村工、商和服务业发展被忽视，农村产业结构不合理。1978 年全省农业总产值中，种植业占比 71%，农村社会总产值中，农业产值占比 73.2%，农村自给半自给经济占主导地位。基于上述农业生产和农业经营体制，福建农民更有急切愿望改变现有农业经营体制。

2. 家庭联产承包责任制推广

党的十一届三中全会后，福建将工作重心转移到社会主义现代化建设上来，认真贯彻中央《关于加快农业发展若干问题的决议（草案）》和《农村人民公社工作条例（试行草案）》，纠正农村工作中长期存在的错误，努力为农业经营营造较为宽松的环境，鼓励农民尝试包产到户、包工到劳等。据统计，1980 年底，12.8 万个大田生产责任制核算单位中，38.7%实行小段包工、定额计酬，30.8%实行包工包产、联产计酬。包产到组占 3.4%，包产到劳或到户占 7.6%，双田制占 6%，包干到户仅占 0.2%[①]。

1981 年，新任福建省委常务书记项南到职后，要求放开手脚大干责任制。他指出，贯彻责任制没有问题，中央 75 号文件已表明，容许多种形式的责任制存在，搞农业生产责任制不会犯走资本主义道路错误。1983 年 11

---

① 杨涛. 福建农业经济 [M]. 福州：福建人民出版社，1988：77.

月，福建印发《关于适当调整承包耕地几个具体问题的意见》和《进一步管好用好生产队集体财产的几点意见》，对承包合同、分散耕地、相互调整和转包耕地和承包期限等作出具体规定，进一步稳定和完善农业生产责任制。1983 年底，福建 99.3% 的生产队实行以家庭联产承包为主的责任制，其中包干到户占比 96.4%。农业经营实践证明了家庭联产承包责任制适应福建农村生产力水平，调动农民生产积极性，促进农业增产。1978~1983 年，福建粮食总产量和农业总产值分别增长 15.2% 和 34.3%。

五、人民公社时期福建特殊性分析

1. 华侨农场

20 世纪 60 年代，东南亚出现大规模排华趋势，我国及福建华侨农场的设置就是在此背景下开展的，它是国家为安置难侨而设立的特殊社区。

土改后，福建就已开始了安置救济归侨侨眷的工作，1959 年 9 月底，福建共安置归侨 7 万多人。在安置过程中，福建秉承"面向农村，按籍安置，有技术者量才录用"原则，采取分散安置为主，集中安置为辅，兴办了 3 个华侨农场、工厂[①]。20 世纪 60 年代，印度尼西亚发生大规模排华运动，造成大批闽籍华侨失业。原侨居国突然成批驱赶致使归侨难侨人数激增，很多华侨是数代生于国外，已无原籍可循，这造成华侨安置的困难，国家为此提出了"以集中为主，分散为辅"的方针，全面给予妥善安置[100]。1960 年 1 月，福建成立接待安置归国华侨委员会，扩建、新建 14 个国营华侨农场，1960~1965 年，共安置 35203 名印度尼西亚华侨，其中被安置到国营华侨农场和国营农场的人数占总人数的 54.69%。20 世纪 60 年代末，印度尼西亚和缅甸又有大批华侨被驱赶或受迫害回国，据统计，1969 年华侨农场共安置华侨 23678 人，占总安置人数的 87.28%。1977 年后，越南发动大规模驱赶华侨运动，福建省成立接待安置印支难民领导小组，并将下放给县市管的 14 个华侨农场，3 个华侨工厂收归省侨办主管。据统计，1978~1979 年，福建共安置印支难民 22288 人，其中华侨农场接纳近 2 万人，为迎接这些难民，福建又扩建了 3 个华侨农场，至此，福建共有 17 个华侨农场。

---

① 福建省地方志编纂委员会. 福建省志·华侨志 [M]. 福州：福建人民出版社，1992：251－254. 后文有关华侨农场安置人数规模等数据均来自《福建省志·华侨志》，不再赘注。

华侨农场农业经营，具体可分为两个时期。第一阶段为 1960~1965 年。该阶段，华侨农场本着"以发展亚热带作物为主，结合多种经营，粮食和油料作物也应积极生产，在若干年内逐步达到粮食自给。同时注意到发展畜牧、渔、林、加工业等"方针安排农业生产，有效地发挥归侨所长，经济得到稳步发展。受到人民公社制度安排影响，华侨农场成立管理区和生产队。其中，生产队是独立核算生产经营单位，实行"包、定、奖"生产责任制。这种生产队向农村承包经营的方式在当时背景下具有一定独特性。虽然华侨农场在国家政策倾斜下，长期处于"捧铁饭碗，吃大锅饭"状态，但其责任制却是对农业经营制度有一定积极影响。农业经济绩效方面，1960~1964 年，全省华侨农场粮食总产量增长 39%，超额完成国家计划 18.6%，超过历史最高水平，全省华侨农场水稻平均亩产达 950 多斤[102]。第二阶段为 1966~1985 年。在"以粮为纲"口号下，华侨农场为解决粮食自给实行以农为主的经营方针，改变以生产队为核算单位，实行"一级核算，两级管理"。例如，武夷华侨农场就以全农场为统一经济核算单位计算盈亏，管区是生产单位，实行定额管理，不单独进行经济核算[103]。该阶段，华侨农场被裹挟进计划经济，生产、生活与计划指标结合在一起，农场归侨经营积极性下降。改革开放后，华侨农场普遍推行农业生产责任制，实行专业承包，联产计酬，归侨生产积极性得到较大提高。1981 年 4 月，全省华侨农场 42000 亩早稻中已有超过一半进行过插秧工作[104]。

有研究指出，华侨农场是在一定政治和计划经济背景下实施的，其人员规模和经营规模所占比例较小，各个农场经营状况也参差不齐。华侨农场生产责任制在当时具有一定进步意义，但它是国家既要促进"经济发展"又要保持"社会和谐"的二元需求治理过程中的产物[105]。本书认为，华侨农场是国家强性制度变迁环境下发展起来的，受国家经济制度演变影响，对我国农村家庭承包经营产生一定积极影响的农业经营制度安排。

2. 大念"山海经"与乡镇企业异军突起

1981 年初，福建提出了大念"山海经"，建设 8 个基地设想①。随后，福建逐步形成振兴福建战略设想：扬山、海、侨、特"四长"，避工业基

---

① 8 个基地，即林业、畜牧业、渔业、经济作物、轻纺（后改为轻型工业）、外经、科技和统一祖国基地。

础差、能源短缺、交通不便、农业落后粮食长期不能自给"三短";念好"山海经",建设 8 个基地;实行更加开放化政策,走以智取胜道路。

大念"山海经"与 8 个基地建设结合,取得较大成绩。1980～1985 年,全省水果、茶叶和甘蔗产量分别增长 130%、56%和 52.8%,烤烟、食用菌、肉类、奶类、蛋品、水产品和农副产品也分别增长了 160%、100%、82.6%、187%、130%、64.1%和 34%。

大念"山海经"与 8 个基地建设结合促进了农村产业结构调整,使农业在种植业内部、大农业内部和农村第二、第三产业上的结构更趋合理。1980～1985 年,粮食作物与经济作物种植面积由 85：15 调整为 80.9：19.1,农业总产值中种植业与林、牧、副、渔业比例,由 71.6：28.4 调整为 53.7：46.3。农业产业结构调整改变了传统农业经营结构,农村经济由自给半自给、单纯种植业向商品经济和农林牧副渔全面发展转化。

1985 年,福建提出"专业户、专业村、联合体"农业经营模式,全省农村专业户 7.3 万户,占农村总户数的比例为 1.5%,其中年纯收入万元以上的专业大户占专业户总数的 2%①。虽然在绝对数量上偏少,但专业户是农民根据自身能力和条件,突破计划经济约束和承包地限制,从市场出发,积极向荒山、荒坡、荒滩等领域开发,深化农业内部分工,促进农村劳动力有效转移。本书认为,它的更大意义在于其示范带头作用。在专业户的带动下,福建多地出现了"一户富、百家学""一户兴、带一片"局面。如龙海县,在"种花状元"王茂盛带动下,全村 80%农户办起了家庭花圃,1985 年,全村花卉总收入达到 60 万元②。

乡镇企业(1984 年前称"社队企业")是在农村手工业和农产品加工基础上发展而来的。它最初实行就地取材、就地生产、就地供应的经营形式,其生产和销售范围局限在当地。1978 年,全省社队企业 3.42 万家,从业人员 87.08 万人,总产值 9.18 亿元。

1981 年,福建提出社队企业是致富之道后,发展速度迅速。1982 年底,全省社队企业 4.5 万家,从业人员 130.38 万人,总产值较 1978 年增长一倍多,达到 22.87 亿元。随着农村经济体制改革不断深入,商品生产

① 何少川.当代中国的福建 [M].北京:当代中国出版社,1991:219.
② 中共福建省委党史研究室.中国新时期农村的改革:福建卷 [M].北京:中共党史出版社,1997:21.

日趋发展，福建适时调整社队企业"三就地"约束，利用山海资源和海外华侨优势，大力发展社队企业，在乡、村办集体所有制企业的基础上，鼓励兴办农民集资联营、个体家庭办企业，形成乡办、村办、联户办与个体办"四个轮子"一起转格局。1983年，福建社队企业达7万家，职工人数145万，总产值达28.5亿元。1984年，社队企业改称乡镇企业，同年，福建将发展乡镇企业列为振兴福建经济的重要战略。经过不懈发展，福建乡镇企业走出一条从沿海向山区辐射推进，依据当地自然资源和社会经济条件，适合当地特点的农场经济发展模式。1985年，福建乡镇企业25.8万家，从业人员203.6万人，总产值71.86亿元（较1980年年均递增33.7%），全省乡镇企业"亿元县"16个，"千万元乡"197个，"万元村"965个，"百万工业企业"602个。社队企业（乡镇企业）壮大了农村集体组织经济实力，提高了集体谈判地位，为农业经营制度变迁的方向、速度和形式的选择奠定了基础。

第五章 福建农业经营制度安排

伴随着农业经营变革，农业经营制度安排也因农地产权的不同而发生着变化。土地改革时期农业经营制度为农地农民私有，家庭分散经营；农业合作化初期为农地私有，互助合作和家庭混合经营，高级社时期为农地集体所有集体经营；人民公社时期为农地集体所有，集体经营和家庭联产承包经营。本章根据农业经营制度外延的界定，在收集史料基础上，结合福建农业经营具体过程，分别从政策法令、农业生产组织、农业生产供给制度和农业收入分配制度等方面阐述福建农业经营制度安排。

第一节 农业经营相关政策法令

农业经营相关政策法令虽不是根本的政治制度，但对农业经营制度安排及绩效会产生一定的影响。因此，研究农业经营制度变迁必须要考虑到与之相关的政策法令。本节将对土地改革、农业合作化和人民公社时期政府颁布的政策法令进行梳理。

一、土地改革时期

1949 年 9 月《中国人民政治协商会议共同纲领》规定，"要有步骤地将封建半封建的土地所有制改变为农民的土地所有制"。1950 年 1 月，中共中央《关于在各级人民政府内设土改委员会和组织各级农协直接领导土改运动的指示》，开始了新解放区分批实行土改运动的准备工作，并决定1950 年秋收以后，在新解放区分期分批开展土改运动。1950 年 6 月 28 日，中央通过了《中华人民共和国土地改革法》，第一总则是"废除地主阶级封建剥削的土地所有制，实行农民的土地所有制，借以解放农村生产力，发展农业生产，为新中国的工业化开辟道路""所有没收和征收得来的土地和其他生产资料，除本法规定收归国家所有外，均由乡农民协会接收，统一地、公平合理地分配给无地少地及缺乏其他生产资料的贫苦农民所有"。之后，政务院相继制定和公布实施《农民协会组织通则》《人民法庭组织通则》和《关于划分农村阶级成分的决定》等土改具体实施法令。1950年11月10日，政务院通过《城市郊区土地改革条例》规定，城市郊区所有没收和征收的农业土地，交由乡农民协会按照土地改革法有关规定的原则，统一地、公平合理地分配给无地少地的农民耕种使用。同年11月，福建省委第四次扩大会议，决定加速全省土地改革运动，系统地分期分批开展土地改革运动。1950年12月，福建发布《关于土地改革宣传教育工作的指示》，明确土改宣传教育目的以及在干部和土改地区各阶层群众中开展教育工作的具体事项。同月，福建把《为完成福建土地改革而斗争》作为开展全省土地改革决议。福建结合自身具体情况，提出《关于福建实施土地改革的具体意见》，阐明没收地主的土地分配给无地和少地农民，保存富农经济，保护民族工商业，巩固联合中农，照顾华侨利益等政策。

1951年1月，福建发布《中国共产党福建省委员会关于加强土改准备工作的指示》，发动群众进行土改教育和整顿农会组织，掌握典型试验的情况和经验。同月，江一真发表《关于划分农村阶级成分的若干具体问题》，具体阐述农村土改中划分阶级存在的问题以及划分阶级的方法，为土改划分阶级提供政策依据。同月18日，福建颁布《关于龙岩专区经过土地革命地区有关土地改革若干具体实施办法的规定》，解决了老革命根据地的土地改革问题。1951年2月，张鼎丞发布《关于各专市县立即实行土地改革令》，即在建阳专区、南平专区、福安专区、闽侯专区、晋江专区、龙溪专区、永安专区、龙岩专区所属的43个县及福州市郊实行土改[106]。土地改革全面展开后，为处理山林地区土改问题，福建分别于1951年和1952年颁布了《福建省土地改革中山林处理办法》《福建省渔区土地改革实施办法》和《福建省盐区土地改革实施办法》。侨区土改是福建一大特色，《关于土地改革中对华侨土地财产处理办法》慎重划分侨属成分，妥善处理华侨土地财产，对无地少地、虽有少量侨汇收入的侨属，一般也分给他们与农民同样一份土地和其他生产资料等，顺利解决了侨区土地改革问题①。

二、农业合作化时期

1. 互助组时期

中华人民共和国成立后，福建省委号召农民群众组织起来。1950 年 2 月，《中共福建省委关于春耕生产和救灾备荒的指示》指出，"在群众中要号召把所有的全劳动力、半劳动力和畜力，一起组织到生产或救灾的工作上，对因支前出工的户，在后方应组织生产互助予以帮助" "在自愿的原则下，提倡亲帮亲、邻帮邻的生产互助或社会互济"。1951 年 12 月，中共中央发布《关于农业生产互助合作的决议》，同时，福建发布《两年来福建党的工作的基本总结及今后任务》指出，"必须在自愿互利的原则下广泛地组织农民的互助组，普遍发展供销合作社，有重点、有计划地建立农业生产合作社。要反对在组织互助组和合作社运动中的强迫命令或放任自流的种种倾向"。中央和福建会议精神都得到干部的大力宣传和执行，促使农业互助运动具备广泛的群众基础。

1952 年 3 月，《福建日报》中"大力开展农业生产互助合作运动"一文指出，"据目前全省的互助合作情况，应大力开展农业生产互助合作运动，采用普遍发展和稳步提高的方针，争取三年内将农村 80% 以上的劳动力组织起来"。同年 4 月，福建发布《关于开展 1952 年农业爱国增产竞赛运动的指示》和《福建省一九五二年农业爱国增产竞赛运动实施办法》，号召全省农民群众把爱国增产竞赛运动与互助合作运动结合起来，"使之互相推动，同时发展"。同年 5 月福建下发《若干有关互助合作运动的政策问题（草稿）》《关于土地改革后农民雇工问题的处理意见（草稿）》《关于土地改革后农村中土地买卖和土地租佃问题的处理意见（草稿）》《当前福建农业生产互助组运动中等价交换问题的初步研究》《克服口粮不足的困难，合理使用互助组内剩余的劳动力》和《常年互助组内农副业生产结合问题初步研究》等政策文件，为巩固和提高互助组农业经营绩效发

---

① 陈于勤. 福建省土地改革运动探讨［J］. 党史研究与教学，1994（1）：49.

挥了指导性作用①。

2. 初级社时期

1951 年，中共中央华东局在《关于土地改革后农村工作任务的指示》中指出，"对农村经济的领导和提倡的方向，是由个体逐步向集体的方向，是帮助农民在自愿的原则下，逐渐地组织在农业生产合作社及其他合作社之中的方向"。这说明农业合作社是符合社会主义集体经济的农业经营方式。同年 12 月，中央颁布《中共中央关于农业生产互助合作的决议（草案）》提出，"以土地入股为特点的农业生产合作社""在群众有比较丰富的互助经验，而又有比较坚强的领导骨干的地区，应当有领导的同时又是有重点地发展（土地入股的农业生产合作社）"②。

1952 年 7 月，福建省委在《关于农村工作问题的意见》中指出，"认真做好试办农业生产合作社的工作"。③ 1952 年 11 月，《中共中央关于建立农村工作的决定》中指出，"各级党委的农村工作部是各级党委在领导农村工作方面的助手，中心任务是组织与领导广大农民的互助合作运动，以便配合国家工业化的发展，逐步引导农民走向集体化的道路"[107]。

1953 年 2 月，福建成立农村工作部并发布《福建省人民政府关于一九五三年农业生产工作的指示》指出，"每个专、县必须试办好一个到两个农业生产合作社"④。指示下发后，福建各地区开展初级社的试办运动，截至 1953 年 6 月，全省共试办 150 个初级社，其中成功 144 个，失败 6 个。同年 12 月，中央发布《关于发展农业生产合作社的决议》指出，"实行土地入股、统一经营而有较多公共财产的农业生产合作社（初级社）"是引导农民过渡到更高级的完全社会主义性质的农业生产合作社的适当形式，因此，"中央认为各级党委有必要更多地和更好地注意对于发展农业生产合作社的领导，根据当地的具体情况，准备逐步试办和逐步推行的条件，

---

① 中共福建省委党史研究室. 福建农业合作化 [M]. 北京：中共党史出版社，1999：15-19.

② 中共中央文献研究室. 建国以来重要文献选编：第 2 册 [M]. 北京：中央文献出版社，1992：511-514.

③ 福建农村发展研究中心. 福建省农业合作经济史料：第 1 卷 [M]. 福州：福建科学技术出版社，1988：27，49.

④ 福建农村发展研究中心. 福建省农业合作经济史料：第 2 卷 [M]. 福州：福建科学技术出版社，1991：198.

继续贯彻'只许办好，不许办坏'的方针，从而带动整个互助合作运动前进"①。1954年6月，中共福建省委召开农业生产互助合作会议，指出农业生产合作社将成为农业生产中的主要经济形式，只有大量发展合作社，才能带动互助组的大发展，保证增产计划的实现，并提出了"全省发展农业合作化的大体计划"。

1955年3月，《福建日报》中"整顿巩固农业生产合作社是春耕准备工作的主要环节"一文，要求"从上到下统一领导、分工负责，坚决地贯彻'只准办好，不准办坏'的方针和省委关于上半年停止建立新社的指示，以便集中力量办好现有的农业社；同时，积极发展一与巩固各种形式的互助组，带动单干农民，这样才能有保证地搞好当前生产，也才能为秋后农业社再发展准备好前进阵地"②。

毛泽东关于《关于农业合作化问题》的报告直接推动福建出现第一次农业合作化高潮。1955年10月25日至11月1日，福建省委通过《中共福建省委关于农业合作化运动的指示》（以下简称《指示》）。《指示》对合作化运动存在的右倾思想进行批判，决定加快发展农业合作社，修订原先提出的分期分批实现农业合作化的"全面规划"，要求在今秋已有19000多个社、入社农户占全省总农户15%的基础上，今冬明春再发展3万多个社，入社农户达总农户的35%，连同老社在内达5万个，入社农户达总农户的50%左右③。显然这种办社的方式是重视数量轻视质量，导致初级社工作粗糙，简单，使过去典型示范，自愿入社变为形式，不少农民带着"反正要入社，迟入不如早入"思想"勉强"入社。

3. 高级社时期

1955年10月，中共中央作出《关于农业合作化问题的决议》，文中指出，各地应按照个别试办、由少到多、分批分期地逐渐地发展的步骤，拟订关于由初级社转变为高级社的计划④。同年11月，福建省委《关于农业

①　中共中央文献研究室.建国以来重要文献选编：第4册［M］.北京：中央文献出版社，1993：662，664，666.

②　福建农村发展研究中心.福建省农业合作经济史料：第2卷［M］.福州：福建科学技术出版社，1991：296.

③　中共福建省委党史研究室.福建农业合作化［M］.北京：中共党史出版社，1999：44.

④　《当代中国农业合作化》编辑室.建国以来农业合作化史料汇编［M］.北京：中共党史出版社，1992：260.

合作化运动的指示》指出，在初级社发展同时，各地、县委应根据当地情况进行试办高级社①。这成为全省第一次农业合作化高潮重要组成部分。

1956 年 1 月，中共中央提出《1956 年到 1967 年全国农业发展纲要（草案）》，要求，"在 1958 年基本上完成高级形式的农业合作化""对于一切条件成熟了的初级社，应当分批分期地使它们转为高级社，不升级就妨碍生产力的发展"②。这些规定给全国农业合作化发展速度定下基调。同月，福建省委提出，到 1957 年基本实现高级农业合作化。同年 2 月，福建省委发出《关于开展 1956-1967 年全国农业发展纲要（40 条）的宣传运动的通知》，要求各地组织力量深入农村宣传。各地市都提出"快马加鞭进入社会主义"，尽快将初级社转为高级社，掀起了全省农业合作化第二次高潮。

1956 年 2 月，福建省委关于《关于高级社工作座谈会的报告》中指出，"关于高级社工作，在具体方法上要改变'老三步'的做法（宣传动员、处理政策、规划生产）。第一步检查生产，搞好生产，建立筹委会，进行宣传规划，起草社章。第二步报名入社，开成立大会，选举社干，选举社干后，一方面要紧紧抓住生产，一方面要解决具体政策，并实行包工包产等。第三步总结办社，开展劳动竞赛，建立并健全制度，转入正常生产"③。虽然报告提出了相关意见，但是在"方兴未艾"的农业合作化高潮面前，农业社"高级化"不断被加速推进。如 2 月 29 日，福建省委批转了闽侯荆溪区委《关于领导初级社转入高级社的初步经验》指出，"闽侯荆溪区，是在 1955 年春季农业合作化已达 50% 多的一个地区，在秋季合作化迅速增长到近 90%，并在一些乡酝酿着转向高级社"，这一点证明了"在合作化基础较好的地区，只要有正确的领导，是可以比较迅速地、大量地举办高级社，不要机械地硬搬'逐级办社'的做法。认为初级社转向高级社是'不可逾越的鸿沟'的看法是没有根据的，只要抓住生产的主要

---

① 福建农村发展研究中心. 福建省农业合作经济史料：第 2 卷 [M]. 福州：福建科学技术出版社，1991：372.

② 《当代中国农业合作化》编辑室. 建国以来农业合作化史料汇编 [M]. 北京：中共党史出版社，1992：337.

③ 福建农村发展研究中心. 福建省农业合作经济史料：第 2 卷 [M]. 福州：福建科学技术出版社，1991：411-413.

措施，并使之获得显著成绩，就越能促进合作化的巩固与发展"①。这条批转客观上促进了全省干部社员短时间将初级社"高级化"。

1956 年 7 月，福建讨论《关于 1956 年下半年几项工作任务的指示》，提出"争取明春实现高级农业合作化"口号。同年 12 月，中共福建省委批转省委农村工作部《关于做好今冬明春初级社转高级社工作的意见》，指示各地必须加强对转社工作的领导，贯彻书记动手、充分准备、思想发动、群众路线、抓紧检查、具体指导工作方针，保证今冬明春完成本省高级农业合作化的任务②。随着这两项政策颁布，福建高级农业合作化运动又提速了，当年 12 月已有 70% 的农户加入高级社。1957 年 3 月，约 85% 农户加入高级社，这标志着福建已基本进入高级社阶段。

三、人民公社时期

关于人民公社的分期，有三阶段说、四阶段说等。本书选择三阶段说，即 1958 年 8 月底中共中央北戴河会议通过《关于在农村建立人民公社问题的决议》至 1962 年初"三级所有、队为基础"的提出为人民公社确立阶段；1962 年初至 1978 年党的十一届三中全会召开为巩固阶段；1978 年 12 月实事求是思想路线重新确立和农村经济体制改革提出至 1983 年 10 月中共中央、国务院联合发布《关于实行政社分开建立乡政府的通知》为解散期或消亡期。至于福建人民公社具体结束日期，本书定在 1985 年。后续有关人民公社制度安排和农业经营制度绩效等时间序列均遵从三阶段说。

1. 人民公社成立前相关政策

1958 年 7 月，毛泽东为人民公社定下基调，他指出，"应该逐步地有次序地把工（工业）、农（农业）、商（交换）、学（文化教育）兵（民兵）组成为一个大公社，从而成为我国社会的基本单位"③。随后，毛泽东视察河南、山东等地，并称赞"人民公社好"。此消息一出，全国掀起兴办人民公社高潮。8 月 10 日，福州鼓山乡率先宣布成立鼓山人民公社，20

---

① 福建农村发展研究中心. 福建省农业合作经济史料：第 2 卷 [M]. 福州：福建科学技术出版社，1991：423.

② 中共福建省委党史研究室. 福建农业合作化 [M]. 北京：中共党史出版社，1999：57.

③ 中共中央文献研究室. 建国以来毛泽东文稿：第 7 册 [M]. 北京：中央文献出版社，1992：317.

日，晋江祥芝乡成立"红旗"人民公社，22 日，闽侯县第一个人民公社——城门人民公社成立，27 日，福建林区南平溪后乡"绿色金库"人民公社宣告成立等。

1958 年 8 月 29 日，北戴河政治局扩大会议通过《中共中央关于在农村建立人民公社问题的决议》（以下简称《决议》），决定在全国农村建立政社合一，农林牧副渔全面发展，工农商学兵相结合的人民公社。《决议》认为，"人民公社是建成社会主义和逐步向共产主义过渡的最好的组织形式"①。会后两个月内，福建将 1.7 万多个规模较小的农业社转变为 630 多个人民公社，参加公社农户占全省农村总户数的比例为 99.92%，全省基本实现了农村人民公社化。

2. 人民公社确立、发展和消亡时相关政策

（1）人民公社确立时期。人民公社建立所引发的各种矛盾，在全国各地很快暴露出来。中央先后召开第一次郑州会议、武昌会议、八届六中全会、上海会议、第二次郑州会议和八届七中全会六次会议。以八届六中全会为界，前三次会议主要划清社会主义和共产主义及全民所有制和集体所有制界限，最后通过了《关于人民公社若干问题的决议》《中共中央关于1959 年国民经济计划的决议》。但这次会议仍确定主要工业产品产量超过50%以上的增长指标②，这对农业进一步增长形成压力。1958 年 12 月 20日，福建省委发出《关于组织干部认真学习中共八届六中全会通过的〈关于人民公社若干问题的决议〉的通知》，并以《决议》的精神处理人民公社存在问题。1959 年 1 月，福建省召开中共福建省第一届代表大会第三次会议，会议对 1959 年全省工农业生产指标还是定得过高，如要求粮食比1958 年增产 70%，钢产量较 1958 年增产 50%等。

后三个会议主要是关于人民公社内部管理问题，最终形成《关于人民公社的十八个问题》会议纪要。

面对"三年自然灾害"，1961 年 1 月，中国共产党召开党的八届九中全会，通过了"调整、巩固、充实、提高"方针，"大跃进"被停止，国民经济进入调整阶段。1961 年，中央通过《关于农村整风整社和若干政策

---

① 《当代中国农业合作化》编辑室. 建国以来农业合作化史料汇编 ［M］. 北京：中共党史出版社，1992：494.

② 中共中央文献研究室. 建国以来重要文献选编：第 11 册 ［M］. 北京：中央文献出版社，1993：631-633.

问题的讨论纪要》和《农村人民公社工作条例（草案）》（以下简称《农村六十条》）对农业进行调整。1962年2月，中央发出《关于改变人民公社基本核算单位问题的指示》，宣布实行以生产队为基础三级集体所有制作为人民公社根本制度，至少三十年不变，生产队规模相当于初级社。1962年9月，中共八届十中全会通过《农村人民公社工作条例（修正草案）》，确立人民公社"三级所有，队为基础"新体制和允许农民部分实行"三自一包"新政策。

（2）人民公社发展时期。1962年发布《农村人民公社工作条例修正草案》至1978年，是中国农村集体经济制度形成和稳定发展时期。我国农业基本遵守"六十条"所确定的农业经营体制。农业生产的基本稳定，是10年城市经济衰败而中国人仍然有饭吃的重要保障①。所以，这个时期人民公社政策只是局部调整。1963~1965年，福建农业生产以发展粮食为主，多种经营并存，其间，福建为维护人民公社集体经营，批判包产到户，根据中央《关于目前农村工作中若干问题的决定（草案）》（"前十条"）和《关于农村社会主义教育运动中一些具体政策的规定（草案）》（"后十条"）在农村广泛开展了社会主义教育运动。1966~1976年，福建农业强调"阶级斗争""以粮为纲""战备夺粮"等方针，农业全面发展受到影响。20世纪70年代初，福建提出整顿农业生产，突出粮食，发展多种经营措施，并在农村兴起限制农村集市贸易等运动。1976年后，为调动广大农民生产积极性，福建于1978年6月制定《关于当前农村人民公社经营管理若干问题的决定》（以下简称《农业十二条》），进一步建立和健全了农村经营管理制度，从政策和措施上保证农村多种经营和社队企业的恢复和发展。

（3）人民公社消亡时期。该时期福建主要围绕农业生产责任制及农业产业结构改革展开政策制定，如1981年初，福建发出《关于抓紧落实生产责任制的通知》《关于包产到户、包干到户若干政策问题的通知》和《关于保护集体财产清理社队财务的通知》。福建生产责任制首先从大田生产责任制突破，经历了从不联产到联产，从联产到组到联产到劳、户，从间接联产到直接联产过程。1979年，全省13.17万多个核算单位中，建立生产责任制的8.2万多个，其中不联产责任制约6万个，占比73.17%。

---

① 温铁军.中国农村基本经济制度研究［M］.北京：中国经济出版社，2000：216.

1980 年，全省 14.71 万个核算单位中，建立大田生产责任制 12.78 万个，较比 1979 年增加 4.68 万个[1]。上述农业生产责任制是福建农民基于理性选择的农业经营制度[2]。针对农业产业结构调整，福建通过《中共福建省委关于今冬明春农村工作的指示》，强调除进一步稳定和完善生产责任制，全面推行合同制外，积极开展多种经营。

第二节　农业生产组织及其特征

一、农户家庭

土改后，农村实行农地私有，农户家庭经营的经营制度安排。农户家庭成为农业生产的主要组织形式。此时的家庭经营与土改前有着本质区别。土改前，家庭经营的制度前提是封建土地私有制，以封建地主契约为基础，与土改后的家庭经营有以下两点区别：一是虽然地主拥有较多土地，但并未带来规模经济，而是土地所有权高度集中和使用权高度分散[3]。在生产力水平较低和土地资源稀缺程度远高于人力资源情况下，生产要素的相对价格是土地使用费用高，劳动力价格低，地主阶层更愿意将土地租于无地少地农民，坐享租金，这造成了农村家庭租佃经营规模狭小、分散。土改后的家庭经营实现了按人平均分配田地，改变了农村土地稀缺现状，拥有土地产权的农民更愿意"投资"自家田地。二是土改前，农户家庭经营来自国家和地主阶层的干预过多，加之重农抑商，抑制了农业生产

①　杨涛. 福建农业经济 [M]. 福州：福建人民出版社，1988：77.
②　农业生产责任制较人民公社时统一经营，集中劳动管理和统一分配有明显优点。其一，生产责任制赋予农民生产经营主动权，农民可因地、因时发挥主观能动性，摆脱以指令性计划为指导的农业生产；其二，对于农业剩余，农民有处置权，即"交够国家的，留足集体的，剩下是自己的"，这可促使农民劳动与成果直接挂钩，激发农民生产积极性；其三，以包干为主的农业生产责任制，恢复了农民家庭经营，使交易费用和监督成本限定在家庭范围内，有效地避免了费用过高的缺点，并继承和发扬了我国农村家庭经营的精耕细作优良传统。
③　农业部农村经济研究中心当代农业史研究室. 中国土地改革研究 [M]. 北京：中国农业出版社，2000：16.

要素流动。土改后，新中国给予农民生产经营自由权（包括出租、买卖等），使农民摆脱地租经济，获得全新的土地产权，有效地促进了农业生产要素流动。

二、农业合作组织

土改后，大多数农民，特别是经济实力上升缓慢的贫农和单家独户在生产过程中遇到生产资金、耕畜和农具缺乏以及无力抵抗自然灾害和采用新农业技术等困难后，便有了互助合作的意愿。

查阅资料发现①，土改后，福建贫雇农和手工业者土地资源配置相对合理，中农土地增量相对较少。关于耕畜和农具，福建农村各阶层得益人口所获平均量很小，有的阶层几乎为零。因此，在劳动力绝对过剩又无法向其他产业流动的情况下，分散农民确有互助合作的动机。农民在原有变工互助习惯基础上发展了等价交换的农业互助合作组织——互助组。互助组是农民根据生产经营需要，以地缘、农户生产条件和需要的自愿结合，是在不改变农户农地私有及自主经营权下的劳动互助与生产协作。因此，互助组基本上还是一家一户的生产经营②。农业互助组通过实行集体劳动和分工协作，提高了劳动生产率，实现了耕作技术共享，改善了农业生产条件，使农作物产出一般高于单干户，增加了农民收入，发挥了个体农户家庭经营积极性，是农民乐意接受的农业经营组织形式。此外，农民互动也是互助组发展的重要因素，即当一些农民加入互助组后，政治和经济上获得了政府奖励与扶持，并在农民中形成一股潮流时，对其他农民产生一种压力，他们怕"落后"而参加互助组[110]。

初级社没有触及农民的土地私有权，只是统一土地使用权，统一安排劳力，按社员劳动日分配土地收益的较高级组织形式。初级社主要有以下六个特点：①土地等生产资料私有制，社员土地入股集体，农民土地所有权通过入股土地分红实现。初级社实行统一经营，保留社员部分自留地和社员退出权。②其他生产资料，如耕畜及大中型农机具归社统一使用，社

---

① 福建省人民政府土地改革委员会. 福建省土地改革文献丛编（下）[M]. 福建省人民政府土地改革委员会编印（内部资料），1953：94.

② 冯继康. 中国农村土地制度：历史分析与制度创新 [D]. 南京：南京农业大学，2005：64.

员家庭副业的生产工具、零星树木、家畜、家禽以及生活资料归社员所有。③农业经营分集体统一经营与社员经营。④社员收入=初级社总收入-（当年生产费用+税金+公积金+公益金），收入分配分为土地报酬和劳动报酬，通常土地报酬小于劳动报酬。⑤初级社有公积金、公益金等社会主义因素的体现。⑥入社自愿，退社自由。初级社社员拥有土地等生产资料并分红，对生产及农活都比较认真。初级社规模基本以村为单位，村民对各自土地及生产资料都熟悉，村民间会形成相互监督及避免生产资料耗损和生产效率降低的自我实施机制。这种带有血缘和友情关系的合作组织，彼此间凝聚力较强，有利于农业经营绩效提高。中央领导人认为这种合作社对国营经济有利，"合作社不同于国营经济——私有财产基础上集体经济，是半社会主义的，股金，结果增加私人收益；也不同于私人资本主义经济——股金，利润目的，分红，买红，不是剥削消费者和小生产者，而是减少，避免剥削；国营经济要倚靠合作社帮助，合作社要倚靠国营经济的帮助，合作社的发展对国营经济有大利益"[111]。

高级社特征主要有以下三点：①土地归集体所有，社员有退社自由，退出时可以带走入社土地或同等数量和质量土地，可以抽回所交纳股份基金和投资①，但退出权已受到限制。②其他生产资料，如私有耕畜、大中型农机具按价格由社购买为集体财产，社员生活资料、零星树木、家畜禽、小农具以及家庭副业工具仍属私有，社员拥有自留地（一般不超过当地每人平均土地的 5%~10%）。③社员收入=高级社总收入-（当年生产费用+税金+公积金+公益金），收入分配方式为劳动报酬。可见，高级社社员失去了土地和工具，农村干部被看作为实际雇主，社员仅为工分劳动，不再将农田和工具当成自己财产，农活质量下降。高级社取消土地分红冲击了中农或下中农利益，使中农或下中农劳动积极性大为降低，影响了劳动效率。高级社规模大，且不再基于村落或邻里关系，社员之间并不全是生活在同一自然村落，熟识度和认同感降低，相互监督成本高。高级社通常由几个自然村组成，社领导和干部监工机制失灵，效率不高。总之，高级社实现了土地等主要生产资料集体所有和劳动产品按劳分配，为农业剩余向工业等部门输送奠定了组织基础。

---

① 《当代中国农业合作化》编辑室. 建国以来农业合作化史料汇编 [M]. 北京：中共党史出版社，1992：352.

三、农村人民公社

毛泽东在北戴河会议上对人民公社作出了"一曰大，二曰公"的概括，准确揭示了人民公社主要特征。本书从体制、组织、农业经营和政治理想四个方面阐述其特征。

（1）体制特点。即社队规模大、经营范围广，公有化程度高，政社合一。社队规模大、经营范围广。1958 年 10 月，福建 630 多个人民公社，平均每社 4293 户，平原地区每社 6000 户，山区每社 2000 户左右。其中最大的莆田涵江人民公社，共计 34972 户、17 万多人口。福州市郊、漳州市郊、东山、顺昌、平潭 5 个县（市），以县（市）为单位建立了人民公社。相较于合作化时期农业合作社，人民公社是农林牧副渔全面发展，工农商学兵"五位一体"的社会基层组织，其规模已超出干部的管理水平，为后期干部管理问题埋下伏笔。

公有化程度高。人民公社成立初，实行单一的公社所有制。首先，消除生产资料私有制残余。人民公社将社员自留地、自养牲畜、自营成片果树以及生产工具收归为集体，取缔家庭副业、集贸市场等农村商业活动；其次，人民公社将几十个贫富不等，条件各异合作社合并，财产全部上交公社，全社统一核算，统一分配，实行供给制，实施"大集体小全民"①；最后，国家将农村中原属于全民所有制的银行、商店等下放给人民公社，增添其全民所有制成分。

政社合一，即乡党委就是社党委，乡人民委员会就是社务委员会。人民公社不仅是政权组织，而且也是经济组织，不但要管理工农业生产，还要兼顾商业、文化教育、军事和政治事务。作为政治单位，人民公社要服从上级计划指令，组织和领导全社；作为经济单位，人民公社要着眼于农业生产、经营和农民生活，同时，人民公社还将供销、信贷、手工业合作社和农业生产合并起来。

（2）组织特点。即多级管理，一平二调和组织军事化、行动战斗化和生活集体化。多级管理，即人民公社实行三级管理制度。公社一级统管全

① 中共福建省委党史研究室.中共福建地方史（社会主义时期）[M].北京：中央文献出版社，2008：295.

社生产、劳力调配、物资调拨和产品分配，生产大队负责生产管理和经济核算，生产小队是农业生产经营单位。如福建城门人民公社，全社划分16个大队（营），大队下设小队（连）和生产组（排），规模较大的工厂、矿场以及文化卫生和福利事业，由公社直接管理，规模较小的交大队管理。公社对各大队、单位实行生产定额，超额给予适当奖励，公社按计划对大队供应物资、现金。劳动管理上公社有权组织各单位劳力大协作①。公社统揽大权影响了基层单位和农民生产经营的积极性。

一平二调。"平"即平均主义，它混淆了集体所有制和全民所有制界限；"调"即上级政府机关经常无偿抽调公社物资和劳力。如霞浦县城关红旗人民公社在平调过程中，县、社分别占平调总值的74.26%和15.72%，即使1961年调整时期，其兑现总值亦只占平调总值的43.13%，这体现了以"一平二调"为特征的共产风在人民公社中的影响②。忽视经济发展规律，主观地认为改变生产关系即可达到生产力的飞跃。

组织军事化、行动战斗化、生活集体化。所谓组织军事化、行动战斗化，是指将公社男女劳力编制成军事建制，组成团（公社一级）、营（大队一级）、连（生产队一级）等单位，这便于集中调动劳力投入大协作，培养社员集体主义思想。所谓生活集体化，是指大办公共食堂、托儿所、幼儿园和幸福院等公共事业，将农民原先生活习惯改为集体化。由于物质技术及管理水平不高，上述人民公社组织形式在巩固"一大二公"和"政社合一"的同时也造成了人力物力浪费。

（3）农业经营特点，即统一经营、集中劳动和自给化生产。统一经营、集中劳动。人民公社支配着社内计划安排，生产经营，劳动调度和产品分配等，采取集中经营管理模式。此模式下，农民大多机械地听从安排和调度，被动、冷漠或漫不经心的态度居多，这些影响了农业生产效率。另外，人民公社原本通过农民和土地集中达到规模经营，但规模过大可能产生信息传递速度慢且失真以及管理官僚化等导致了"规模不经济"。

自给化生产。人民公社实施统购统销并取缔或限制发展农村商品经济，农业生产要素只能在国家限定范围内流动。再者，农业生产力水平

---

① 福建农村发展研究中心．福建省农业合作经济史料：第2卷［M］．福州：福建科学技术出版社，1991：529.

② 福建农村发展研究中心．福建省农业合作经济史料：第1卷［M］．福州：福建科学技术出版社，1988：212.

低，农民生产积极性不高等所造成了物资市场供应不足，使得人民公社长期处于自给或半自给的自然经济状态。

（4）政治理想，即实现共产主义。前文已经阐述，人民公社是我国从社会主义过渡到共产主义的组织形式。《中共中央关于在农村建立人民公社问题的决议》中指出，应该积极地运用人民公社形式，摸索出一条过渡到共产主义的具体途径。在此政治理想下，供给制占主体，平均主义盛行。

第三节　农业生产制度供给变迁

一、土地改革时期

土改后，农户分散经营，农户家庭拥有经营自主权。该时期农业生产制度供给主要体现在国家政策扶持和农民生产、生活资料获得。关于政策扶持，前文已阐述。土改平均地主财产于农民，农民分得一定数量生产、生活资料，如表5-1所示。这些生产要素的获得激发了农民生产积极性，增强了农民主动投资土地的意愿。

表5-1　福建省土地改革中各阶层分得土地等主要财产得益统计

阶层	土地（亩）	分得耕畜（头）	分得农具（件）
雇农	467710.69	7581.50	176655
贫农	5855749.39	30143.00	709653.50
中农	2449704.23	4648.00	131669.50
手工业工人	88918.11	113.50	5296
小商贩	32870.47	9.00	2249.50
其他阶层	161888.04	818.50	40006

资料来源：福建省人民政府土地改革委员会. 福建省土地改革文献丛编（下）[C]. 福建省人民政府土地改革委员会编印（内部资料），1953：94.

二、农业合作化时期

互助组时期，土地私有，劳动联合经营；初级社时期，土地私有，土地使用权归集体，且部分生产资料归集体所有，集体有公共积累；高级社时期，土地归集体所有，取消土地报酬，成果按劳分配。农业合作化时期，农村土地产权由私有逐渐变为集体所有，劳动由分散转为集中，这些变化也反映在农业生产制度安排上。

1. 互助组时期

（1）评工计分。评工计分能保证凡是参加互助组劳动的人，都可以按照自己的劳力、耕畜、农具等条件，来取得合理报酬，这是互助组的基础。评工计分分为"工顶工""按时计工""死分死计""土地劳力统一评分计工""死分活计"和"按件计工"六种。福建互助组采取后两种的居多，它们可改进技术来提高产量，发挥组员生产积极性，提高劳动效率。为配合记工，福建在农业经营实践中创造出一些记工账的方法，如"工票制""书面账""工票制"配合"书面账"和农具、耕畜的记工账方法，其中工票配合书面账较普遍，能较准确地反映农民劳动与报酬联系。

（2）生产资料使用制度。首先，耕畜使用管理方面。临时季节性互助组采取全组所有一起搭配，平均使用，不分土地多少和耕畜大小、强弱，互不找料，无耕畜户以人工换畜工。一般互助组采取耕畜按大小、强弱评定工分的方法，这能统一使用耕畜，按具体条件评定工资，能鼓励深耕细作，提高组员劳动的积极性。基础巩固，经济条件好的互助组则采取耕畜折价入组，公有、公养、公用，按地亩摊钱出股，一次或分期付清，这为互助组在更大范围内组织生产提供了可能。其次，农具使用管理方面。大部分互助组采取小农具私有私用，大农具私有公用公修，贴成色，这既公平对待农具户占有不均，又不会影响组员购置新农具。

2. 初级社时期

（1）土地评产入股。评产是依照去年产量，用前三年平均产量来衡量并进行调查，结合采取田与田之间比较的方法，根据土质的好坏、是否有水源、阳光、田的距离远近和耕作难易程度、肥料使用多少来确定产量。评定产量是在分小组自报公议，初步评定后，评产委员会进行审查，经全体社员大会通过，登名造册正式入股。评产方法大体有三种：第一，把入社土地按评产标准划分若干等，从每等中选择一坵标准田，对照标准田产量分别进行逐坵挂钩，自报公议。在山区或半山区因土地分散，不易进行划片的，以土质和常年产量为依据，参考自然条件把土地抽块归类，自报公议。第二，按评产标准以等定产，把入社土地划分若干等，在同等土地中定出一样产量。第三，逐坵定产量，根据评产标准自报公议逐坵对比，逐坵评产，这种方法较适合小社土地少且又是平原集中地区[112]。

（2）股份基金。股份基金是农业社为了解决生产资金问题，由社员向社缴纳作为底垫的一笔资金。它是由大家按一定比例缴纳，一般情况下不再归还，社员退社时带走但不计利息。社员股份基金缴纳的方法有：从劳力分益比例中扣除一定比例的生产成本、公积金等后计算土、劳负担比例；土地稍高于劳力比例负担，按土地、劳力分益的比例负担；按土地、劳动力均摊；少数的完全按土地以亩计算或按户负担。股份基金的计算是以户为单位，社员交纳可以分期或零星交纳。社员向社投资的物资和生产工具可抵交一部分股份基金，这样是为了不占据农民生产费用，不影响农民农业投入。合理地筹集股份基金是保证社实现增产和扩大再生产的物质基础，更是促进中农、贫农团结的重要因素，对农业社的巩固和发展意义重大。

（3）生产资料分配。首先，耕牛私有私养，公有公养。合作社对私人耕牛使用按评定分数付资，如果原有固定资金的，则不参加分红，也有对耕牛使用采取死分活评，视工种和田块不同而打分。其次，农具方面，小农具（锄头、耘田耙等）各户自备自用自修。大农具（犁耙、风车、谷席、打谷桶、箩筐等）统一折价入社，公用公修（折价是按照新老好坏统一折价）。此时生产资料分配符合当时农业中互助合作和家庭混合经营特征。

（4）劳动制度，包括劳动组织、检查评比、劳动纪律和劳动形式等。首先，合作社为了避免劳动力分布不均衡，依据土质好坏、耕作难易及田地远近等，在有利于生产的原则下，划分耕作区，统一调动社内劳动力，改变过去抢工现象。这体现了初级社劳力调动方面的规模效益。其次，检查评比是以生产小组为劳动作业单位，每个农事季节由合作社委员会检查一次，对于模范给予奖励，对于偷懒、怠工、违犯社章及政府法令的，则给予批评教育直至开除。这是保证农业产出增加的有效外部激励。再次，劳动纪律主要是约束社员不利于合作社的行为，完成生产计划。最后，劳动形式上，福建省内一些合作社主要采取"三包一定"，即包工、包质、包时、定产量。

3. 高级社时期

（1）土地和其他主要生产资料。高级社时期，土地和耕畜、大型农具等主要生产资料转为集体所有，这是因为"土地归合作社集体所有，容易为广大农民所接受，也同样可以保障社会主义经济建设正常进行；如果实行土地国有，反而可能引起农民的误解"[113]。初级社时期，耕畜农具作价入社，除抵交应交的股份基金外，多余价款由合作社分期还清，高级社仍然采用此办法。对于农产品附属物稻草、番薯藤等除由社统一留下做饲料外，其余按人口向社低价购买。土地集体化和生产资料折价入社，改变了农村土地制度基础，构建了集体主义氛围，为向更大规模农业经营转变奠定了基础。

（2）资金。股份基金由全社劳动力分摊。初级社股金按土地分摊或者按土地和劳动力各占一定比例交纳，不再重新分摊。贫苦社员向银行申请到贫农合作基金贷款后仍不能交清股份基金的，可由社员大会或社员代表大会决定缓交或少交。地主、富农入社的全部生产资料价款，抵交应摊的一份股份基金后如有多余，补交一份公积金、公益金；如仍有多余，作为多交的股份基金（股份基金一律不计利息，退社可带）。对于社员家庭的劳动力增加或者减少时的股份基金处理，以及复员军人、退伍军人、城市居民、国家机关和企业事业单位的工作人员、青年学生下乡上山入社，针对不同情况，有的要同原有社员一样交纳，有的免交或少交，原则是鼓励城市居民和其他非农业人口下乡上山参加农业生产，同时适当照顾原有社员利益①。原社、组公积金、公益金和公共财产，无代价的转为高级社公有，凡社员投资购买的财产一律折价入社，可抵作股份基金或作投资。股份基金的设立一方面补充社内资本，另一方面也补充了社内公积金和公益金，充分发挥了社会主义优越性。

（3）社内经营管理制度。第一，分级管理制度。该制度设计初衷是让集权过多的社适当下放一些权力给生产队。对于一村一社、队与队经济条

---

① 《当代中国农业合作化》编辑室. 建国以来农业合作化史料汇编［M］. 北京：中共党史出版社，1992：454-455.

件不悬殊的，采取"统一领导，三包到队"管理制度；对于社规模过大（如 500 户以上）、联村或经济条件过于悬殊的联社，实行"队为基础，单独经营，各负盈亏"的分权制度；对于社规模较小，经济条件相差不大，经营管理不复杂，社队干部较强的社，采取集中领导制。社队关系上，生产队有以下机动权：在完成社生产计划和社规定品种种植后，生产队可以合理种植，采取适合实际的技术措施，包成本范围内，按质按量完成生产计划后节余的成本，生产队有权使用；包工范围内，生产队有权调整劳动定额；小宗副业又适合队经营的，由生产队经营，收入归生产队。这种分权模式在高级社及人民公社初期虽未得到有效执行，反而更集权化，但这种历史经验为人民公社"三级所有，队为基础"队的权力界定奠定了基础。

第二，劳动组织与计划管理。首先，劳动组织上，高级社规模一般是山区 100 户，平原 300 户，但不排除超过千户的高级社。高级社管委会是统一规划、统一经营、统一分配、统一领导的机构。生产队负责管理生产，一般由 30~40 个劳力组成。除此之外，生产队还注重各种形式劳动力平衡调动，如农忙与农闲、农业与副业、集体劳动与家庭劳动、生产队与生产队之间等；其次，高级社在计划管理上一般保持生产经营的独立性，在制订生产计划时，高级社须参照国家计划，并根据本社人力、物力、财力等安排生产，具体步骤一般是由社管理委员会先提出各种生产指标和措施，然后以生产队为单位进行协商，提出本队指标和实现计划的增产措施，再由社加以集中，订出全社计划草案①。

（4）多种经营。高级社一般因时因地发展粮食生产和多种经营，增加社员收入。1956 年 6 月，福建就如何增加 90% 社员收入给中央的报告中作自我批评："农村工作的干部，指导生产还未能从具体情况出发，全面发展经济"②。如南平专区发展多种经营效果显著，1956 年 12 月下旬多种经济收入 8000 多万元，较 1955 年增加 20% 左右，每户平均收入 200 元[114]。虽然发展多种经营可以促进农民增收，但它与粮食生产和工业建设唯先的经济战略相冲突。同时，高级社高度集中的经营体制与农业多种经营及产

　　① 《中国农业全书·福建卷》编辑委员会. 中国农业全书·福建卷［M］. 北京：中国农业出版社，1997：146.

　　② 《当代中国农业合作化》编辑室. 建国以来农业合作化史料汇编［M］. 北京：中共党史出版社，1992：379.

品流通相矛盾以及高级社强调集体利益、批判本位主义和个人主义与多种经营不相符等。因此，高级社时期，发展多种经营并非仅对社内经营管理工作作若干改进就能迅速实现的。

三、人民公社时期

1. 生产组织制度

人民公社既是行政单位又是经济生产单位，实行公社、生产大队和生产队三级管理，其中，生产队始终是组织生产的基本单位。首先，公社为基本核算单位时，生产队没有组织生产权力，公社负责组织生产，生产队生产特点是全面武装、生产管理军事化、组织军事化和领导一元化。其次，管理区或生产大队为基本核算单位时，生产队拥有部分所有权，队内生产较前一阶段有所灵活，如超产奖励、节约成本归队，完成社的生产计划之外组织其他收入等。生产队在完成生产大队包产任务后，超额部分全部归小队所有，或者与生产大队按比例分成，节约的生产费用，全部归小队支配。最后，生产队为基本核算单位时，生产队拥有队内农地产权大部主动权，队内组织生产灵活程度更高，但它也是受国家约束的有限权利。

2. 劳动制度

生产队是组织生产的基本单位，生产队之下设置作业组负责具体劳作，作业组分为田间作业组、副业作业组和手工业作业组等。田间作业组是农业生产主要劳动制度形式，有的把多种几个月的生产并入田间作业组内，称为综合组，福建各地采取综合组居多[115]。

首先，田间作业组主要有以下几种形式。其一，劳力、土地、耕畜、农具组成常年基本固定作业组。如建宁县斗埕大队第六生产队，该队将 22 个劳力，442.69 亩耕地，9 头耕牛和大农具都固定到作业组。该组成员间人地熟悉，便于提高耕作质量和工效，但易阻碍组与组间生产要素流动。其二，劳力固定，土地临时划片，小段包工作业组。如建宁县斗埕大队渡头生产队 13 户，25 个劳力，划分三个作业组，每组 8 个劳力，317.63 亩耕地，临时划片，7 头耕牛和大农具都有小队统一调配使用，按照农时季节包给一段农活任务、定时间、质量、工分，但不包产量。这能调动社员积极性，合理排工，便于评工记分等，但由于作业组不包全部农活和不负责产量，易产生社员偷工减料或赶工粗耕现象。其三，季节作业组、劳力、土地、农具、耕畜按季节固定，小段包工。如建宁县斗埕大队斗埕生产队 19 户，24 个劳力，301.34 亩，6 头耕牛。这种组合使生产队安排农活灵活，能发挥各人专长，提高工效，且生产队有主动权，便于全面安排生产等，但容易造成权力集中，作业组责任区不明确。其四，临时作业组，劳力，土地都不固定，生产队根据小段生产安排，采取临时分组分片生产。如闽侯荆溪大队少奇生产队 57 户，32 个劳力，虽然分为三个作业组，但都无权力，一切调动都由生产队安排。这种组合调工灵活，但作业组责任明确，易导致耕作粗糙，社内组织、劳动效率低。

其次，劳动定额，评工记分。劳动定额一般有两种：一是在原有定额基础上和农业实践中，将不合理部分加以修订。如漳浦白石大队在制订定额后，生产队按照农时季节做一段、试一段，边执行、边修订，把所用农活落实到田。二是在总结经验基础上全面修订，先大队后生产队，将农活站队、劳力分等，根据农时季节强弱、技术高低、辛苦程度，逐项逐件进行制订，并先组实验，修订，最后定下来再执行。如同安新光大队，采取"估、试、定、推"的办法，发动群众全面制订。

3. 家庭副业制度

公社为基本核算单位时，《中共中央关于在农村建立人民公社问题的决议》指出，"自留地可能在并社中变为集体经营，零星果树暂时仍归私有，随着生产的发展……自然地变为公有"。1957 年，全省自留地 59.37 万亩，占耕地总面积的 2.67%，人均 5.82 厘。1958 年，全省绝大部分地区自留地收归集体经营，家庭副业受到很大影响。

生产大队为基本核算单位，集体生产发展迅速，个体经营活跃。首先，恢复了社员自留地，人均自留地 3~5 厘，约占人均土地面积的 2%~3%。饲料作物、小杂粮和各种菜类等有了很大发展。该阶段，自留地数量也呈现一定波动。1960 年 4 月，福建大搞"食堂普遍化"，多地收回自留地。同年 6 月底，共有自留地 3.13 万亩，比 1959 年底减少 29.81%。1960年底，福建贯彻中央十二条政策，共有自留地 61.02 万亩，比 6 月增加41.25%[116]。1961 年 5 月，福建发布《关于社员自留地的规定》指出，社员自留地以占土地 5%标准分配，户均 2~5 分地。1961 年 6 月，福建自留地增至 86.41 万亩，较 1960 年底增加 41.61%。其次，由于贯彻家禽家畜"公养私养并举"方针，小家禽发展较快。据 24 个县统计，1959

年 3~5 月，鸡鸭鹅共有 682 万头，户均 5.1 头，比 3 月增长 150%。最后，采集，渔猎，收工编织等个体经济有所恢复，家庭副业收入有所增加。

生产队为基本核算单位时，《农村人民公社工作条例修正草案》规定，家庭副业是社会主义经济必要补充，属于集体所有制经济和全民所有制经济，在积极办好集体经济，保证集体经济绝对优势下，人民公社应该允许和鼓励社员利用剩余时间和假日发展家庭副业，增加社会产品，增加社员收入，活跃农村市场①。1962 年，福建林牧副渔收入为 9577.5 万元，占总收入的比例为 11.23%。1966 年后，福建农业强调"以粮为纲""备战夺粮"等，使得农业全面发展受到影响。如德化县，1970 年初搞了一场"粮瓷之争"大辩论，大批所谓办瓷厂"抓了钱，丢了粮"，在县革委会命令下，所有社办队办瓷厂一律砍掉，集中劳力抓粮食。20 世纪 70 年代初，在农副业发展上，强调多种经营全面发展。1971 年 12 月《关于农村人民公社分配问题的指示》指出农业须全面发展，不能把政策允许的多种经营当作资本主义批判。随后，福建允许社员适当经营自留地和家庭副业。1972 年，福建对一些农副产品如茶叶、甘蔗、毛竹等调价，并对一些农副产品进行奖售。这些举措对家庭副业的繁荣发展起到积极作用。人民公社消亡时期，福建大力发展多种经营，对于政策允许的家庭副业，只要不妨碍集体生产发展，就大力鼓励和支持，不限制②。1978 年，福建制定《关于当前农村人公社经营管理若干问题的规定》，从政策上保证农业多种经营和副业发展。1962~1985 年，福建家庭副业发展过程曲折，但总体上是不断增长的，据统计，福建农村副业产值由 2.04 亿元增加到 9.22 亿元，年均增长 6.7%。

总之，人民公社时期，家庭副业是国家处理与农民关系的缓冲机制，它在集体产权下维持了农民最基本生活水平，减轻了农民对生活的不满，同时也保障了国家抽取农业剩余的有序进行。

---

① 《当代中国农业合作化》编辑室. 建国以来农业合作化史料汇编 [M]. 北京：中共党史出版社，1992：738.

② 《马兴元同志在省委工作会议上的讲话》，1977 年 4 月 25 日，转自中共福建省委党史研究室. 中共福建地方史（社会主义时期）[M]. 北京：中央文献出版社，2008：650.

4. 工分制度

工分制度是农业合作化和人民公社时重要的劳动评价制度，是衡量一个生产（大）队收入水平和劳动生产效率高低标志。人民公社建立后，分配制度以供给制和补贴制为主，暂停了工分制。"三年自然灾害"后，国家对人民公社体制进行调整并重启工分制度直至人民公社结束。总体上，人民公社工分值是逐年下降的。如建阳上水南等 10 个生产队工分值 1960 年比 1957 年低了近一倍多①。究其原因：一是生产收入不高，从长汀翠峰等 6 个大队情况看，其收入水平逐年下降，降幅最高达 40%。二是大队或队扣留多分配少②，如霞浦江边大队等 6 个大队或队，1958 年和 1959 年扣留比例均比 1957 年多。三是花工多③。如漳平和春大队 1960 年花工 91.6 万分，比 1957 年增加近一倍[117]。

工分制试图直接准确地计量单个社员在集体总劳动时间中的个别劳动时间，以及总劳动量中的个体劳动量，但实际上很难操作。至于工分制的影响，学术界普遍认为其挫伤农民生产积极性，影响人民公社效率。本书认为，工分制在人民公社存在 20 余年，第一，缓解了国家与农民的紧张程度，部分承认按劳分配且能缓和农民抵触情绪，是辅助国家统购统销的制度安排；第二，工分制下农民劳动报酬是延迟付费情况下支付的，以工分制为基础的公社可将一部分资金用于相关公共福利事业，对于维持公社教育、医疗有促进作用；第三，学术界认为人民公社时期工分，农民之间差距不是很大，一般都是对原先底分的不断确认，且随着年龄增

---

① 关于工分值问题的资料：1961-06-14 [Z]．福州：福建省档案馆（全宗 106，目录 6，案卷号 11）：13-15．

② 对于扣留多，一是由于不顾成本核算和乱指挥生产导致的生产成本高，如在 1958 年，阳溪大队高达 66.6%；二是国家税收增加，如翠峰大队和福溪生产队，1960 年税收占收入比例比 1957 年增加一倍；三是公共积累逐年增长。

③ 本研究认为有以下六个"工"导致了花工多：无效劳动多，如建阳徐坂大队官元生产队，1960 年用工本来只要 17 万，由于瞎指挥，劳动效率不高，多花 26 万，无效劳动占 34%；后勤工分多，漳浦缓南大队后勤工占 31.2%，建阳水尾生产队竟高达 41.6%，户均负担 1135 分，人均负担 272 分；乱记工，多记分，建阳县，插秧，1957 年一亩 7 分，1960 年增加到 30 分，砍柴 1957 年一天 10 分，1960 年一天 20 分等；基建工分多，且全部参加农业分配，长汀荣丰生产队 1960 年修水库，修公路，开万宝山等基建工达 7 万多分，占总工分 31.11%；干部补贴工分多，闽侯关口大队 1960 年干部补贴工分达 26000 多分，比 1957 年增加 3 倍，占总工分的 3.9%；义务工多，长乐丰野大队 1960 年担负义务工 10 万多分，占总工分的 9.3%。

长而增加①，本书认为，农民间工分值差距不大反映了党和国家的主流意识形态，体现了分配中的公平优先原则，是保障人民公社平稳运行的重要制度保证之一。

第四节　农业收入分配制度变迁

一、土地改革时期

土改后，农民拥有土地剩余索取权，农业收入分配在家庭内部进行，主要体现在农民收入水平提高，具体将在第六章阐述，在此不再赘述。

二、农业合作化时期

1. 互助组时期

互助组是基于农民家庭基础上的劳动协作经营，对农民家庭约束力较弱，农业收入分配与土改时期无异，也主要体现在农民收入水平变化上，将在第六章有阐述，在此不再赘述。

2. 初级社时期

初级社收益分红分为农业和副业两个方面，各地、各社略有差别。副业劳动部分和农业劳动部分一起共同分配，分红分一年春秋两次，秋后以此算账。农业方面分为土地分成和劳动力分成（两者分红又区分为定产和增产两部分）。在本着刺激农民劳动积极性以及逐渐淡化农户对土地依赖前提下，劳动力分红通常比土地分红高，一般约占60%。如福州郑依姆合作社，定产部分分配比例是土地占40%，劳动力占60%，增产部分按土地30%，劳动力70%比例分配（所有以上的分配是在总收入中扣除了3%的公积金后所得进行分配）；建阳葛老五合作社，定产部分土地占40%，劳

---

① 张乐天. 告别理想：人民公社制度研究 [M]. 上海：上海人民出版社，2005：256；辛逸. 农村人民公社分配制度研究 [M]. 北京：中共党史出版社，2005：134.

动力占 55%，公积金占 5%，增产部分分配比例是劳动力占 95%，公积金占 5%，土地不分红。副业方面，郑依姆合作社是副业纯收入和农业劳动分配部分统一按工分分配；葛老五合作社除资本三七分红外的纯收入，5% 作公积金，95% 全部归劳动分红。

3. 高级社时期

（1）劳动报酬。福建一般采取按件计酬制，其方法有三种：其一，一个农活季节内，实行固定地段个人负责制；其二，同一地段内，实行一个小组拉拢作业法；其三，协作农活内，加强计划和合理分工，每一个劳动力在一个工序上固定下来，以便考察勤惰和技术高低。

（2）按劳分配。1956 年 6 月，福建省委召开全省生产工作会议，重点讨论高级社按劳分配问题。首先，在处理国家、合作社和社员三方面关系上，贯彻"少扣多分"原则，保证绝大多数社员增收。福建规定，国家税收、社内公积金和公益金等公共积累以及生产费用占全社总收入的 30%～40%，分配给社员报酬占 60%～70%。为了便于按实际收入进行分配，社员作价卖给合作社的农家肥料，其价款虽摊还给社员，但也计算在集体部分之内。其次，"按劳取酬、多劳多得"，反对平均主义，这有效激励社员个体劳动积极性，促进集体经营效益。在此原则下，合作社须先完成国家粮食征购，分给社员基本生活口粮，按劳动工分分配。不但前述粮食分配实行按劳分配，社内款项分配亦是如此。如南安莲塘村高级社，贯彻"按劳取酬、多劳多得"，男女同工同酬分配原则，采取粮、款分别分配。粮食分配，先扣种子、饲料和公粮，后按人、劳动力二八开分配。再次，定期预支制度。这解决了社员生活开支困难问题，多劳多支提高了出工率和生产效率。如闽清县梅城农业社自 1956 年夏收后制定每月逢二预支三次部分劳动报酬，规定，农业生产社员按每旬所得劳动工分 30% 预支；副业生产社员因系粮食统销户，经常需要买粮，按每旬所得工分 70% 预支；生病、婚丧等特殊情况，临时申请照顾。该社每月预支遵循"平时少支，年节多支"原则，一般大节多支 20%，小节多支 10%[118]。最后，统一评分计酬，即农副业统一按劳动和技术评分，统一计酬。如顺昌建峰农业社 1956年把农业、畜牧业、手工业等按技术高低，花费劳力大小等评为七等，再按不同等级评分，农业一般翻田除草一天评十分，犁田耙田等技术工评十三四分。这样农副业报酬平衡、合理，社员不会"这山指望那山高"[119]。

三、人民公社时期

人民公社确立阶段，基本核算单位变动带来了分配制度变化。

（1）公社为基本核算单位。在该阶段，分配方式主要有三种：一是粮食（或伙食）供给加工资制，它保证了人们吃饭问题，较合适收入水平低的社；二是基本工资加奖励制，这适合不具备实行供给制的社；福建倾向于第三种分配方式，即供给加补贴制，它保证了人们必要的生活水平①，如城门人民公社1958年9月公布的分配方案②。供给制是在人们美好的理想、憧憬中被创造出来，它契合了人民公社的政治理想和人们对过去战时共产主义的留恋，满足了大部分穷苦民众的基本生活。

（2）管理区为基本核算单位。公社化后，福建供给制一般占社员消费部分的50%~60%，有的高达70%~80%，工资部分太少将影响社员劳动积极性。福建强调劳动报酬，规定工资部分占社员消费部分的70%，供给部分占30%，供给形式主要有伙食供给制、全部口粮供给制、部分口粮供给制和一包二照顾。据档案不完全统计，全省12296个基本核算单位中，口粮50%以上供给和口粮50%以下供给分别为7826个和3090个，占核算单位总数的88.77%③。在实行伙食供给制或全部口粮供给制地区规定，"定工吃饭，旷工交钱"。其办法有四种：一是基本劳动日制，即根据劳动等级，规定全年劳动日数，完成了供给全享受，无故完不成，缺的劳动日应摊伙食钱，所作的工分全部参加工作分配。二是伙食工分制，即全年劳动日中扣除一定比例工分作为伙食工分，不参加工作分配。三是基本劳动力与伙食工分相结合，公社规定每一劳动力基本劳动日和伙食工分标准，如果一户全年应分摊的伙食工分占到应做基本劳动日50%以下，扣除伙食工分后，其余工分全部参加工作分配，反之则以扣除实做劳动工分的50%作为伙食工分，另50%参加工资分配。如占到60%以上，则以应做的劳动日

① 福建农村发展研究中心. 福建省农业合作经济史料：第2卷［M］. 福州：福建科学技术出版社，1991：543-547.

② 农业社（人民公社）收益分配调查的规定通知：1958-09-24［Z］. 福州：福建省档案馆（全宗180，目录4，卷宗37）：71-75.

③ 中共福建省委农村工作部收入分配统计表：1960-04-09［Z］. 福州：福建省档案馆（全宗106，目录3，案卷号32）：65.

的40%参加工资分配。四是基本劳动日,基本肥料投资与伙食供给结合[120]。工资分配方面,福建基本采用高级社定额管理或"死分活评",一年预支几次。据统计,1959年在14736个基本核算单位中,13410个单位采取此种方式,占比91%[121]。收入分配方面,公社三级总收入中,积累占比41.8%,分配给社员占比58.2%;公社一级收入中,积累和分配给社员分别占比70.28%和29.72%;基本核算单位收入中,积累和分配分别占比41.77%和58.23%;包产单位收入分配中,积累和分配分别占比10.57%和89.43%①,这种分配方式基本符合广州会议提出的保证90%以上社员增加收入要求。

(3)基本核算单位为生产大队。该时段收入分配情况是:国家税收、管理费用下降,公积金、公益金提高,生产费用绝对数增加比重下降。1960~1961年,国家税收、管理费、公积金和公益金分别减少19.1%、8.47%、43.9%和254.94%。分配中,国家实行少扣多分原则,其中分配给社员部分占62.87%,如果算公益金,则共占65%[122]。国家税收减少源于国家对灾区税收照顾,以及部分社队编税和出售农、渔、副产品所得税不在决分报表中反映。公益金增加250%是由于供给制包"五保户"衣、食,照顾烈军属和困难户生活所造成。生产费用绝对数增加比重下降,一方面受价格因素影响,部分社、队施高价肥,个别地区生产费用跨年度处理,农家施肥改记工分为现金收购,小农具增添修补较多,灾后种子用工增加等因素造成;另一方面还受使用费用减少因素影响,如经营管理改善,农具耗损和商品肥料减少等。农业经济进入调整阶段后,分配制度多以贯彻多劳多得为主,并减少供给份额,如福安地委提出分配中侧重劳动与收入挂钩②。

---

① 中共福建省委农村工作部收入分配统计表:1960-04-09[Z].福州:福建省档案馆(全宗106,目录3,案卷号32):58-62.

② 福安地委提出的四点分配原则是:①超产粮按劳动工分分配,拿出部分按交肥数量分配,还可以拿部分奖给工分、肥料超定额的;②基本口粮25斤中,可以拿2~5斤按劳动工分分配等,但口粮不能低于20斤;③超产小队中个别不好好劳动的人,按其未完成底分比例扣除,但口粮不要少于20斤;减产的小队中有的人劳动很好,如因赔产口粮达不到25斤的,可多于一般人,但也不应超过25斤;④不搞集体生产只搞个人副业的,不能拿钱买工分,要少吃,但也不要少于20斤。参见中共福安地委整风整社办公室:《关于地县书记蹲点情况汇报》,1961年5月6日,转自中共福建省委党史研究室.中共福建地方史(社会主义时期)[M].北京:中央文献出版社,2008:364.

（4）基本核算单位为生产队。1962 年，根据福建 575 个大队基本核算单位（占 98.63%），137912 个生产队基本核算单位（占 88.67%）统计，全省人民公社三级集体经济总收入 105356 万元，比 1961 年减少了 9.88%[①]。1962 年集体经济总收入减少原因除物价因素、部分社队因灾歉收外，主要与部分社队干部管理经验不足，社员更重视家庭副业生产，社队办企业停办等有关。1961~1962 年，国家、集体、社员间的分配比例由 65：31：64 转变变为 5：35：60，其中分配给社员的降低 6.25%，集体部分提高 12.9%，积累增加 4%，积累和消费比例由 36：64 变为 40：60，若扣除公益金，则积累和消费比例由 34：66 变为 38：62。

国家税款增加，一方面是税款绝对数略有增加，另一方面因为总收入减少，但农业税并未降低，故税收在分配中比重相对提高。生产费用增加，一是受价格因素影响，部分社、队施高价肥；二是农家肥改记工分为现金收购，加上小农具增添修补多，灾后种子用量增加，有些社队把非生产性开支列入生产费用，导致生产费用提高。管理费用增加是由于 1962 年干部误工补贴面广、数量多，全省平均干部误工补贴劳动日占参加集体分配劳动日的 2.64%。同时，1961 年，有些大队干部补贴是在社、队办企业利润中开支，1962 年，社、队办企业大部分停办或下放，故不能在利润中开支。基本核算单位下放后，社员自主经营意识加强，购买耕牛、农具，兴修农田水利等基本建设费用有所增加，故公积金增加。另有部分社、队因当年生产费用开支过大，将当年生产费用列入公积金项下开支。公益金降低主要是五保户、困难户，照顾面小，部分社、队照顾标准比 1961 年降低。社员分配比重降低是受国家税收，生产费用，管理费用，公积金等集体扣留增多的影响。

人民公社发展阶段，虽受"农业学大寨"影响，福建基本延续按劳分配制度。人民公社消亡阶段，农村实行家庭承包责任制，采取统一经营与分散经营相结合，既体现农业生产特点，又适应农业现代化生产发展需要，突破了平均主义，把按劳动日分配变为联系最终产品分配，有效地克服了平均主义"穷过渡"弊端。1962~1985 年，国家实行了按劳动日记工分的按劳分配，多劳多得，但平均主义仍贯穿于整个过程。这样的分配制

---

① 福建省 1962 年农村人民公社收益分配情况：1963-06-20 [Z]. 福州：福建省档案馆（全宗 180，目录 4，案卷号 808）：2.

度不利于激励农民生产，但能满足农民基本生活保障的愿望，增强其对国家的依赖，服务于国家计划完成。随着社会发展，这项制度既不度量劳动投入，也不能平衡劳动产出的工资合约与农民追求更加美好生活间矛盾冲突，导致农业经营制度安排成本过高，为向家庭承包责任制过渡奠定了基础。

第五节　福建农业经营制度创新

一、包耕制与包工制

1. 包耕制

包耕制是福建农业合作化时的制度创新，是农业生产领域内的责任制，劳动按件计资，将集体生产任务承包给个人或生产小组，克服了个人生产分散、生产资料不足以及信息无法共享的缺点，在满足个体或小组生产条件下，给予其一定剩余索取权。1952 年，闽侯专区 528 个合作社，大多都实行了各种形式包耕制。

初级社时，包耕制有以下五种形式：

（1）临时包耕，即根据生产需要，定出某种农活工分标准后，视生产需要包给生产小组或社员个人。如罗源同心社定出好园和近园每收 60 斤番薯米评 10 分，坏园和远园每收 50 斤番薯米评 10 分。这种包耕形式适合规模较小和新办的社，其优点是灵活、简便、群众易于接受，缺点是农活零碎、缺乏连贯性，包耕时容易漏掉农活。

（2）季节包耕，即将一个生产季节的若干农活，分项定工分标准，再计算每项农活需要工数，一季内各项农活花工数总和，便是包耕数，由劳动小组承包，按事先规定的时间、质量和数量完成。季节划分为：一般是从犁田、耙田……到插秧完为一季节；插秧后从耘草、追肥……到夏收为止为一个季节；夏收后从耘草、追肥……到秋收为止为一个季节；秋收后到冬种春收止，则属明年生产，但也划为一个季节。

（3）全年包耕，即在季节包耕基础上进一步发展，是把从冬耕到秋收的各季节各项农活所花工数，包给各生产小组耕作经营。这可保证生产的连贯性，较适合规模较大的老社。

（4）包耕包产，即所谓"四定"（定工、定时、定质、定产）包耕制。这是合作社中较高级经营管理形式，需要合作社有常年包耕或季节包耕经验，其实施原则是增产受奖，减产赔偿。包耕包产给予社员充分的土地经营权、收益权和分配权，其劳动努力程度与收入呈正相关，极大地刺激了农户生产积极性。如1953年，闽侯四区白武村合作社实行包耕包产制后，生产目的明确，社员责任心强，劳动积极性高，即使经历了严重的风、旱、虫等自然灾害，粮食仍增产21%。

（5）农活具体站队。大型农活，小组集体固定包工；技术性和专业性的，专人包工；零碎活和突击工活，如抗旱戽水、拔稗草等因标准数难确定，暂时不包，由社统一掌握调配，采用死分活评的办法计算工分。

包耕制下个人或生产小组获得了农业剩余索取权，并产生了积极的效应主要有以下四个方面。①社员劳动效率提高。包耕制依据劳动效果计分、多劳多得，克服了浪费工、怠工、窝工问题。如闽清四保社，原先23个全半劳力花8天完成的插秧只需6天，劳动效率提高了25%。②农业社运行效率高。未实施包耕制前，社干部疲于拨工、评工记分等日常琐事，社内生产成本消耗巨大，影响了社经济效益。包耕制事先计算各组劳动力数及技术强弱后安排承包任务，生产过程中严加督察，保证任务顺利完成。包耕制下的初级社组织运行效率得到较大提升。③农村生产潜力不断被挖掘。包耕制后，农村妇女和半劳力在自己承包任务内最大限度发挥劳动潜力。④生产责任明确。社监督制度避免了以往粗糙赶工、生产无人负责现象，社员各司其职，各尽其责。

2. 包工制

初级社时，福建农业广泛推行包工制。包工制办法具体有三种：一是集体包工，即较大的、整体的和固定的农活包给各生产小组；二是专人包工，即技术性较高或专业性的工作包给专人或数人操作；三是突击工与临时工，包括需要劳动力大、时间性强的工种和难以预计的工种以及一些杂工。包工制形式上，福建部分社采取以下几种模式：一是小段包工，即将农活按段包给各小组；二是季节包工，即将农活按季节包给小组生产；三是常年包工，即将能包工的工种，按全年包给各生产小组。随着整社运动的开展，福建许多新社改变"临时派工"办法，积极推广"小段包工制"①，这既发挥耕作小组主动性，又确立生产分工责任制，克服"现计划、现扒工"的包办忙乱和无人负责问题。如武平县荷角村初级社实行"小段包工制"后，不但评分较以前简单，还加强耕作小组责任心，社员主动出工、出勤率高，劳动效率提高 24%。随着耕作区和耕作小组逐步固定以及包工经验积累，有的社还推行"包工包产"制。据龙溪专区统计，1954～1955 年，实行"包工包产"社所占全区比例由 9.05% 增加到 18.88%；"包工不包产"所占比例由 42.4% 增加至 62.11%；"临时派工"所占比例由 42.1% 下降至 18.89%②。

包工包产实行生产责任制，促进计划管理，避免无人负责的问题，同时它实行经济核算，体现了按劳取酬原则，克服了平均主义，提高了人们生产积极性与创造性，贯彻了生产计划管理，加强了生产队的领导责任。包工包产是合作化时期农业经营制度创新，进一步加强了生产的计划性和责任制，激发了农民积极性。如闽侯县西塘乡白武村农业社实行包工包产后，全社包产定额增产 20%，另据闽侯、闽清和长乐 3 个县 710 个社统计，1955 年夏季生产中，农业增产社占比 74%，平产社占比 15.7%，另有 10.33% 的社因遭灾或管理不善而减产③。

---

① 小段包工是指在一个生产小段内把要做的或容易定额的活，按照规定定额，包给生产小组或社员个人。小段包工的好处在于：包工时间短，简单灵活，适应初级社的管理经验和社员接受程度；将农活数量和质量包给社员或生产小组，加强了社员对生产的责任心；能够有效贯彻"多劳多得"原则，激发社员劳动积极性；包工有利于合理使用劳动力；包工对于妇女或半劳动力而言，利于调动他们的积极性。小段包工的具体步骤有如下：第一，根据劳力强弱，技术高低，骨干多少和利于生产，并照顾居住远近，感情好坏，划分劳力小组以及土地毗邻远近、耕作难易等条件划分耕作区；第二，根据生产计划，将所包给农户或生产小组的活，定出各种质量标准（如犁地深度、密度，割稻不漏镰、不折穗、打得净、抖得清等）；第三，定出标准定额，如在社内劳力中找出一个中等劳动力，再在所要包的活中找出一块一般田，根据各种农活质量要求和目前生产情况确定一个普通劳力在一般田里一天能做多少活，评出各种农活花工的标准定额，评定时参照农民以往的工作经验和社员劳动效率，然后根据既定的标准工，评出各种农活做一个工应得工分，即标准工分；第四，根据各种农活标准工分，把全社所要包的农活逐坵评出工分数，评定时照顾土地的自然条件和生产工具条件。小段包工的形式主要有：集体包工，即对于较大固定农活，如挖稻根、犁田、插秧等，以小队为单位，集体包工，由小队长负责排工，以死分活评办法，评定社员当天劳动应得工分；个人包工，按件计工，这是针对技术性和个人包工有利耕作的农活和零碎活，如水稻播种育秧、割牛草、采绿肥等；突击工，如抗旱、修水利等，由社统一掌握，临时调配操作，采用死分活评。

② 许永杰.福建农业合作化历史［M］.福州：福建人民出版社，2011：91.

③ 许永杰.福建农业合作化历史［M］.福州：福建人民出版社，2011：92.

二、单改双、间改连与稻豆两熟

为了提高农地的产出效率，合作化期间福建农业经营的技术改造主要体现在改进耕作制度上。合作化期间耕作制度的改变主要有：改单季稻为双季稻（包括间作稻与连作稻），改单季稻为稻豆两熟（包括豆稻两熟），稻薯两熟，改间作稻为连作稻，培育再生稻，间作稻的晚稻秧地利用种双季稻，甘薯与大豆间作以及改冬闲为冬种等。从地区看：以单季稻为主地区，多以单季稻改双季稻，改稻豆两熟再冬种油菜、小麦为重点，其次培育再生稻；以间作稻为主地区，多以改间作稻为连作稻为重点，其次是以改冬闲为冬种，单季稻改双季稻，此外利用间作稻的晚稻秧地种双季稻；以连作稻为主地区，则以扩大冬种为主，部分单季稻地区提倡改双季稻；以旱作为主地区，则以充分利用花生收获后休闲地以及甘薯、大豆间作为重点，其他旱作物的间作套种次之。

1956 年，福建改变耕作制度达 280 多万亩，是解放后几年来总和的 4 倍。其中，单季稻改双季稻 180 多万亩，为解放后几年来改制面积总和的 10 倍，间作稻改连作稻 55 多万亩，较 1954 年增加约 20 倍。1956 年福建全省粮食增产 13 亿斤。其中，改变耕作制度增产 6 亿多斤。1955 年建阳农业试验站进行改单季稻为稻豆两熟田 19.99 亩，每亩平均收稻谷 560 斤，秋大豆 188 斤，合计全年折稻谷 937 斤，比 1954 年单季晚稻每亩增产 51.6%[123]。

单改双，间改连，稻豆两熟的增产效果，具体如下：

（1）单改双。一般每亩增产 150 斤左右，浦城 1956 年扩种双季稻 66000 多亩，有 90% 田地获得增产，每亩平均 156 斤，沙县平均每亩增产 155 斤。

（2）间改连。每亩一般增产 110~150 斤。据 1954 年不完全统计，间作稻改连作稻 2.91 万亩，每亩增产 100 斤以上。闽侯县农场 1952 年开始进行改变耕作制度试验，在 5 亩丰产田上试验连作制，亩产 1524 斤，比全场间作稻每亩产增产 57.9%。1953 年连作稻扩大至 31.55 亩，亩产 1087.6 斤，比间作稻增产 180.6 斤。1955 年 90.45 亩连作稻虽受虫害，但全年产量连作稻（1027.65 斤/亩），仍比间作稻每亩高出 18.17 斤①。

①　闽侯县农场四年来水稻间作稻改连作稻栽培技术经验：1955-12 [Z]. 福州：福建省档案馆（全宗 303，目录 3，案卷号 413）：2-4.

（3）稻豆两熟。据 1954 年不完全统计，福建单季稻改稻豆两熟 4.55 万亩，每亩增收大豆约 60 斤，单季稻改豆稻两熟 3.06 万亩，每亩增收春大豆 80 斤以上。1955 年建阳农业试验站，进行改单季稻为稻豆两熟田 19.99 亩，每亩平均收稻谷 560 斤，秋大豆 188 斤，合计全年折稻谷 937 斤，比 1954 年单季晚稻产量每亩增产 51.6%[123]。

三、三包一奖和大包干

"三包一奖"即包工、包产、包成本和超产奖励，是农业合作化时重要的经营管理制度之一。它实行生产责任制，落实责任到人，体现社会主义按劳取酬，克服平均主义，提高社员劳动积极性和创造性，是提高合作社劳动效率的有效措施。

福建以计划产量作为包产产量，包产时不否定原来计划，如果计划偏高偏低则包产时加以修订。新社暂以"三定"（定时、定质、定量）产量，老社以去年实产量（如去年遇有灾害可以常年产量）作基础，加上当年增产指标。在实施步骤上，新社一般先确定耕作区，定生产计划和包产，然后再按生产队分组划片。对于超额完成计划产量的，以超额部分的 70% 折合成劳动日记给原生产单位作为奖励，达不到计划产量，则按达不到产量差额的 30% 计算。劳动定额是包工包产基础，一般以平均定额（中等劳动力的水平）为标准。定额计算方法主要有两种：一是以工作日为单位，每一种农活一个工作日内所应完成的数量和质量按季按类将农活分等，以中等活的一个定额算作一个劳动日；二是以农活单位（田间劳动多以亩计）为标准，定出质量要求，然后直接由亩定出每种活记分，十分算作一个劳动日。全省劳动定额形式主要有三种：一是较大农活实行小段包工，定额到组，组内评工记分；二是田间管理和其他可以按件计酬农活，定额到人，按数量和质量计酬；三是不易定额农活，采取死分活评的方法[124]。

"三包"制在调动社员劳动积极性的同时，也存在一些问题。如评定包工指标，不区别畜力强弱和耕作远近，出现指标偏高、偏低或不根据土地质量包给产量而造成产品质量参差不齐等，为此，福建有的高级社实施"四包"生产责任制，即包产、包工、包成本、包质量。这比"三包"更能调动社员生产积极性。如福清音西高级社园中二队实施"四包"后，社员备耕生产积极性空前高涨，春耕前，霞盛村 10 个生产队，"四包"前只有 3 个队改良土壤，责任制落实后，有 9 个队投入改良土壤，1957 年春耕前，全社共改良土壤 600 多亩。

人民公社期间，福建继续推行"三包一奖"。1961 年"农业六十条"出台后，福建采取"三包一奖"措施，据 78596 个生产队统计，包产完成和分配兑现情况如下：超产队占 45.44%，平产队占 14.46%，减产队占 40.1%；兑现金额为 33070 万元，占分配总数的 60.55%。这样的制度调整扩大了生产队自主权，突破了公社束缚，有效地发挥了社员积极性，对恢复农村经济、抗击自然灾害等起到积极作用。

1961 年，福建农业经营中出现了"大包干"，即生产队在完成征购粮、公积金、公益金和管理费包干上缴后，自行分配、自负盈亏。此时土地产权在大队，生产队拥有土地部分使用权，收益权、分配权和部分生产资料所有权。这样的制度设计有效促进了农村经济发展。如建瓯县大包干调动了群众积极性，推动了冬季生产①。

在"大包干"的基础上，福建各地还出现了包干到户。据晋江专区 5 个县统计，包产到户生产队有 3982 个，占生产队总数的 28.7%。包产到户内容上各不相同，有的是全部作物包到户，有的是部分作物包到户，有的类似"井田制"办法②。分配土地有按人口、劳力、土地证、人劳四种。

1962 年后，福建还对生产责任制进行了初步探索。1962 年 7 月，福建在漳州召开龙溪、龙岩、晋江 3 个地委书记和龙海、漳浦、诏安、平和、长泰 5 个县委书记座谈会，就包产到户的问题展开讨论③。这些探索是地方政府在既有制度环境不变下的创新尝试，对促进地方经济发展，弥补现有农业经营制度不足具有积极的维护作用。

---

① 建瓯县关于基本核算单位下放和大包干的试点工作会议总结：1962-01-04 [Z]. 福州：福建省档案馆（全宗 106，目录 7，案卷号 11）：5-6.
② "井田制"即除部分田集体耕种，专为交集体征购粮外，其余土地全部包到户。
③ 中共福建省委党史研究室. 中共福建地方史（社会主义时期）[M]. 北京：中央文献出版社，2008：398.

第六章 基于不同农地产权视角下福建农业经营制度绩效分析

本章在农业经营制度背景和农业经营制度安排的基础上，结合农地产权变迁，阐述福建不同时期农业经营制度绩效及其影响农业经济发展的原因，对不同制度背景下农业经营制度绩效进行比较分析。本章分析的时序是按照土地改革、农业合作化和人民公社三个时期展开的。

第一节　农业经营制度变迁

一、土地改革时期：农地农民私有家庭分散经营

土改后，我国农地产权较为完整。《中华人民共和国土地改革法》（以下简称《土地改革法》）明确指出，土地改革的目的是废除地主阶级封建剥削的土地所有制，实行农民的土地所有制，这表明农地所有权归农民。《土地改革法》第十一条指出，分配土地，以乡或等于乡的行政村为单位，在原耕基础上，按土地数量、质量及其位置远近，用抽补调整方法按人口统一分配之，这表明土地占有和使用权归农民拥有。《土地改革法》第三十条规定，土改后，由人民政府确权，发土地所有证，并承认一切土地所有者自由经营、出租及买卖其土地的权利。自由经营意味着农民掌握着土地收益；出租说明农民拥有土地处置权[125]。此时农地产权并非绝对排他，这缘于我国在20世纪50年代始终没有颁布保障私有财产不可侵犯的宪法和民法，没有将农民处置自有土地作为治国的基本法律。因此，这种产权制度强度在私有权中是较弱的，它随着国家政策或战略的变化而变革。

土改后，农业经营为农地私有家庭分散经营，它促进了福建农村经济的发展，农业生产和国民经济迅速恢复，农民生产积极性高涨，农村生产力得到解放。

二、农业合作化时期：农地混合所有混合经营

农业互助组在土地改革时期就已产生，相较于土改农地私有家庭分散经营，互助组是在农地私有和家庭经营基础上的劳动协作经营。虽然互助组在数量上未占较大比例，但它已逐步改变农民农业经营理念，且互助组所表现出的优越性为初级社和高级社的发展奠定了基础。初级农业生产合作社是以土地入股分红、统一经营、按劳分配为特点的具有半社会主义性质合作经济。初级农业生产合作社没有触及农民土地等生产资料所有权。因此，初级农业生产合作社内农民个体和集体积极性都得到充分发挥。高级社土地所有权归集体，社规模扩大，农业集中经营，在高级农业生产合作社，农业经济虽得到一定发展，但过快、过粗的农业经营方式已对农业绩效产生了一定的负面影响。

三、人民公社时期：农地集体所有集体经营

1958～1985 年，福建人民公社经历了多次农地制度和核算单位变更，人民公社确立时期为公社体制调整最为频繁阶段，基本核算单位调整了三次，农地产权也随之变革了三次。

首先，1958 年 8 月至 1959 年 1 月以公社为基本核算单位。全国基本实现"大"公社化。公社拥有农地所有权、收益权、分配权和处置权。土地不但无偿归人民公社所有且原来归农民所有的自留地也收归集体。这使农村变成专门为国家提供产品和资金积累的"农业工厂"，社员已不是真正意义上的农民，而是"农业产业工人"。

其次，1959 年 2 月至 1962 年 2 月以管理区（或生产大队）为基本核算单位。1959 年，相当于高级社的生产大队或管理区为公社基本核算单位，土地所有权归公社，管理区是经济核算单位，生产队是一级生产单位。由于"队为基础"（队或称生产大队，相当于高级社），生产小队（相当于初级社）是向大队包产，没有土地所有权，只有有限剩余分配权，

农民生产积极性不明显。在这个阶段，福建农村出现了生产小队（相当于初级社）部分所有制，"大集体中的小家务"等，具体包括对本队劳动力、土地、耕畜和农具有固定使用权，由本单位添置的农具和繁殖的牲畜，归本单位所有；安排作物种植面积时，3%左右的土地可根据本小队具体情况机动使用，其余土地按照生产大队计划安排；在不影响包产任务完成的条件下，生产小队可以尽量利用一切可以利用的零星土地开垦扩种，经营各种小型副业，收入完成归小队所有[126]。

最后，1962年2月以生产队（相当于初级社）为基本核算单位。1962年9月《农村公社工作条例修正草案》规定，"生产队是人民公社中的基本核算单位，实行独立核算，自负盈亏，直接组织生产，组织收益分配"；"生产队范围内的土地，都归生产队所有，生产队所有的土地，包括自留地、自留山、宅基地等等，一律不准出租买卖"；"生产队对生产的经营管理和收益分配，有自主权"。这些表明国家将农村土地产权下放给生产队，在完成国家交售前提下，生产队可在本队范围内分配收益。自留地方面，"一般占生产队耕地面积的5%~7%，归社员家庭使用，长期不变"①，少量自留地对农民保持待在人民公社集体内积极性有一定促进作用。

人民公社发展和消亡阶段，农业经营大部延续"三级所有，队为基础"的制度结构，至1983年，福建99%以上农民选择包产到户终止。"三级所有，队为基础"后，生产队拥有土地所有权、使用权、收益权和分配权，但农地产权是残缺的，主要体现在以下三点：第一，在土地所有权上，生产队无绝对生产资料处分和占有权，国家规定生产队范围内土地一律不准出租和买卖；第二，在土地收益权上，由于统购统销和计划经济，农业资源处置权受行政指令支配，加上农村市场限制，生产队土地收益权不完整；第三，在土地经营权上，生产队一切生产活动听从上级指令以及国家主导的农产品流通体系，无自主经营权。这种产权制度结构导致了人民公社时期农业经营制度监督成本高。虽然产权制度安排存在一定缺陷，但人民公社农业经营制度还是维持了20余年，这是缘于：第一，生产队产权属于非排他性产权，其实施成本低，使国家租金最大化，符合国家利益倾向；第二，生产队产权模糊为中央政府行政系统委托—代理关系所衍生

---

① 《当代中国农业合作化》编辑室. 建国以来农业合作化史料汇编 [M]. 北京：中共党史出版社，1992：735-738.

的，在国家权力无法全面有效下沉至农村时，模糊产权给了地方干部灵活操作空间；第三，农民的理性决定了他们在做出行动之前不断进行成本与收益的权衡以避免自我冲动而付出较大代价。人民公社时期，在共产主义理想、国家政治动员、基层干群政治参与热情等前提下，农民经过权衡，愿意待在人民公社制度框架内。

中华人民共和国成立后至改革开放初期的福建农业经营制度变迁，充分体现了制度非均衡→均衡→非均衡的变革过程。封建地主土地私有制与党和政府战略相左，制度实施的非均衡产生了，土地改革展开并形成了农地私有家庭分散经营。土改后，农民土地私有制促进了农民生产积极性和农业产出，但它与国家过渡时期总路线不符以及引发土地集中、农村社会分化等问题，制度非均衡再次出现，国家通过农业合作化实施农地混合所有混合经营。合作化后非均衡体现在国家大跃进引发的经济快速发展"假象"，使得合作社经营制度安排出现非均衡，人民公社因而兴起。1958年后，"大公社"经营体制使农民生产积极性下降，来自农村制度创新——包工到组、包产到户等出现，"大公社"经营制度安排产生了非均衡，农村经济制度转向"三级所有，队为基础"。20世纪70年代末，家庭承包责任制又是对农业经营制度内非均衡的突破。总之，在追求制度非均衡产生的获利机会所带来收益驱动下，农业经营制度安排的非均衡继续出现在新的经济环境下，引领我国农业经营制度的创新与完善。

第二节 农业经营制度绩效评价指标构建

本书对福建农业经营制度变迁采取制度绩效角度进行阐释。制度绩效是指一项制度安排，在一定时期内，各要素或要素组合完成一项或多项任务所取得的成效、业绩、效果、效率和效益。诺思认为，制度绩效表现为制度有效率或无效率。制度有效率是指在一种约束机制下，参与者的最大化行为导致产出增加。

农业经营制度是农业经济运行的外部环境和体制，是农业经济增长和农村社会发展的前提。制度变革意味着农业经济外部环境和条件发生变化，对农业和农村具有综合性影响。基于此，本书以农业经营制度变迁为研究对象，描述农业经营制度安排变动所引发的农业经济发展变化及其所影响的农村政治、组织等方面。农业经营不仅给人们带来丰富的物质资源，而且对人们的政治生活、社会生活以及生活的环境等众多方面产生影响。受史料及研究局限，本书选择阐述农业经营制度的政治与经济绩效。经济绩效包括农业生产要素投入及其效果、农业生产条件与农业经济发展、农村经济结构变化（主要指农村经济组织、农民收入与购买力、农村市场）、农村人力资源与技术投入（主要指农民教育与农业科技），政治绩效主要指农村基层组织与干部队伍建设。

农业经营制度对农业产出影响主要表现在两个方面：一是直接影响，即不同土地产权制度对人们有不同激励，影响人们土地、人力和财力等的投入；二是间接影响，即在不同土地产权制度下，投入相同数量劳力、生产资料和资金等，也会出现不同产出，这是缘于农民劳动积极性以及使用土地和生产工具的效率有所差异。本书经济绩效的指标选取农业生产要素投入及其效果、农业生产条件（主要指农业基础设施）和农业经济发展（主要指农业产出变化）。

改革开放前，国家政策目标是依靠农业剩余积累国家工业化资本，迅速使国家富强起来，让人民过上幸福的生活。为了实现这一目标，一方面，国家通过互助组、初级社和高级社和人民公社等农村经济组织对农业进行改造，将土地重新集中起来、统一劳动，统一经营；另一方面，国家通过统购统销垄断农产品市场。农业经营制度变迁促进了农村经济组织的多样化，这些农村经济组织形式是实现国家政策和农村治理的有效载体，同时它也顺应着农业经济发展以及农业生产领域的社会分工酝酿出多样化的组织机制。因此，本书选择农村经济组织的变化作为农业经营制度绩效考量指标之一。

农民教育与农业科技是农业经济发展的重要手段，一方面，它体现了农民为农业增产进行自觉学习的过程；另一方面，也反映了国家为发展农业经济而进行的制度供给。同时，在不同农业经营制度下，农民对生产资料和资源等配置和利用有所差异，农民收入和购买力也随之波动。因此，农民收入和购买力变化能直接体现农业经营制度安排绩效。

有研究指出，农业经营制度变革与乡村市场制度变革紧密相关、互为因果关系，较高水平的农业合作制度的持存以强有力的市场为前提，国家对乡村市场的全面掌握则仰仗着农业合作制度的普遍实行。市场原则在农村基层是如此强有力地影响到集体合作组织，它成为合作制度的一部分，并作为合作社的制度安排约束着农民的交换行为。① 因此，研究农业经营制度变迁不能忽视农村市场的变化。

中华人民共和国成立后改革开放初，中国农业经营制度变迁是国家主导下强制性制度变迁，土地改革、互助组、初级社、高级社以及人民公社时期的农业经营制度安排无不体现着国家意志。虽然社会中其他利益集团尝试通过集体行动影响甚至改变制度安排，但在当时制度环境下，中央和最高决策者在农地制度安排中扮演了第一行动集团角色，制度决策者追求的理念或偏好超越于农业经营当事人在制度变迁中的实际预期。该阶段，农业经营制度一直是各级制度制定者与农业经营当事人之间发现、了解、协商等不断磨合和推广的过程。其中，对于党和国家而言，因需得到公众支持最大化，党和国家需建立庞大的农村基层党政组织和干部队伍，强化动员，实现国家意志的基层化。因此，本书农业经营制度政治绩效选取农村基层组织和干部队伍建设为考量指标。

本书的绩效指标与前章中农业经营制度安排的联系如下：农业生产要素变化体现了农业生产制度安排，农业经济发展和农业基础设施建设是反映生产制度的重要指标；农民收入与购买力和农村市场体现了农业收入分配制度；农村经济组织变化直接体现在农业生产组织上；相关政策法令制定与执行需要农村配置大量党政基层组织及大批农村干部；同时，农村人力资源与技术投入也间接体现在农业生产组织上。

第三节　农地产权与农业经营制度绩效机理分析

本书在农村上地产权变革的基础上分析农业经营制度变迁绩效，制度绩效包括政治绩效和经济绩效两个方面。其中，须解释农地产权对农业经营制度绩效指标的影响。本书所关注的农地产权包括所有权、使用权、收益权和处置权。1949~1985 年，农地所有权由私有转变为集体所有，农地使用权、收益权和处置权，农民和集体各个时段掌握有所不同，这对农民

---

① 张乐天. 告别理想——人民公社制度研究 [M]. 北京：东方出版社，1998：100.

生产积极性和农业经营制度绩效产生一定的影响。

1. 农地产权权利束与农业经济绩效

农地产权是一束权利，可分割成所有权、使用权、收益权和处置权。当产权主体拥有某一项权利时，其对资源使用产生一定预期，从而提高资源配置效率。土改时，农民拥有农地所有权利，产权结构较为完整，农民生产积极性较高，农业基础设施（以农地水利、化肥和农业机械来表示）得到一定完善，农业产出、产值等明显提高。农业生产互助组（以下简称"互助组"）时，农地产权的排他性也较强，农业采取劳动协作经营，农业产出较单干时有提高。初级农业生产合作社（以下简称"初级社"）时，社员拥有农地所有权，收益权和处置权在农户与合作社之间进行分割，部分土地使用权归集体，农业经济绩效高，这缘于农民劳作有真实预期，劳动与报酬呈正相关。高级农业生产合作社（以下简称"高级社"）时，社员有退出权及拥有小部分土地处置权。农地产权归集体所有、使用和分配，社员劳动积极性降低，农业经济绩效逐步下降。由于受到前期较好经营绩效影响，农业产出并未出现大幅度下滑，农业基础设施建设也在集体积极性影响下得到一定改善。人民公社时期，农地产权共有，这导致了农业经营的"搭便车"等问题，在这个时段，社员农地产权被剥夺，产权的激励降到最低，农业经济绩效骤降。农地产权下放至生产队后，产权分割得到一定体现，社员拥有农地使用权，且收益权在生产队范围内分配。由于受到国家计划和公社干预，产权分割的激励程度不高，生产队农业经营绩效仅维持农民基本生活水平。改革开放后，家庭承包责任制实行土地包干到户，虽然农地所有权归集体，但农户拥有较真实的农地使用权，收益权等，这使农民对农业经营有了准确预期，产权激励功能增强，农业经济绩效大幅度提高。

2. 农地产权排他性与农业经济绩效

产权的排他性是产权主体对某一资源某项权利的行使具有垄断性，它排斥其他主体对该资源行使相同权利。产权非排他性是产生"外部性"和"搭便车"的主要根源[127]。土地改革、互助组时，农地产权排他；初级社时，农地产权排他程度降低（土地使用权归集体所有，且在收益中已有公共积累）；高级社时农地产权排他减弱（农地所有权、使用权和收益权归集体，社员有退社并带走入社土地的权利，但该权利行使受到种种限制）；土改和合作化时期，受到农村产权的激励，农业经济绩效不断提高，虽然高级社产权排他性减弱，但由于时间短，故对农业经济影响还只停留在减缓其发展速度上。人民公社农地产权分为三个时期。人民公社确立时，农地产权非排他，社员耕种努力被社内其他成员分享，社员个人努力效用被"稀化"，"偷懒"在从众效应影响下，成为社员一致选择。人民公社发展时，生产队拥有农地所有、使用、收益和分配权。生产队范围内农地产权具有一定排他性，比如社员自留地产权是排他性的，但由于受到公社和大队的干扰与影响，平均主义分配制度等，生产队社员"偷懒"普遍，农业经济绩效低速发展。人民公社消亡时，大部分队内实行生产责任制，农业剩余与劳动投入成正比。生产队社员拥有农地占有、使用和收益权，农地产权排他性较强，社员将使用土地与劳动成果联系起来，农民拥有较强预期去挖掘土地最大潜在价值。

3. 农地产权与农业生产要素

关于农地产权对农业绩效影响分析，有研究引入农地使用权、收益权和处分权对农业生产中土地要素效率和劳动力要素效率的影响作为中间环节来探讨农地产权结构影响农业绩效的内在路径问题[128]。这是研究我国家庭承包责任之后，农地产权结构与农业绩效逻辑的理论思路，但对于中华人民共和国成立后至人民公社结束这个时段，还需要考虑农地所有权及资金投入等问题。对于要素效率，本书将分析农地所有权、使用权、收益权和处置权排他性对土地、劳力和资金的投入量和使用效率的影响。

（1）农地所有权与农业生产要素。农地所有权强调因农地产权主体不同而带来的农业生产激励。土改时，农民拥有农地产权，农地所有权排他，产权对农民生产行为呈正向激励，农民生产积极性高，农业生产要素投入提高。合作化时（除高级社外），农地所有权归农户，在农业产出不断提高下，农民更加关注土地，农业劳动力及农业投资进一步增加。人民公社的建立与发展阶段，农地所有权归国家所有，农民失去产权激励，生产"偷懒"行为普遍，农民失去配置农业生产要素积极性和自主权，他们将更多劳力与资本投入于"有限且固定"的自留地上。人民公社消亡阶段，农地所有权归集体，但产权其他权利束排他性不断增强，农业生产要素投入及其效率大幅提升。

（2）农地使用权与农业生产要素。农地使用权强调农业经营主体农地实际使用空间。土改时，土地被均分于农民，土地使用权排他性较强，农业生产要素投入和效率有较大提高。由于生产技术和时间等约束，该阶段生产要素效率提高空间有限。合作化时，农业经营因社员拥有退出权而强化了其对组织决策的影响。同时，农业经营组织实施的经营决策也反映了大部分社员意愿，因而该阶段农业生产要素投入和效率较高。人民公社建立与发展阶段，国家实施指令性计划经济，农业"以粮为纲"，农民为增加粮食产量不断提高耕地复种指数，其他要素缓慢增长。人民公社消亡阶段，农业推行生产责任制，农地使用权排他性增强，农业生产要素投入逐年增加且效率大为提升。

（3）农地收益权与农业生产要素。农地收益权排他性是农户排斥其他主体干预而单独享有农地产出收益的程度。土改时，农民独享农地产出，这增强了农户对农业生产要素安排的关注程度，增加了农业劳动和资金投入。合作化时，不管是土地分红、劳力分红还是按劳分配，社员为追求更多收益增加耕地面积和劳动投入，改进生产资料，增加资金投入。人民公社建立与发展阶段，收益分配是按照工分制在全社范围内平均分配。农地收益权对农户劳动报酬具有较大外部性，农业生产要素投入及其效率较低。人民公社消亡阶段，农户劳动与报酬随着农业产出增长而增加，这激励农户增加农地数量，提高劳动生产率，增加农业投资。

（4）农地处置权与农业生产要素。农地处置权主要表现在农地买卖、处置和转让等方面。土改时，农地处置权具有较强排他性，农地向生产能力较强的产权主体流动，农民劳动生产效率提高，农民间劳动协作逐渐形成，新分得土地的农户开始增加资金投入。互助组和初级社时，社员农地处置权排他性也较强，社员会因社的效益好坏而配置农业生产要素。高级社时，由于社员退出权受限，农民对土地和投资的关注度减弱，劳动生产率趋慢。人民公社建立与发展时，国家管制农地处置权，户籍制度限制了农业劳动力流动以及国家禁止社员退社等，使得社内农业生产要素无法自由流动，农业生产要素效率较低。人民公社消亡阶段，农地处置权自由逐渐增强，农民在农业经营预期的指引下配置农业生产要素，加强精耕细作，固着劳动力在产出效率高的农地上，增加生产工具、肥料和资金的投入量。

本书以耕地总量及人均占有量，土地利用效率（以粮食作物播种面积及耕地复种指数表示）和土地产出效率表示土地效率（以粮食作物单位面积产量表示）；劳动力效率以农业劳动力投入总量变化、劳动力流动以及劳动生产率表示；资金效率以投入农业资金以及资金要素市场表示（资金要素市场主要以农村合作金融组织即农村信用合作社来探讨）。

4. 农地产权与农村经济组织

农村经济组织是农地产权主体进行农业经营的载体，其效率影响组织产出，进而影响农业绩效。土改时，农地产权排他性强，农业经营以家庭为基本单元。农户家庭内交易和监督成本低，农业绩效较为明显。互助组是农户自愿组成的劳动协作组织，农地产权归农户，互助组解决了劳动力的不均衡，组织效率明显提升。初级社内农地使用权虽归集体所有，但农民拥有土地所有权、土地分红和劳动分红，且农户退出权对农业经营绩效有一定约束作用。初级社的规模与村落相重叠，农业产出提高。高级社内农地产权排他性趋弱，农地所有权归集体，农地使用权受集体指令影响，农地收益权取消了土地分红，农民退出权受到限制。在这个时段内，社的规模不断扩大并超出了自然村落，基于地缘且互相不熟悉的农民一起劳作，组织的自我实施机制失灵，农业绩效提速有所放缓。人民公社"大公社"阶段，农地产权非排他性，社队规模超越农村承载力与干部管理水平，社内监督和交易成本高，农业绩效急剧下降。以生产队为基本核算阶段，社队规模有所缩小，但还是大于初级社，农民财产支配权非排他性较强，农业绩效低水平发展。改革开放后，农业生产责任制下，农地产权的使用权、收益权和处置权排他性渐强，农业经营组织回归农户家庭，农民生产积极性提高，农业绩效明显。同时，在破除"以粮为纲"经营政策约束后，农村内部结构重构，如社队企业不断壮大等。整个人民公社阶段，农村经济组织变迁的需求动力不足，组织变迁的供给因公平意识而滞后。纵观中华人民共和国成立后至人民公社结束时农村经济组织演变，农地产权排他性越强，农村经济组织规模处于农民经营理性设定的"适度规模经营"边界内，农民生产性努力增强，农业绩效明显。反之，农地产权非排他性越强，农民对经济组织及其发展关心程度越低，在国家工业化战略、急过渡和农地收益平均分配等作用下，农村经济组织规模不断扩大，农业绩效下降。本书主要以组织规模变化及其特征来体现农村经济组织变化。

5. 农地产权与农民收入、农村市场

土改时，农地产权排他性促使农地在农民间流动和集中。农民拥有较完整的农地产权，农民生产积极性高，农民的收入得到增长。互助组延续了土改的产权激励并对劳力要素进行优化。初级社在保证农民农地所有权、使用权和收益权的基础上，进行农业生产要素整合，实施一定"规模经营"，农民收入增幅较大。高级社时，虽然农地产权归集体，但由于农业经营惯性且其存在时间较短，农民收入继续增长。人民公社时，农地集体所有集体经营，农地所有权和使用权上归集体，农地收益权和处置权也在公平原则下被平均分配，农民经营主动性变差，农民收入不断下降。本书主要以农民人均收入和购买力以及农业劳力和非农劳力对 GDP 贡献率来表示[129]（见附表16）。

农民的市场交换是农业经营制度衍生物，它能从侧面影响农业经营制度，尤其是土地制度变迁。产权排他性决定了资源所有者之间按自愿合约进行资源使用权利的交换和组合以及依据处置权进行权利分割，人们根据所掌握资源权利计算受益时所承担成本。当农地产权排他性趋强，产权激励人们将收益与成本内部化，农村市场自由度高，市场活跃。当农地产权非排他时，资源使用者对收益与成本欠考虑，即人们在实现个人效用最大化的同时，将由此所产生的成本与他人共同承担，农村市场不是农民自愿行为，而是国家行为占较大比重，国家掌握资源所有者进行物品或资源交换的价值空间。本书将从农村市场交易、自由市场以及国家管制等方面进行阐述。

6. 农地产权与农民教育、农业科技

农地产权私有时，农民为了增产而对农业知识有强烈需求，农民自觉学习，农村中兴办大量夜校、民校和冬校等，在农业经营理性推动下，农民会接受教育，国家会加大人力资本投入。同时，"运动式"供给农地产权促进国家话语权不断增强，从而使农民教育中国家主导意识不断加强。农地产权集体所有时，国家掌握着经济以及社会各种资源，依据经济发展对教育加大投入，进而农村教育体制与组织受到国家统一管理，农业教育受体范围变得狭窄。本书以农民入学人数和农村教育的目的进行阐述。

农地产权私有时，农民为了农业增产，在沿袭农业生产经验基础上自发学习新农业技术，同时，政府为了恢复国民经济也不断供给新的农业技术。农地产权集体所有时，农业经营制度安排能够提高集体提供农业服务活动的规模效益，农业技术推广便是其中之一。在人民公社时期，推广农业技术成功的可能性要比单个农户接受某种技术成功的可能性更大，这是因为集体抗风险能力更强。因此，集体比单个成员更愿意试验新品种，更容易接受能够带来更高产量的农技成果，也能承担由此带来的更大风险。以农户为单位的小农经济结构远不如人民公社那样易于推广农业技术，因为孤立的农户不愿意承担技术选择失败的风险[130]。本书以耕作制度和农业技术推广进行阐述。

7. 农地产权与农村基层党组织、干部队伍

农村基层党组织是党在农村工作的战斗堡垒[131]，是党的路线、方针、政策在农村基层得到有效贯彻的载体，并领导农村经济社会文化的诸多领域。① 农村基层党组织和干部队伍是党的政策执行者，他们担负着联系、组织和宣传农民等责任。农地产权私有明确了产权主体，农村社会治理形成了党、基层组织、基层干部等多元共治局面。农地产权集体化要求社会中只能有一个代表大众利益的产权代表来对社会公有资产和公共事务实施运营和管理，执政党的基层组织理所当然地成为国有资产的产权代表和公共事务的管理者[132]。在社员拥有退出权和社内监督机制较强的互助组、初级社和高级社阶段，农村基层党组织和干部队伍能发挥其工作效能，促进经济发展。高级社后期，1949~1985 年，国家在农村建立众多党组织及培养大批干部队伍，夯实了推进农业集体化基础。广泛建立的基层党组织将国家权力下沉至农村，并影响到农业经营、农村经济、社会关系和农民家庭决策能力等。如此一来，随着传统社会竞争力量（地主阶级）的消除以及农村基层党组织和干部队伍的扩大，国家决定农村产权制度变迁上的竞争约束被削弱，为国家推行集体化铺平了道路[134]。本书以农村党组织和干部队伍发展及其农村社会治理进行阐述。

第四节 农地私有下农业经营制度绩效分析

一、经济效益

1. 农业生产要素投入和利用率有所提高

（1）土地要素。马克思说："土地的所有权是生产方式充分发展的必要条件……只有农民是自己耕种土地的自由私有者，它（生产方式）才得

---

① 尹峻，陈永正. 中国共产党农村社会治理模式的历史分析——以 1949~1985 年福建为例 [J]. 中共福建省委党校学报，2019（2）：68-77.

到充分发展，显示出它的全部力量。"[135] 土改时期，土地要素投入主要体现在以下几方面：第一，农地使用面积增加。档案资料显示（见附表1），土改后，福建耕地面积由1949年的2175万亩增加至1952年的2202万亩。土改前和土改后，首先耕地人均占有量发生变化，贫农、雇农由0.61亩、0.23亩增至1.86亩、2.11亩，地主由7.45亩降为1.47亩，富农由3.2亩降为2.49亩，中农由1.42亩增至1.95亩。占总人口39.77%和39.96%的中农和贫农所拥有的土地分别增加36.36%和206.55%。农地私有农户分散经营促进了农民开荒积极性和耕地总量提高。其次，土地利用率提升。1949~1952年，福建农作物播种面积由2878万亩增至2908万亩，年均增长0.34%，耕地复种指数由140.82%增至143.71%。虽有增长，但幅度不大，这与当时农业技术及农业自给性生产有关。最后，土地生产率提高。1949~1952年，全省粮食亩产量由199.12斤增至255.82斤。稻谷、小麦、茄类、杂粮、大豆亩产量分别由196斤、97斤、319斤、90斤、78斤增加到262斤、108斤、356斤、122斤、96斤。在经济作物方面，花生、甘蔗、黄红麻的亩产量分别达到中华人民共和国成立前的143.8%、137.1%和1159.1%。这表明当时农业经营制度对农民耕作积极性具有正向激励作用。

（2）劳动力资源。1950~1952年，福建粮食播种面积由2878.7万亩增加至2908.3万亩。农业内部产值比例上，种植业和牧业占主要比重。其中，种植业产值比例出现下降，由1950年的74.05%降为1952年的66.67%。1952年，农村社会经济结构中，农业产值占90%以上，农村社会总构成中，农林牧渔业产值占90.2%。农业地位决定了农村劳动力主要从事农业生产，如统计数据所示，1949~1952年农业劳动者占农村劳动力比例为100%，如附表11至附表12所示。劳动力资源主要有以下三点体现：

第一，农地私有增加了经济当事人劳动投入回报率，促进了农村劳动力增加。土改前期，农村人口约为952万，1952年，农村人口增至1114.7万。如表6-1所示，截至1949~1952年底，农业劳动力增长1.1倍，年均增长2.7%。农业劳动力增加，除了人口自然增长外，农业经营制度对释放农村大量"隐藏"劳动力起到推动作用。农地私用和土地平均分配使得农民成为土地经营者，原先不从事劳动的地主等人以及因不雇工或害怕雇工的中农、富农家庭的妇女等都加入到土地耕作中来。第二，劳动生产效率提高。农地私有意味着农民拥有收益权，农民劳动投入与产出正相关，人均主要农产品占有量不断增加。1952年，人均劳力获得粮食为667.44

斤，比 1950 年多 73.03 斤，年均增长约 4%。油料、糖料和水产品的人均占有量分别由 1949 年的 11 斤、25 斤和 11 斤增至 1952 年的 16 斤、113 斤和 25 斤，糖料年均增长率最高，为 45.8%[136]。土改后，农民劳动生产率提高还表现在农民积极投入农村公共建设上，如兴修水利、挖塘泥、积肥、施肥、治虫防螟的群众除虫运动等。第三，土改解除了农业人口流动束缚，促进了农业劳动力流动。土改时期农业劳动力流动，是部分农民迫于生存压力或城市利润空间，流入城市寻找生活出路。据统计，1949～1952 年，农业劳动力占农业人口比例逐年下降，即由 46.7% 降为 45.4%。另据统计，全省城镇社会劳动者中职工人数由 1950 年的 12.6 万增至 1952 年的 19.43 万，增幅 54.21%，其中全民所有制单位职工由 12.6 万增加到 19.01 万。这种无序劳动力转移增加了城市粮食供应和社会安全负担，为国家制定统购统销和户籍制度奠定了基础（见表 6-1）。

表 6-1　1949～1952 年福建省农业劳动力统计　　　　单位：万人

年份	1949	1950	1951	1952
农业劳动者	469.87	487.01	494.68	505.69

资料来源：福建省统计局. 福建奋进的四十年 [M]. 北京：中国统计出版社，1989：36.

（3）农业资金。第一，土改时期，农业资金投入渠道大致有两种，即政府支农和农民积累。由于刚解放，福建没有多余资金投入到农业基础建设中来，政府投入总量不大，但也在逐渐增加。1952 年，全省财政支农生产和农口事业费为 216 万元，其中，农业基本建设拨款 89 万元，占当年财政总支出的 2.43%。1950～1952 年国家累计农业贷款 1073 万元，低于 1953 年贷款量（见附表 3）。基于上述分析，土改后，农业资金投入主要靠农民家庭投资，但这些投入量亦较有限。1950～1952 年，农村个人固定资产投资额分别为（按当时货币计算）0.22 亿元、0.09 亿元、0.13 亿元，分别占社会固定资产投资总额的 56.41%、24.32% 和 20.63%[137]。这表明随着土改的不断深入，农民投资意愿逐渐降低，至于原因，一方面与农民自身经济实力弱有关；另一方面，农民生产并非扩大再生产，农民追加投资的必要性降低。第二，资金要素市场已现雏形。1951 年，闽侯县甘蔗镇供销合作社试办供销社信用部，经营存款、贷款业务。1952 年底，福建独立核算的农村信用社有 72 个，信用部 1 个，信用组为 702 个[138]。这些对促进资金要素市场形成有一定积极作用。

2. 农户家庭获得土地自主经营权

土改后，家庭成为农业经营的基本组织单元，这与土改前农业家庭经营有一定区别。第一，土改前，农民土地产权非排他，农民拥有的只是土地使用权及少量收益权，地主、富农拥有大部分土地产权，农业通过农民租佃和雇佣等方式经营。土改后，农民拥有土地所有权、使用权、处置权和收益权等。这种产权制度使农民和土地联系紧密，激发农民生产积极性，促进农业生产力和整个国民经济发展。第二，土改前和土改后，国家都有参与农业经营，但中华人民共和国成立后给予农民生产经营自由权（包括出租、买卖等），这有效地促进了农业生产要素流动。第三，土改前，家庭经营利润大部为地主、富农获得，土改后，地主经济的收益被平均分配给农民，农业生产积极性得到提高，农民生活得到改善，农业经济得到恢复与发展。经过土改，农户家庭成为农业生产的基本单位，拥有自主经营权，农业经营主体有个体农户，互助组和新式中农、富农等。新的农业经营制度环境下，农民根据实际农业经营制度收益函数选择合适的经济组织，以达到组织利润最大化[139]。然而，土改后的农业经济增长还需客观看待。一方面，农地产权是国家采用运动方式平分土地的结果，农地产权制度安排的主导者是国家，农地产权随着国家意志而变化；另一方面，农业生产基本沿袭解放前的农业工具和家庭分散经营，土改后的农业经济发展是建立在土改前农村经济基数较低的基础之上。

3. 农业基础设施有所改善

土改后，农业经营制度安排促进农民积极参与农业基本建设，同时，国家大力扶持农业基础设施建设。1950年，福建省实业厅设立水利处，设立农田水利投资专项经费，修复福清天宝陂引水工程。同年春耕前，在民办公助原则下，福建掀起兴修小型农田水利热潮。1951年1~3月，共计兴修水利约110处，受益田亩数达59831亩。1951年，全省兴修河堤、海堤、沟渠等16000多条，水闸、涵洞420座，造井3万多口，水利受益面积达210万亩。1952年，福建投资120万元扩建长乐莲柄灌溉工程，使有效灌溉面积由2400公顷扩大至6667公顷。据不完全统计，福州、厦门两市郊及建瓯、南平等八个专区共计修好大小农田水利2151处，受益面积602957.87市亩，全年增产4800多万斤[140]。在农业机械和施肥方面，1949~1952年，全省农业机械动力由0.2万千瓦增至0.25万千瓦，1950~1952年，有效灌溉面积和化肥施用量分别由950万亩、0.13万吨增至965

万亩和 0.7 万吨。上述表明，土改时期福建农业基础设施有所改善，改变了过去"小雨小涝，大雨大涝，无雨就旱"的局面，促进了农业生产发展。

4. 农业产出恢复性增长

土改后，农村生产结构基本以农业为主，尤其是种植业。土改后，农业经营制度促进了农民生产积极性，虽然遭遇 1951 年春涝秋旱、风等自然灾害，农业经济仍得到恢复性增长。1949～1952 年，全省粮食产量年均增长 9.54%。1952 年，油料总产量较 1951 年增长 32.5%，林、牧、渔业总产值分别比 1950 年增长 282%、38% 和 100%[①]。1950～1952 年底（按照 1952 年不变价格计算），农业总产值年均增长 10.13%[141]。农业的恢复和发展，带来了大量粮食和工业原料，一方面满足了农村市场需求，另一方面为工业积累奠定基础。据统计，1952 年，全省工业总产值比 1951 年增长 33.8%。

5. 农民收入和购买力增加

土地改革在农村财产均值化分配过程中使农民获得了基本生活资料，实现了农地产权收益性和激励功能，农民生活和购买力得到较大改善与提高。如表 6－2 所示，1950～1952 年，农民家庭人均收入逐年提高，由 60.87 元增至 69.97 元，年均增长 7.21%，农民人均生活消费支出也逐年增长，由 58.74 元增至 67.52 元，年均增长 7.21%。农民收入和购买力的增加促进了农村市场的繁荣，据全省八个专区统计，棉布销售量 1951 年比 1950 年增加 63%，食盐销售量 1951 年比 1950 年增加 300%[142]。

表 6-2　1950~1952 年农民家庭基本情况统计

年份	人均纯收入（元）	人均纯收入指数（上年＝100）	人均生活消费支出（元）
1950	60.87		58.74
1951	61.18	100.5	59.04
1952	69.97	114.4	67.52

资料来源：福建省委政策研究室. 辉煌五十年（福建卷）[M]. 北京：中央文献出版社，1999：262.

---

① 福建省委政策研究室. 辉煌五十年（福建卷）[M]. 北京：中央文献出版社，1999：265.

为进一步说明土改后农民收入、购买力和生产生活的改善，本书以莆田县城关区拱辰乡资料作阐述。1951~1953 年，拱辰乡农产品总收入由 67954.2 万元增至 89916.3 万元（当时货币），人均收入由 35.7 万元增至 46.5 万元（当时货币），增加 30.2%（见表 6-3）。1951~1953 年，拱辰乡购买力总支出由 59791.2 万元增至 79701.8 万元，人均购买力由 31.77 万元增至 41 万元（当时货币），增长 29.25%（见表 6-4）。这些表明农业经营制度激发了农民生产积极性并促进了农产品产量增加和农民购买力提升。如表 6-5 所示，农民购买力中，大部分是购买生活资料，其占购买支出 75% 以上，这是当时农业技术水平不高，农民家庭自给自足的反映。从农民生活资料支出比重看，衣着、副食等约占生活资料支出的 60%，这从侧面证明了农民收入水平的提升（见表 6-6）。

表 6-3　莆田县城关区拱辰乡农民收入统计

年份	全乡产品出售总收入（万元）	每人平均收入（万元）	收入增长指数（1951 = 100）
1951	67954.2	35.7	100
1952	81574.2	41.7	116.9
1953	89916.3	46.5	130.2

资料来源：关于农民购买力的一些材料：1953-09 [Z]. 福州：福建省档案馆（全宗 101，目录 1，案卷号 263）：17.

表 6-4　莆田县城关区拱辰乡农民购买力统计

年份	全乡购买力总支出（万元）	每人平均购买力（万元）	购买力增长指数（1951 = 100）
1951	59791.2	31.77	100
1952	69335.1	35.52	111.17
1953	79701.8	41	129.25

资料来源：关于农民购买力的一些材料：1953-09 [Z]. 福州：福建省档案馆（全宗 101，目录 1，案卷号 263）：17.

表6-5 莆田县城关区拱辰乡农民购买支出中生产资料与生活资料比重统计

年份	生产资料支出（万元）	占百分比（%）	生活资料支出（万元）	占百分比（%）
1951	12417.7	22.45	46144.4	77.55
1952	15616.2	22.58	53875	77.42
1953	9955.2	24.88	29895.7	75.12

资料来源：关于农民购买力的一些材料：1953-09 [Z]. 福州：福建省档案馆（全宗101，目录1，案卷号263）：18.

表6-6 莆田县城关区拱辰乡生活资料支出比重调查 单位：%

项目	1951 年	1952 年	1953 年
粮食类	28.97	25.6	22.22
衣着类	27.59	28.1	29.41
副食类	29.9	29.92	31.37
百货类	9.9	11.31	11.11
其他	3.25	5	5.8

资料来源：关于农民购买力的一些材料：1953-09 [Z]. 福州：福建省档案馆（全宗101，目录1，案卷号263）：21.

劳力对 GDP 的贡献率上，如附录16所示，1952 年，农业部门劳力对 GDP 贡献率虽小于1，但它在人民公社结束之前最高。这表明农业部门产出效率较高，为农民收入提高奠定了物质基础。同时，城乡居民收入为 1.52，这说明当时所处的经济环境为国民经济恢复时期。

6. 农村市场渐趋活跃

1952 年，农村市场商品供应较 1950 年有所增加，全省市场货源年均增长 20.4%。农副产品价格较为平稳，以 1950 年价格指数为 100，1952 年农副产品价格收购指数为 100.7，零售物价指数为 104.9。总体上，土改时期商品供应水平仍较低，全省人均年工农业总产值、社会商品零售额和市场商品可供货源分别为 93 元、44 元和 40 元[1]。土改后，农村市场表现之

---

① 福建省地方志编纂委员会. 福建省志·商业志 [M]. 北京：中国社会科学出版社，1999：19-20.

一为物资交流。1952年夏季，福建开展各级物资交流大会248次，参加人数600余万人，成交总额5千多亿元（当时货币），其中工业品占37%，农副土特产品占62.89%，批发占62.44%，零售占37.56%，现货占62.62%，期货占37.38%。购入方面：国营、合作社、私商和农民分别占比26.85%、23.19%、40.57%和9.39%。销出方面：国营、合作社、私商和农民分别占比57.51%、10.57%、27.76%和4.16%[①]。基于上述分析，农村市场如下特点：第一，私营成交比重逐渐增加。档案资料显示[②]，福建私商购入占成交额的比重为63.66%，销出上升至61.04%，至初级市场成交额中私商购入升至65%，销出达67.25%。第二，农民收入水平逐渐提高，对工业品需求迫切。夏季交流会上，工业品成交占比23.9%，至初级市场平均上升36.35%，秋季交流会，工业品比例扩大至55.23%。第三，市场反应机制灵敏。从初级市场现期货与批零比重看，现货、零售占80%，市场总营业额增加，行业营业额得到增长。这些反映了国家针对农村市场疲软调整公私商业的经营范围后农村市场的发展。

农村市场表现之二为农民余粮出售意愿高。土改促进了农业产出和农民收入增加，农户家庭有粮食剩余。据闽侯荆溪乡及顺昌福秀乡统计，有余粮农户约占总户的比例为20%。余粮出售方面，贫农由于生活、生产急需，出售一部分粮食，用于副业购进或借贷。部分富农则存粮不卖或出卖很少，囤积粮食。各阶层余粮出售量上呈现以下特点：贫农余粮最少或没有，出售粮食量最大；中农余粮较多，出售亦较多；富农余粮最多，出售最少。考虑到土改后农村社会以贫农、中农为主，本书认为，农民余粮出售意愿普遍较高。

土改后，农地产权较为明晰且排他性较强，农业经营主体能有效地投入农业生产要素，并获取农地收益。同时，新中国为农业经营提供了稳定环境，降低了交易费用并促进社会产出最大化。

7. 农业科技和农民教育投入增加

农地私有私营激发了农民生产积极性，促使农民根据资源禀赋和生产经验不断挖掘地力。农业生产技术变革或改进与农地制度相互作用，推动国民经济恢复与发展。随着土改的开展，福建对农业科技和农民教育投入

---

①② 关于夏秋季物资交流中的几个主要问题的报告：1952 [Z]. 福州：福建省档案馆（全宗101，目录1，案卷号229）：17-27.

不断增加。第一，农业耕作制度。1949 年，稻田双熟或多熟占全省水稻总面积的 25%，主要分布在闽东南沿海平原地区，闽西北、闽东北内陆山区皆以单季稻为主。土改后，复种指数提高，1950 年，龙海县境内稻二熟制占耕地面积的 84%，三熟制仅隆教沿海一带实行旱地花生或黄豆—薯或芝麻—麦或菜三熟制，平原地区少量稻—稻—菜，整个龙海县农作物复种指数达到 168.3%[143]。第二，农业品种繁育与管理。土改时，福建贯彻良种"就地繁殖，就地推广"，一方面指导群众开展选留种工作，大力推广稻、麦种子片选，同时采用盐水、泥水旋种和风选、筛选等机械物理选种方法，提高种子质量；另一方面逐渐建立留种田①。1951~1953 年，龙溪、海成县选出南特号、新种、二早、坚哈、石空、坑内黄等 8 个早稻当家品种[143]。第三，农业技术推广。1949~1953 年，全省各地区农业技术推广机构在推广农业主产新技术的同时根据不同季节农事活动不定期举办农民技术培训班，培训农民农作物栽培技术。第四，农民教育投入。土改时，农村普遍举办农民识字班、夜校、民校和冬校等。据统计，至 1952年，福建常年民校 8696 所，较 1950 年增加 21 倍，入学人数 975180 人，贫雇农、中农子弟工 750233 人，占比 72%。同时，该年升入中等学校贫雇农、中农子弟 31711 人，较 1950 年增长 3 倍②。农村教育投入是国家对农民进行的新型文化、教育供给，提升了农民文化素质，服务了农业生产，实现了从传统道德话语向党的主流意识形态主导的政治话语转变，并逐步影响农民日常生活。在国家意识形态与农村传统文化互动中，国家一方面拥有文化、教育资源；另一方面又加强了对农民的教育，巩固了国家的合法性[144]。

二、政治效应

农村基层管理组织的行政化与规模化。传统农村社区以血缘关系和有限地域为主要纽带，地方政府和乡绅对乡村社会的管理发挥主要作用，国家只负责税收和断案。土改期间，《中华人民共和国土地改革法》规定，

---

① 福建省地方志编纂委员会. 福建省志·农业志 [M]. 北京：中国社会科学出版社，1999：91.
② 福建省土地改革基本总结：1952 [Z]. 福州：福建省档案馆（全宗 197，目录 2，案卷号 482）：4.

乡村农民大会、农民代表会及其选出的农民协会委员会，区、县、省各级农民代表大会及其选出的农民协会委员会，为改革土地制度的合法执行机关。在以党支部为核心的一元化农村权力结构之前，在农民自愿的基础上成立了"农会"为农村权力机构，具有极高威信，既是土改执行机关，又是农村政治生活中心，主要承担清匪反霸、减压退租以及培养和输送新兴村庄精英的任务（包括贫农、雇农、中农、手工业者和贫苦知识分子）。土改后，中国共产党建立了一套具有特色的乡村社区管理体制：广大农村建立乡政府作为政权主体，各个乡都召开人民代表会议或者执行乡人民代表会议职权的农民代表会议，绝大多数乡选举了乡级人民政府委员会[145]。乡（镇）政府的主要职能是执行上级政府的决议、命令，实施乡人民代表会议通过并经上级人民政府批准的决议案等工作。1950年12月政务院颁布的《乡（行政村）人民政府组织通则》规定，乡与行政村并存，同为农村基层行政区划，行政村作为最基层的政权机构出现，并隶属于乡一级政权，村长、副村长等均由乡一级政府任命，这些表明党和国家将基层村纳入官治系统之中，实现了国家权力向农村最基层的垂直延伸。随着土改的深入，省、县、区、乡农民代表大会及其选出的农民协会委员会结合成为统一的组织系统，展开乡村管理工作。农村基层政权组织的建立及其向行政化转变增强了农民的政治参与意识，农民政治热情不断高涨，积极加入到中国共产党，由此，农村基层政权得到进一步巩固。土改后，福建农会会员由112.6万人发展到344.8万人，增长300%有余，占农村人口的31.68%。福建妇女会员由32万人增加至130.6万人，增加了约4倍，其间，全省民兵和团员分别增至52.5万人和9.1万人，他们在党贯彻政策和完成任务方面起到积极的作用。

农村基层管理组织的行政化离不开党员干部队伍的壮大。土改后，福建60%以上的乡建立党支部，1952年7月至1953年12月，农村新发展党员1.45万人，新发展党支部2831个，这些党支部和党员能够将党的意志贯彻到基层，确保党的政策方针顺利实施。为了加强对土地改革的领导，中国共产党训练了大批干部，组成土改工作队，深入农村社会开展土改实践和农村社会管理工作。党还在城乡各界人民中进行宣传教育，吸收许多民主党派人士和知识分子参加或参观土地改革，形成城乡最广泛的反封建统一战线。1951年底，福建各级党委共训练10万以上工作队员、地方干部、知识青年和农民积极分子，据不完全统计，共提拔脱离生产的和半脱离生产农民干部 3.19 万人，使其迅速成为农村工作骨干。另据 6221 个乡政府委员 60612 人统计，贫雇农占 60.74%，中农占 34.48%，其他占 3.94%（见表 6-7）。这表明土改后的农村基层组织中，贫农、中农占绝对优势，他们革命性最强，能坚决执行各项方针政策。

表 6-7　福建省土地改革后乡村基层干部成分统计

	总共（人）	成分								
		雇农		贫农		中农		富农	
		人数（人）	占比（%）	人数（人）	占比（%）	人数（人）	占比（%）	人数（人）	占比（%）
乡农协会员	82549	2666	3.2	50124	60.15	27291	33.06	1	0.001
乡政府委员	60612	2122	3.5	34688	57.24	20900	34.48	38	0.06
合计	143161	4788	3.34	84812	59.2	48191	33.64	39	0.03

	总共	成分									
		其他									
		共有（人）	占总人数（%）	手工业工人人数（人）	占总人数（%）	自由职业人数（人）	占总人数（%）	地痞流氓人数（人）	占总人数（%）	其他人数（人）	占总人数（%）
乡农协会员	82549	2467	2.96	225	0.27	36	0.04			2206	2.65
乡政府委员	60612	2864	4.73	318	0.52	127	0.21	32	0.05	2387	3.94
合计	143161	5331	3.72	543	0.38	163	0.11	32	0.02	4593	3.21

注：全省共 6221 个乡，本表缺福州市郊 29 个乡统计。

资料来源：福建省土地改革后乡村基层干部成分统计表：1952-10-20 [Z]. 福州：福建省档案馆（全宗 106，目录 1，案卷号 144）：8.

传统社会以家族和社区为"细胞"的权力网络因新中国土改的改造而分化，农村基层组织机构向行政化转变。土改后，我国农村社会形成以党员干部为核心，外围为贫雇农，再外围为中农，新中农、富裕中农和富农的农村社会网络。农村党组织的普遍建立促使农村传统权力结构瓦解，党组织通过界定精英、组织精英和输送干部等实现了对农村新权力结构的统摄，成为新的国家与基层沟通的连带机制。党在农民群众内部组织建立一支具有统一领导和意识形态的群众组织取代传统农村组织，既加强了普通群众组织水平，又达到国家对基层社会有效治理的目的。土改形成的中央政府→省级政府→县级政府→乡级政府→自然村行政体系突破了传统行政管理体制，在农村创造出一套新型符合党的意志的治理秩序。事实证明，土地改革通过彻底解决农民土地问题的办法，没收了族田，摧毁了封建统治的政治权威[146]，中国共产党以其政治权威和日益壮大的乡村党员和基层干部队伍，掌握着国家权力，代表国家实施乡村治理，这种新型农村行政管理格局成为日后党领导农业合作化和人民公社的重要基础。

三、农地私有私营影响农业经济发展的原因分析

（1）农地产权私有。土改前，以土地私有为核心的家庭经营，农民拥有土地使用权及少量收益权，农地产权相对于农民是非排他的。土改后，农民拥有土地的所有权、使用权、处置权和收益权等，这种产权制度安排能使农民和土地联系紧密，激发了农民的生产积极性，促进农村生产力和国民经济的恢复，对农业经济的发展成效显著。

（2）劳动力正向激励。土改后，农地私有私营，农民拥有农地处置权和收益权，农业经营制度安排增加了经济当事人劳动投入回报，释放了农村大量"隐藏"劳动力。土改亦使广大妇女群众和许多素不参加劳动的华侨家属积极参加生产，并引以为荣。土改后，农业经营制度安排满足农民拥有土地的愿望，农民会更加"人格化"其土地，从而增加投资和劳动力投入。劳动投入与农民家庭积累及劳动报酬呈正向关系共同促进农业产出增加。

（3）农村基层组织交易费用低。土改后，农村组织结构以中国共产党、农会、共青团及妇联等为核心，加强了国家与农村、农民的联系。土地改革通过帮助穷人分得土地，激发他们参加变革的积极性。土改后，农会等组织完成了基层农村精英的整体更替与重构，这些新兴精英成为农业经营的核心执掌者，他们随着党组织的健全而完成了组织化。土改后的农村基层党政组织和干部使农民紧紧围绕在党的领导下，听从党的指挥，政

令通畅，减少了经济政策执行中的交易费用。围绕在以党的领导为核心的农村基层组织周围的农民较易接受具有较高文化水平的党组织的宣传，会自觉地将自身利益与国家进行绑定，如此一来，党在农村中形成了符合国家意识形态的农业经济和乡村政治文化，统一了经济当事人的行为，促进了经济发展。

（4）农民参与积极性高。土改中，农民经历了从不自觉、自觉到自为的过程。党在农村构建了一个阶级意识框架，并将农民纳入其中，使之成为一支阶级队伍，且在整个阶级意识构成的社会阶层序列中，农民尤其是贫雇农拥有比其他阶层更高的社会地位。土地改革通过阶级斗争提高农民的阶级觉悟，组织农民靠自身力量摧毁地主阶级、豪绅势力和宗族势力，增强了其社会地位。政治身份与经济地位的独立和对农村土地产权的感知使得农民迸发出更高的参与积极性，这既促进农业产出的增加和农村经济的发展，也为农村基层组织吸纳新鲜血液奠定了群众基础。如廖鲁言判断，"农民在自己的土地上，正在开展大规模的爱国增产竞赛运动，为自己的幸福和国家建设而劳动着。数以千万计的农民都积极参加互助组和农业生产合作社，并把分得的若干生产资料变换添置为大量的耕畜、水车及新式农具，以改善和扩大自己的经营，从而农业生产技术也逐渐提高，整个农业生产也得以迅速恢复和发展"[147]。

（5）农业生产资料获得。土改前，农业生产技术水平低，农业生产力主要由农民的体力和畜力来体现。农民能否与土地相结合及生产情绪，对农业产出和农村经济影响较大。关于这一点，毛泽东指出，"在国民党时代，土地是地主的，农民不愿意也不可能用自己的力量去改良土地。只有我们把土地分配给农民，对农民的生产加以提倡奖励以后，农民的劳动热情才爆发了起来"①。土改后，农民获得土地经营权、收益权和一定数量的生产工具，加之各级基层政府除弊兴利，农民生产积极性空前高涨，对农业产出的增长发挥着重要作用。

（6）农村传统文化影响。纵观中国历史，均平思想是中国农村社会传统文化的基本精神之一。土改后，农地私有家庭分散经营模式使均平思想得到不断强化，另外，党的领导人在执政之前，大多出身于农民，其思想

---

① 农业部农村经济研究中心当代农业史研究室．中国土地改革研究［M］．北京：中国农业出版社，2000：275.

意识必然受到农村传统文化的影响。因此，均平思想和家庭意识对国家领导人制度选择集的建构产生了重要影响。这些农村传统文化促进了全新农村个体经济形成，为农民生产和积极参政创造了有利条件。

（7）肥料投入。在农业生产技术没有重大革新下，肥料的高投入是农业产出增长的重要保证。如表6-8和表6-9所示，拱辰乡肥料投入在土改三年间占80%以上，儒元乡肥料投入1952~1953年占87%左右。在农民商品肥料方面，国家供应逐年增加，1951年化肥供应比1950年增加148%，1952年比1951年增加120%。同时，政府也发动农民挖掘自然肥料潜力，如提倡修圈养畜增设厩肥，分地区扩大栽培面积，利用作物枝叶制造堆肥，结合兴修水利挖取的泥肥等。福建各种人畜肥，平均每亩可施肥11担；滨海地区的田菁等可供20万稻田施肥；草肥方面，仅水稻一项以1952年稻谷产量估计，平均每亩可施肥260斤以上[148]。由于自然条件差异，商品肥与自然肥的施用比重存在差异，建阳、南平、福安、永安和龙岩5个山区专区，农民自积肥占大部分；在交通便利，副业较发达，土肥肥源较少和群众经济条件好的平原地区，商品肥占总施肥量的一半以上。

表6-8 莆田县城关区拱辰乡生产资料支出比重调查   单位:%

项目	1951 年	1952 年	1953 年
肥料	85.13	78.75	88.23
农具	14.86	21.25	11.76

资料来源：关于农民购买力的一些材料：1953-09 [Z]. 福州：福建省档案馆（全宗101，目录1，案卷号263）：19.

表6-9 沙县七区儒元乡生产资料支出比重调查

项目	1952 年上半年		1953 年上半年	
	数目（万元）	百分比（%）	数目（万元）	百分比（%）
肥料	8119.7	87.8	9091	87.1
农具	1126.8	12.2	1343	12.9

资料来源：关于农民购买力的一些材料：1953-09 [Z]. 福州：福建省档案馆（全宗101，目录1，案卷号263）：20.

四、小结

土地改革是一场国家推行的由地主土地所有制向农民土地私有制的强制性制度变迁。理性的制度创新必须要做到帕累托改进或降低交易费用，并在具体实施中体现出制度外创新和一致同意性。土改前，国家需要面对地主、富农等众多阶层。为了形成一致同意，国家作为强制性制度变迁主体通过土地改革推动农业经营制度变革。土地改革解除了地主经济及宗法制度对农民人身束缚，解决了农村中因土地占有悬殊而造成的阻碍农业经济发展和社会稳定问题，使新生政权获得广大农民的支持，还解决了中国共产党新中国领导权并完成向社会主义过渡的问题，是一场低成本的变革。土改后，国家在政治、经济上满足了农民的预期，扩大和巩固了新生政权基础，农民经过由土改带来的经济和政治利益调整成为中国共产党和政府的坚定支持者和追随着。土改后，农业经营制度释放了农民的生产积极性，农业生产力得到提升，至1952年，福建全省农业达到或超过抗战前水平，为国民经济恢复与发展稳固了基础。

基于以上绩效，土改后农地私有私营是国家在既定约束条件下的理性选择，它有效地实现了农民与生产资料紧密结合，调动了农民生产积极性，促进了农业经济恢复和发展，是一场具有重大历史意义的改革。

首先，土地改革调整了地权关系。新的地权合约具有排他性和可转让性，是较为完整的权利束，解决了对农民正向激励问题，调动了农民生产积极性。虽然无法估计这次土改对以后中国土地政策产生多大影响，但可从废除人民公社、实行家庭承包责任制的制度绩效中得到证明。土改后的农业经营制度，解除了苛重地租，免除了其他经济和非经济的剥夺，为形成扩大再生产创造条件，同时也塑造了平等、独立、自主经营的新型微观经济组织。

其次，土改后，中国共产党建立了以贫下中农为核心的新型农村基层政权体系，将党的影响力延伸至村一级，使中央政府获得巨大的组织动员能力，以及政令通行等，土改所形成的广泛组织网络使得农村被完全纳入国家社会治理体系之中，国家权力实现了真正意义上的农村社会治理，开启了合作化和集体化时期农村社会变革的开端，后续农村经济和社会制度变迁，便是土改所形成的国家与社会关系的历史意义所在。

　　再次，土改后，中国农村开始过早地消灭富农经济，这导致了后期国家工业化与现代化的困境。据福建省八个乡的调查显示（闽侯徐家村、建瓯高阳乡、南平乡高埠乡、福安乡横坑乡、永安县小螺乡、平和县锦溪乡、龙溪县崇福乡和连城县张家营乡），70.18%的富农户经济地位下降，其中有36.84%下降为中农，35.09%下降为富裕中农，而其他阶层上升为富农的极为少数[1]。有研究指出，这种政策的后果是农村生产力和商品经济发展滞后，农村生产力发展滞后、农产品供应不足导致了农村市场购买力的下降，限制了大工业的发展，国家会面临工农供需矛盾，促使国家实施统购统销政策。最终，国家用行政手段使农民逐渐失去种田与买卖的自主权，这挫伤了农民的生产积极性，拖了国家工业化的后腿[2]。土改后，富农掌握着较为先进的生产工具和充足的生产资料，能更好地发挥农民企业家精神。政府消灭富农表明国家在其预设的农业经营制度中，"均田"于农民来说只是暂时之举，以中农为代表的新型生产力害怕上升为富农，成为打击对象，致使一些地区土地荒废。刘少奇在《关于中华人民共和国宪法草案的报告》指出，"在我国，富农经济原来就不发达。在土地改革中，富农出租的那一部分土地已被分配。土改后，富农经济已大大地受了限制。农村中虽然又产生了少数新富农，但一般说来，富农经济不是上升，而是下降的。"所以，在农村中要消灭剥削，"可以用限制富农经济发展的办法"[3]。

　　最后，如附表1所示，土改前，福建半地主富农、富农，中农和贫雇农所拥有土地分别占总土地的3.2%、32.32%和14.16%，土改后，其占比分别上升为3.56%、43.42%和44.22%。土改后，农地私有私营一方面体现了中国共产党平分土地的宗旨，贫雇农占有土地量得到大幅增加；另一方面，贫雇农拥有的土地未占据大多数，中农和富农的占有量已接近一半且超过贫雇农，他们倚仗较为先进的生产资料和耕作经验以及政治上的被保护，在此后的社会经济发展中占据了有利地位。因此，土改中就已经形成了土地实际占有的不均衡即集中化趋势，并随着时间的推移，趋势越发明显。据福建八个典型乡的调查，1954年，这八个乡的贫雇农占有耕地占

---

　　① 中共中央农村工作部办公室．八个省土地改革结束后至1954年的农村典型调查（内部资料），1958：226.

　　② 王琢，许滨．论中国农村土地制度变革六十年［J］．中国农村观察，1996（4）：3.

　　③ 中共中央文献研究室．建国以来重要文献选编：第5册［M］．北京：中央文献出版社，1993：485.

总面积的 9.88%，中农（包括新中农、新富裕中农、富裕中农）、富农所占有的耕地已经超过总面积的 83%，且土地人均占有耕地面积均超过贫雇农①。这种趋势的发展最终将导致社会贫富差距的扩大，这与中国共产党共同富裕的理想相悖，加之，农村基层组织和党员队伍的壮大等共同坚定了中国共产党走社会主义集体化道路。

中华人民共和国成立后，中国共产党选择了土地改革开创中国经济发展和政治自信的局面。土地改革虽距今已有七十多年的历史，但它并不因此而被视为"历史的陈迹"。它开创了新中国历史的新纪元，解放了农村生产力，为新中国工业建设提供大量的原始资本和工业原料。当前，我国工业现代化迅猛发展，要想真正提升农业发展质量，改变农村面貌，增加农民收入，国家必须加大对农村投入等"反哺"行为和农村土地制度变革及创新。土地改革及其农业经营制度所体现的农业生产力提高和农民生产情绪高涨的更大意义是在于其所展示的改革魄力和改革后农村经济、政治和社会等焕然一新的面貌对当前我国站在农村改革十字路口改革者的启发、借鉴和鼓舞。

第五节　农地混合所有下农业经营制度绩效分析

一、经济效益

1. 农业生产要素配置优化

（1）土地要素。互助组是国家加快获取农业剩余的初始阶段，但互助组内土地产权农民私有，农业经营以一家一户为单位。初级社，土地所有权归农民，土地经营权和收益权，农民有一定支配权。初级社变化较大的是农地处置权，互助组时，农民可以自由出卖和典当土地，初级社时，政府限制农民处置土地。如 1955 年 5 月，国务院发布《关于农村土地转移及

① 中共中央农村工作部办公室. 八个省土地改革结束后至 1954 年的农村典型调查（内部资料），1958：245.

契税工作的通知》指出，"对农村土地的买卖在法律上虽不禁止，但在实际工作中应防止农民不必要的出卖和出典土地"，并规定严格批准程序。高级社，农民私有土地、耕畜和大型农具等主要生产资料归集体所有。高级社消灭了绝对地租和部分级差地租私人垄断，为有计划地、合理地、全面地开发利用土地资源，进行农田基本建设，提高土地利用率和产出率稳固了基础，避免了绝对地租摊入农业成本提高农业商品率。

第一，土地投入量增长较慢。1952~1957 年，福建耕地面积增加 43.5 万亩，但增幅不大，主要因为土改阶段农民积极开荒，耕地面积增速较快，合作化时，受地形限制，开荒有限。合作化时，福建农村人均耕地约 1.8 亩，比土改时略有下降，这主要缘于农村人口增速超过耕地，1949~1957 年，福建农村人口增加 218.2 万，而耕地只增加 43.5 万亩。

第二，土地利用率不断提高。1952~1957 年，福建粮食作物播种面积增加 314.8 万亩，其中粮食作物占 90%以上，经济作物基本维持在 6%[1]。这是由于政府采取以增产粮食为中心的农业经营方针所致[2]。合作化时，耕地复种指数提高是粮食增产的重要途径。互助组阶段与土改后期指数基本相当，初级社尤其是农业合作化高潮时期，耕地复种指数增速加快，1956 年达到最高，即为 161.79%，较 1952 年高 18 个百分点。这一方面缘于农民生产积极性，另一方面缘于农地产权排他性较强以及集体合作的优越性，农民更加关注土地产出。全省耕地复种指数一般平原高于山区，据福建八个典型乡（村）统计，平原徐家村复种指数 211%，山区张家营等乡复种指数 131%左右[3]。

第三，耕地生产效率逐年提高。1952~1957 年，福建粮食亩产量由

① 福建省统计局. 福建奋进的四十年 [M]. 北京：中国统计出版社，1989：37；福建省统计局. 福建省农村统计年鉴：1991 [M]. 北京：中国统计出版社，1992：91.

② 1953 年，福建省下达农业生产计划，提出：认真贯彻中央"组织起来，推广科学技术，普遍提高单位面积产量，更广泛深入地开展爱国生产运动，以大量增产粮食、工业原料作物、外销物资、畜产和水产"的总方针；1954 福建农业生产方针是：在贯彻国家过渡时期总路线下，积极稳步地发展农村互助合作运动，巩固并发展爱国增产运动，发掘潜力，以增产粮食为主，相应地发展技术作物，特产；1956 年继续增加灌溉面积，改变耕作制度，增加复种面积，增加粮食产量；1957 的农业生产计划继续以增产粮食为中心。由此可见福建在"一五"期间的农业种植结构是以粮食为主的。参见福建省地方志编纂委员会. 福建省志·计划志 [M]. 北京：方志出版社，2001：181.

③ 中共中央农村工作部办公室. 八个省土地改革结束后至 1954 年的农村典型调查（内部资料），1958：224.

263.72 斤增至 275.5 斤。耕地生产效率提高与农民劳动投入，农业施肥，改变耕作制度以及农地产权及其单项权利束排他性紧密相关。

（2）劳动力要素。合作化时，福建农业产业结构仍以粮食种植为主。1953～1957 年，粮食播种面积由 2942.3 万亩增至 3233.1 万亩，经济作物和其他作物播种面积亦逐年上升，农业产值比例上，种植业和牧业占比较重，但种植业产值比例逐年下降，由 69.47% 降为 55.19%。1957 年，农村社会经济结构中，农林牧渔业产值占比 82.1%。1953～1957 年，农业劳动力主要以农业生产为主，农业劳动者占农村劳动力比例为 100%（见附表 11 至附表 12）。

第一，农业劳动力增加。如表 6-10 所示，1955 年，福建农业劳动力增长至 532.61 万人。合作化时，国家推行重工业发展战略，而农业生产技术仍停留在人力与耕畜相结合阶段，农村劳动力存在一定程度上的"饱和"，这为城市工业和工矿企业吸收农村剩余劳力提供可能。

表 6-10　1949～1957 年福建省农业劳动力统计　　　单位：万人

年份	1949	1950	1951	1952	1953	1954	1955	1956	1957
农业劳动力	469.87	487.01	494.68	505.69	514.81	522.79	532.61	520.4	518.8

资料来源：福建省统计局. 福建农村经济年鉴（1994 年）[J]. 北京：中国统计出版社，1995：22.

第二，农村劳动力流动性较高。1953～1957 年，福建社会劳动人数由 484.37 万增至 531.68 万，增长 9.77%，农业劳动力占农业人口比例由 44.8% 降至 41.8%。全省城镇社会劳动者中职工人数（包括全民所有制单位和城镇集体所有制单位）由 24.12 万增加到 63.05 万，全省第二产业和第三产业劳动者人数占全社会劳动者比例由 17.88% 上升至 20.62%，全省 5 年城镇职工和个私劳动者占社会从业人员比例由 11.32% 增至 12.9%[1]。合作化时，农村劳动力流动一方面缘于国家招工，另一方面自由市场利润促使农民流动。

第三，劳动力配置效率提高。互助组内劳动与报酬呈正相关，虽然组内也存在消极情绪，但互助组已能在集体范围内调动和配置劳动力，并通

---

[1]　福建省统计局. 福建奋进的四十年 [M]. 北京：中国统计出版社，1989：36；福建省委政策研究室. 辉煌五十年（福建卷）[M]. 北京：中央文献出版社，1999：257.

过劳动竞赛提高组员生产积极性，劳动力边际生产率得以提高。如罗源沿海 14 个乡以互助组为骨干，开展全面修补海堤运动，出动民力 72000 余工，劳动效率比之前提高 20%～30%。爱国增产竞赛运动和大批干部下乡宣传使互助组劳动效率明显高于个体农户家庭。据资料统计①，互助组时，单个农户家庭经营比上一年平均增产 10%。

初级社时，福建实行了"包工制""小段包工"和"包工包产"等生产责任制。劳动力配置的调整或创新，促使初级社统一调配劳力，实施合理分工，发挥全半劳力作用。比如郑依姆社除将全社劳力分别组织到农业组和副业组外，分别抽出一个半和两个半劳力负责看牛养猪。另外，初级社也能够进行较大规模劳动力整合和调动。如南靖草前村依靠合作社与大房、天口联建大房水库，投工 21.1 万工，新增有效灌溉面积 1890 亩。总之，初级社克服了互助组简单分工协作劣势，在社内统一调动劳力，并根据劳力特点合理分工，因人而异，较好地发挥了农村劳力作用。

高级社时，劳动力配置主要体现在"三包一奖"上。福建大部分高级社以生产队为"三包"基本单位，生产队一方面由管委会直接领导；另一方面队内劳动力、肥料和耕牛、大农具又可调配，避免了不确定因素对生产的干扰。高级社时，全队劳动力相互监督，相互刺激出工率，促进生产计划完成。"三包一奖"责任制实行经济核算，激励了社员热情和干劲，避免无人负责现象，体现了按劳取酬原则，提高了社内产出效率。

总之，合作化期间，福建农业劳动生产率不断增长。如表 6-11 所示，1952～1957 年，劳动生产率增长 50%。1955 年后，农业劳动生产率提高更快，1956 年环比指数为 119。

表 6-11　1952～1957 年福建农业劳动生产率指数

项目	1952 年	1953 年	1954 年	1955 年	1956 年	1957 年
指数（1952＝100）	100	105	104	110	131	150
环比指数		105	99	105	119	114

注：劳动生产率以农业总产值和农业劳动力人数计算，农业总产值按当年现行价格计算。

资料来源：福建省统计局 . 福建农村经济年鉴（1994 年）［M］. 北京：中国统计出版社，1995：22，39.

---

① 福建农村发展研究中心 . 福建省农业合作经济史料：第 2 卷［M］. 福州：福建科学技术出版社，1991：182.

（3）资本要素。第一，资金市场逐步活跃。1952 年底，全省群众性信用互助合作组织达 714 个。1955 年底，全省农村信用合作社达 7236 个，建社乡数占总乡数的比例为 95%，参加信用合作社农户 197 万户，约占全省总农户的比例为 72%。1955 年 1~8 月，全省信用合作社利用 1400 多万元资金，循环贷给农民群众，总额达 2500 多万元，几乎等于国家银行同期放农贷总和。1956 年，农村信用社调整为 4330 个，入社社员达 371.2 万人，股金 5949 万元。1957 年，晋江在莲塘乡试点农业社、供销社、信用社"三社合一"，将信用社并入农业社成为农业社的信用部。这些信用互助合作组织对农村资金、农民生产和生活等方面起到一定积极作用。

第二，资金投入增加。福建根据"多缺多贷、少缺少贷、不缺不贷"原则发放贷款。1951 年底，全省发放农业贷款 352 万元，为 1950 年贷款额的 5 倍。1954 年底，福建发放农业贷款 1778 万元，其间福建省政府还拨款 50 多万元，在仙游石马、南安西村，闽侯扈屿、龙岩河南和漳浦英山等地，重点建设 7 个抽水机站。1955 年，福建省农行发放"贫农合作基金贷款"，至 1957 年底，共发放贷款 2400 万元。这些贷款解决了贫农、新中农、老中农等资金问题，加强了中农、贫农团结，巩固了党的农业合作化政策。1953~1957 年，福建共发放农业贷款 25942 万元，为 1950~1952 年农业贷款的 24.17 倍。1957 年底，全省农村信用社存款达 5923 万元，较 1956 年增长 77%，其中集体存款 3669 万元，占比 62%，农户储蓄 2254 万元，占比 38%[①]。农地产权排他性激发了农村集体和个人农业投资，合作化时，农村集体和个人固定资产投资 3.46 亿元。同时，政府资金投入也不断增加，1951~1957 年，财政支农和农业基本建设拨款，分别投入 4181 万元和 5600 万元。这两项投入在省财政总支出中比例由 1953 年的 4.18% 升至 1957 年的 13.19%[②]。另外，福建有不少农业社还建立了股份基金制度[③]。

---

① 福建省地方志编纂委员会. 福建省志·金融志 [M]. 北京：新华出版社，1996：362-365.

② 1950~1957 年福建省农业资本构成见附表 3。

③ 合作化时期农业经营制度安排中已阐述了股份基金制度，在此不再赘述。股份基金与公积金、生产投资有重要的区别。股份基金和公积金的区别在于：公积金是从公共收入中逐步积累的全体社员的公有财产，社员退社时不能带走；股份基金则由社员交纳，社员退社时可以带走。股份基金与一般生产投资也不同：一般生产投资是发动有余粮钱的社员进行投资，并规定归还期限和付给一定收益；股份基金则是由大家按一定比例标准缴纳，一般不再归还，社员退社时带走但不计利息。

合理筹集股份基金，保证了农业社实现增产和扩大再生产的物质基础，促进了中农、贫农团结。

2. 农村经济组织向家庭与合作社混合经营转变

互助组在农户家庭基础上将部分劳动力、耕畜和农具统一调配、统一使用，实行必要的集体劳动和分工协作。随着互助组的发展，福建出现了互助合同、联组、并大组等组织形式①。互助组形式较分散，并未真正组织化，它与农户家庭经营并无本质区别，其产品收益仍为农户自行分配。互助组是农户家庭在自发追求制度利润的基础上进行劳动组合，组内的约束机制较弱。

1955 年底，福建共有初级社 59309 个，社均 27.5 户。初级社实行土地入股，集体统一经营。在收益上，初级社按土地、耕畜和劳动投入分红，在产、供、销方面更需要也更容易与国营经济相结合。初级社通过将农民土地以股份分红形式集中于集体，克服了小农经营缺点，提高了经济组织经营效率。同时，初级社以集体名义购买农具和牲口，调动劳力修建农业基础设施等，为农业扩大化生产准备了基础。初级社规模与农村村落边界重叠，农民的土地所有权和退社权决定了组织配置资源效率高，组织决策监督和激励机制较强以及组织管理人员能为集体实现潜在利润而努力，在农业绩效引导下，绩效高的社农民愿意将其农业生产要素投入合作社；反之，农民会选择单干。

福建高级社规模各有差异，社均规模为 50~200 户（见表 6-12）。平原地区社均 255 户，共 1133 人，半山区社均 163 户，共 752 人，山区，社均 118 户，共 478 人[149]。高级社实施土地集体经营、统一劳动，其组织规模和管理体制较初级社更大和更复杂，在监督农户隐藏信息和行动的机会主义行为方面较之前更困难[150]。高级社有些干部抱有"越大越好"片面思想，致使发生了盲目合村并社扩大社规模现象。由于队与队间经济收入悬殊大，高级社出现了社与队、队与队、社干与社员之间互相怀疑，不团

---

① 互助合同是指两个以上互助组订立生产互助合同，互通有无，这使得农村中的互助合作不仅局限于本组内，按照合同，等价交换，扩大了生产要素的交流范围。联组是几个乃至几十个互助组联成一个联合组，实行统一调配劳动力，这比互助合同范围更大。并大组是两个以上互助组合并为一个规模更大互助组。并大组不同于互助合同和联组，互助合同和联组是处于合作关系，各自有其独立经营权，但是并大组是两个以上互助组完全融为一个，这需要互助组本身在制度上更为完善为前提，这为初级合作社的发展奠定了制度基础。

结等现象，社的规模过大影响了社员生产积极性和社经营管理。

表 6-12　1957 年福建高级社规模所占比例统计　　单位：%，个

统计社数	50 户以下	51~100 户	101~200 户	201~500 户	501~1000 户	1001~1500 户	1500 户以上
18178	35.32	24.99	20.01	17.08	2.5	0.09	0.01

　　资料来源：社队规模变化情况：1961-04-01 [Z]. 福州：福建省档案馆（全宗 207，目录 2，案卷号 477）：5.

　　高级社扩张后，社内干群关系日渐疏远，社员对集体生产关心程度和主动性降低，社干指挥不断失灵等。中央为此提出"权力下放，社队分权"和"统一经营，分级管理，明确分工，个人负责制"模式。福建在 1956 年就开始了社队分权探索。1956 年秋，龙岩石粉乡农业社总结社劳动组织方面的经验教训后，决定撤销生产大队，以原来三十多个耕作小组为基础，根据地形和照顾亲邻关系，划分为 14 个生产队，每个队 20~30 户，劳动效率得到普遍提高，这种做法也在福安等地实施[151]。调整后的社规模和管理体制使高级社规模更适宜，权责越明确。在社统一计划和安排下，生产队机动权加大，主动性提高，社干部脱离实际错误减少，加之实行队包产指标略低于社生产计划指标办法，生产队和社员生产积极性提高。合作化时，农业合作社经营具有一定的独立性，在社制订计划时，只要合作社完成国家农业税和农产品统购任务，并履行对其他经济部门所订立的合同，就可以按照社员需要和具体情况，因地、因时、因社制订生产计划。高级社改变过去以血缘、地缘为边界的财产关系，打破传统小农经济组织载体，为国家实施更大规模组织变革和变革农业经营制度创造了前提。高级社奠定了我国农村组织结构基础，人民公社的"生产大队"，20 世纪 80 年代农村改革以来的"行政村"建制，都是从高级社演变而来。

　　3. 农业基础设施和农业生产条件投入规模扩大

　　合作化时，农地产权预期和激励使农民迫切要求动工建设农田水利设施①和扩大农业生产投入规模。1952 年，福建兴修水利工程 11 万多处，受

――――――――

　　① 《中国农业全书·福建卷》编辑委员会. 中国农业全书·福建卷 [M]. 北京：中国农业出版社，1997：76.

益农地面积 67.9 万亩，发动 100.71 万人次参加治虫运动，受益农地面积
675.15 万亩。1954 年，福建运用联组、联社、联乡、联区等形式，开展群
众抗旱斗争，全省共兴修水利 4.5 万多处，灌溉面积 1101 万亩，冬种面积
500 多万亩（比 1953 年扩大了 3.5%）。1956 年，福建兴修大小农田水利
95000 多处，受益农地面积 379 万亩，占解放七年来总成绩的 40%，完成
防治保护工程受益面积 16 万亩，水土保持 249 平方公里。合作化时，福建
完成土石方 9245 万立方米，有效灌溉面积 1161 万亩。1956 年上半年，全
省共积肥 9 亿多担，比 1955 年同期增长 100%，改良土壤 327 万亩，推广
细菌肥料 300 万亩。1957 年，全省农用大中型拖拉机 41 台，农用排灌动
力机械 1000 台，1.1 万马力（较 1952 年增长 550%），农业总动力 1.97 万
千瓦，为 1952 年的 7.88 倍。合作化期间，福建机械总量虽有增加，但农
业机械化总体水平较低，如 1955 年，实际机耕面积只有 1.5 万亩，占总耕
地面积的比例为 0.005%。1952~1957 年，福建农业化肥使用量由 0.7 万吨
增至 2.03 万吨，但总体上化肥施用量较低，这一方面受化肥生产能力限
制，另一方面也受到化肥价格高的影响。

4. 农业产出持续增长

受到农地产权排他性强及农业增产措施的激励，1952 年，福建粮食作
物总产量 372 万吨，比 1951 年增长 10.2%，其中，稻谷 281 万吨，增长
10.2%，单产达 131 公斤，增加 12 公斤。1952 年，全省农业和种植业总产
值（按当年不变价格计算）为 8.44 亿元和 7.38 亿元，分别较 1950 年增长
了 8.6%、7.7%。1954 年，全省粮食产量较 1953 年减少 11 亿斤，但仍略
高于 1952 年。1954 年，全省农业总产值和种植业总产值增长缓慢，分别
为 8.55 亿元和 7.74 亿元，比 1952 年增长 1.3% 和 4.9%[①]。初级社加强了
生产计划性，充分发挥了土地效力，农民从"吃啥种啥"转变为"宜啥种
啥"及"因地施肥"。初级社时，农业经营制度对农业增长具有正向激励
作用，据 1750 个社调查，1954 年，增产增收的社 1309 个，约占
比 77.5%。

随着农业合作化的发展，粮食产量不断增长，互助组粮食产量高于单
干农民，初级社粮食产量高于互助组，农业产出增长较为明显，至于原
因，除了农地产权外，社员自愿和类似于"安全阀"的社员自由退出机制

---

① 1949~1957 年福建农业产出与投入数据见附表 4。

起到重要的作用。另外，农业投入方面，国家和农民资本投入及国家贷款，农业机械动力、化肥使用量等增长是初级社农业产出增加的重要原因。

高级社的调整和巩固促使福建农业经济获得长足发展。1956年，农业在遭受水、旱、风等灾害后仍获丰收，农业总产值为11.08亿元。1957年，农业总产值为11.32亿元，较1952年增长34.12%，但种植业产值比上一年有所减少，粮食产量几乎没有增长。这是高级社过急、过快、过粗和形式过于单一（"四过"）所致。高级社时期，农地产权集中，组织规模大，违反自愿原则等造成了社监督成本、摩擦成本、管理成本增加，且农业技术大部停留在手工和畜力结合阶段，集体经营的技术性规模效益较低，所以，高级社农业增速变缓。1957年，全省主要农业产出都有增产，其中，在粮食产量上，1949~1957年年均增长6.64%，小麦和薯类增长较高，年均分别增长10.40%、12.08%[①]。

5. 农民收入和购买力逐年提高

1950~1957年，福建农户家庭人均收入由60.87元增至112.13元，年均增长9.11%（见表6-13）。据1957年《福建日报》报道，根据晋江、闽侯、霞浦、顺昌、平潭、寿宁等32个县、市调查，代表各种地区的农业社9874个中（占全省高级社总数的57%），已赶上或超过当地富裕中农的生产、收入水平的共有2071个社，占比20.97%。另有1081个社，占比10.94%，已接近富裕中农水平。有些地区已有大多数社达到富裕中农水平。漳州市郊已经达到富裕中农水平的社占比100%，龙溪、海澄两县均达80%以上，南靖、长乐两县均达60%以上，福安、漳浦、长泰、长汀、周宁5个县均达40%以上[152]。

表6-13 1950~1957年福建省农民家庭人均纯收入统计　　单位：元

年份	1950	1951	1952	1953	1954	1955	1956	1957
人均纯收入	60.87	61.18	69.97	74.7	89.88	91.95	105.92	112.13

资料来源：福建省委政策研究室.辉煌五十年（福建卷）[M].北京：中央文献出版社，1999：262.

---

① 福建省统计局.福建统计年鉴[M].福州：福建人民出版社，1984：51-62.

农业经营制度变革解放了农村生产力，农副业虽然遭受水、旱灾等，但农民收入仍逐年提高。如表 6-14 所示，福建八个典型乡（村）（闽侯徐家村、建瓯高阳乡、南平乡高埠乡、福安乡横坑乡、永安县小螺乡、平和县锦溪乡、龙溪县崇福乡和连城县张家营乡）统计如下：

表 6-14　1952~1954 年福建省八个典型乡（村）农副业收入情况对比统计

单位：担（折粮）

	合计			农业收入			副业收入		
	1952 年	1954 年	1954 年比1952 年增加（%）	1952 年	1954 年	1954 年比1952 年增加（%）	1952 年	1954 年	1954 年比1952 年增加（%）
总计	60743	71504	17.72	54393	64307	18.33	6350	7137	12.39
平原	35412	40446	14.21	31853	36245	13.79	3559	4201	18.06
山区	25331	31058	22.6	22540	28122	24.76	2791	2936	5.19

资料来源：中共中央农村工作部办公室，八个省土地改革结束后至 1954 年的农村典型调查（内部资料），1958：222。

如表 6-14 所示，1952~1954 年，农民收入增加 17.72%，山区收入增速高于平原。平原地区和山区农民农副业收入都有不同程度增加，副业收入中平原地区增速高于山区。

农业收入增加促进农村购买力提高。1952 年、1954 年和 1957 年，农业居民人均消费水平分别为 79 元、82 元和 98 元（见表 6-15）。据一些典型社调查，各阶层收入增加户数占各该阶层总户数比重如下：贫农 85.8%，新下中农 86.7%，老下中农 82.7%。1956 年，闽侯县岐安乡瓜基村农民人均购买力 52.71 元，比 1955 年增长 18.29%；农业社老社员人均 51.86 元，比 1955 年增长 31.18%；新社员人均 47.88 元，比 1955 年增长 7.94%；单干农户人均 72.12 元，比 1955 年增长 6.17%；生活资料购买力方面，1956 年比 1955 年增长 25.93%（见表 6-16）。

表 6-15　1952~1957 年福建省农业居民消费水平统计　　单位：元

年份	1952	1953	1954	1955	1956	1957
农业居民消费水平	79	80	82	86	100	98

资料来源：福建省委政策研究室 . 辉煌五十年（福建卷）[M]. 北京：中央文献出版社，1999：251.

表 6-16　闽侯县岐安乡瓜基村典型户购买力增长变化情况

单位：元，%

商品类别	1954 年		1955 年		1956 年		绝对值环比	
	绝对值	人均	绝对值	人均	绝对值	人均	55 为 54	56 为 55
总计	2475.23	39.92	2765.72	44.61	3271.6	52.71	111.74	118.29
生活资料	2040.24	32.91	2273.5	36.67	2863.08	46.18	111.43	125.93
生产资料	434.99	7.02	492.22	7.94	408.52	6.59	113.45	83

资料来源：闽侯县两个村农业合作化前后农村购买力增长变化情况的典型调查：1956 [Z]. 福州：福建省档案馆（全宗 179，目录 5，案卷号 294）：72.

　　随着农村人口增长，高级社人均耕地日益减少。虽然高级社农业产值和产量保持相当增长速度，但农业效益却不断下降，农民收入分配中，公共积累普遍扩大。1957 年秋，全省 21673 个农业社中，已有 80% 的社适当地扩大了公共积累，1956~1957 年，南平专区 4000 多个农业社提留公共积累由 3% 增至 5%~7%。至于原因，除了农业生产发展、副业收入增加以及农业生产投资外，保留公共积累是维持社会主义及集体主义优越性的手段之一。

　　在劳力对 GDP 贡献率上，如附录 16 所示，合作化时，福建农业劳动力贡献率呈下降态势。1957 年较 1955 年下降 9.72%，非农部门对经济的贡献率呈上升态势，非农与农业劳动力贡献系数之比走势上升，这意味着城市经济不断增长，但上升幅度不大。同时，城镇居民收入不断下降，农民收入水平提高。这表明农地产权农有私营、社营显示了合作社优越性，促进了农业经济增长，加之农民流入非农部分人数未受到户籍制度约束，农民非农收入增加以及农村副业发展共同促使农民收入提高。

　　6. 农村私营商业及自由市场繁荣稳定

　　"一五"时期，福建全社会商品供求基本平衡。1952~1957 年，全省社会商品零售额增长104.1%，年均递增15.3%（见表6-17）。"一五"时期，福建市场繁荣稳定。土改后，农民生产积提高，市场产品供应不断增加，市场流通未出现真空，在农产品价格方面，福建适当地提高农产品收购价格和调低工业品销售价格。

表6-17 "一五"时期福建省社会商品零售额统计

单位：亿元，%

年份	1952	1953	1954	1955	1956	1957	1957年比1952年	
							增长幅度	年均递增
全省社会商品零售额	5.84	7.38	8.74	9.43	11.97	11.92	104.1	15.3

资料来源：福建省地方志编纂委员会．福建省志·商业志［M］．福州：中国社会科学出版社，1999：20.

合作化时，农地产权排他性较强，产权激励人们将成本与收益内部化，农村市场活跃。"一五"时期，福建继续保护私营商业正当经营。1953年后，由于国营商业和供销合作社迅速发展，国营商业零售上升使私营商业经营困难，城市商业公私关系、劳资关系一度出现紧张。1954年，全省供销社和国营商业零售额占总零售额的比例为54.6%。1954年9月，福建调整公私零售比重，如国营商业让出一部分零售点和品种；调整批发点和批发差率，扩大私商经销和代销范围；组织私营联商联营开店等，这些措施使私营零售商业得到一定发展。1954年，除福州、厦门、泉州、漳州四市外，农村初步形成了以供销合作社为主体，包括合作商店（组）、公私合营商店和个体商贩的农村商业网络，全省城乡市场形成了以国营商业为领导，供销合作社为有力助手，个体商贩、集市贸易为必要补充的流通渠道（见表6-18）[153]。

表6-18 1954年福建社会零售额分季度统计

季度	项目	国营		合作社		私营商业	
		零售额（亿元）	所占比例（%）	零售额（亿元）	所占比例（%）	零售额（亿元）	所占比例（%）
第一季度		866.84	5.62	7387.8	47.94	7156.42	46.44

续表

季度 项目	国营		合作社		私营商业	
	零售额（亿元）	所占比例（%）	零售额（亿元）	所占比例（%）	零售额（亿元）	所占比例（%）
第二季度	806.17	5.26	9021.59	58.83	5506.05	35.91
第三季度	803.12	4.98	9691.89	60.12	5624.06	34.9
第四季度	1010.31	6.37	9618.15	60.68	5222.6	32.95

资料来源：1954年农村市场情况：1955-01-20［Z］．福州：福建省档案馆（全宗206，目录2，卷宗55）：85.

高级社时，农村市场主要体现在自由市场的发展上，土副产品的品种和数量显著增加，城乡物资交流更活跃，市场供应紧张有所缓和；小商贩营业额扩大，积极性提高。自由市场引发农村一系列变化，具体有三点体现：第一，农民经商普遍。据档案显示，私商中存在这样的观念：过渡和合作商店不如合作小组，合作小组不如单干，在收入增加刺激下，农民弃农经商普遍。据龙岩专区571个农业社统计，做生意的社员2315人，有些农业社社员将几百亩土地归还政府，申请做生意[154]。第二，农村市场活跃。福清渔溪市场在自由市场开放后，无证经营小商贩增多，如渔溪区非正业理发人数增至36人。农村市场价格随着市场交易频繁而提高，如晋江专区一般商品均涨价30%。第三，农产品涌入市场及农民市场行为影响了国家收购计划和市场正常供应。如福州市场，1956年10月下旬到11月上旬，农民上市大米和粮食复制品750担，自宰自销猪肉约800担，受价格波动的影响，供销社和农民订立预购合同，农民不执行，供销社缺货源。

高级社时，福建出台"关于正确地贯彻执行放宽农村市场管理方针的几项规定"，将粮食等20种列为统购和统一收购物资，并对农民贸易范围，价格管理，市场领导机构等方面做出若干规定。政府调控下的农村市场"效果"明显，统一收购物资上市减少，小土产上市继续增多，经商农民回乡生产，据龙溪县6个乡统计，1956年上半年，经商农民255人，至11月中旬，回乡农民有140余人[155]。

1957年，供销社作为福建农民集体所有经济组织，承担了对农村私营商业社会主义改造任务。同年3月，全省农村私商74161人中，转变为供销社职工的有 13957 人，占比 18.8%；通过合作商店、合租小组、代销经销等形式组织小商小贩走互助合作道路有 54529 人，占比 73.55%；公私合营 5675 人，占比 7.65%。1952~1957 年，农村供销社商品纯购销总值增长 4 倍多，占农村零售额的比例为 54.6%①。

7. 农民教育集中统一与耕作技术提高

随着农业生产恢复与发展，农村入学学生数逐年增加。1952 年，全省民校 9614 所，参加学习的成年农民 72.36 万人，较 1950 年增加 67.18%。1957 年 1 月初，福建共有 99.97 万农民参加民校学习（缺厦门、永安数字）[156]。为了提高社队干部经营管理水平，福建专门开设了农业干部培训班。据统计，1953~1957 年，福建共培训 3238 名农业干部，提高了农业经营管理水平②。初级社和高级社，农民教育大部分在社内部开展，利用社内集会，选择与当前有关材料，组织讨论并进行专业知识培训等。1954 年春，罗源县碧里乡党支部在外沃和梅花两村举办会计学习班，该年 12 月，全乡 9 个合作社已全部建账[157]。这些举措一方面提高了农民文化知识，另一方面也有利于农业作业。

合作化时，福建进行了耕作制度创新，如单改双，间改连、稻豆两熟和稻薯两熟等。这些制度创新带来了农业产出增产，增产效果于第五章已有具体阐述，在此不再赘述。

合作化时，福建注重建立健全农技推广体系，使其向规范化、规模化、多样化和标准化发展。1956 年，全省有 68 个县建立农业技术指导站，539 个区建立了"三站"。全省建立农技推广站 428 个，畜牧兽医站 65 个，茶叶指导站 31 个，种子站 6 个，农业科学研究所 8 个，植物检疫站 1 个等③。集体经营下的农技推广能提高农业规模经营效率，农技成果转化取得一定成效，如水稻陆财号、乌谷尖等，亩产由 98 公斤增加至 180 公斤。

---

① 中共福建省委党史研究室.中共福建地方史（社会主义时期）［M］.北京：中央文献出版社，2008：145.

② 福建省地方志编纂委员会.福建省志·农业志［M］.福州：福建人民出版社，1992：333.

③ 《中国农业全书·福建卷》编辑委员会.中国农业全书·福建卷［M］.北京：中国农业出版社，1997：257.

二、政治效应

农村基层组织领导模式趋向集中。我国农村行政管理体系到合作化阶段已突破传统家族血缘关系、宗法组织、乡绅和保甲等，呈现出新式阶级论、成分论。土改后，中国共产党对乡村社会关系进行"重构"，打破传统乡村场域内在联系，构建以成分划分为基础，以阶级区隔和阶级对立为核心的新式乡村社会关系。

随着土地改革的完成，福建在全省每个乡建立党支部，至 1952 年 10 月，全省建立区委 446 个，6842 个行政乡中建立党支部的有 770 个，到该年底全省党支部增加到 2244 个。互助组时期，福建省委逐步开展互助组干部骨干培训工作，1952 年 6 月，福建省农委举办第一期互助合作干部训练班，共训练各专区、县准备做互助合作训练工作的干部 230 人，省妇联筹委也抽调各专区、县妇联干部 71 人同时参加训练，共计 301 人。其中，共产党员 139 人，青年团员 113 人，非党团员 49 人；文化程度上，大学 4 人，高中 55 人，初中 79 人，小学 107 人、私塾 10 人，粗通文字的 41 人，不识字的 3 人[①]。通过训练，互助组干部对互助合作政策有了清晰的认识并懂得农村生产发展的两个积极性以及组织农民的基本方法。

初级社时期，各个农业社普遍建立党、团支部、小组或党团联合小组，充分发挥党、团员的带头作用。1955 年，全省各级党组织结合农业经营发展党员，建立党支部 10369 个，37%的乡建立了党的组织。全省各县三级干部会议共训练干部 10 万余人，乡村经过各种会议训练的干部和积极分子约 70 万人，80%以上的群众受到一次和多次合作化宣传教育。大部分社建立了宣传员小组和治安保卫小组，加强了社领导力量以及社干部和社内外群众之间的联系。华安县先锋乡先锋农业合作社开展"四对比、五算账"教育行动[②]，提高干部社员办好社、整好社的信心[③]。

---

① 福建农村发展研究中心. 福建省农业合作经济史料：第 2 卷 [M]. 福州：福建科学技术出版社，1991：157.

② "四对比"：比社、组、户，哪个好；比社会主义和资本主义，哪个好；比剥削制度和农民当家做主，哪个好；比个人发展和共同富裕，哪个好。"五算账"：算灾害账；算搞副业增加收入账；算发挥劳动积极性增加工分账；算贫农、中农合作互利增产账；算克服生产、生活困难账。

③ 中共福建省委党史研究室. 福建农业合作化 [M]. 北京：中共党史出版社，1999：35.

1956 年上半年全省农村党组织新发展农村党员 1.8 万人，农村党员达 10 万人以上，基本做到各个基层乡都有党组织。同时，为了加强党组织对高级社的集中领导，福建省委于 1956 年 3~4 月抽调 1500 名相当于区委员以上的干部，担任一些高级社政治副社长，从组织上保证了高级社的内部管理。这些干部大部分参加农业生产，改进领导作风，据南靖、龙溪、海澄、华安四县不完全统计，702 个下乡的区以上干部中，能够深入田间和群众一起干活的 495 人，占 70.5%，另据长泰、龙溪、南靖、海澄、华安、浦城 6 个县统计，在 3943 个乡、社主干中（绝大多数脱产），能够参加生产领导生产的有 3137 人，占 79.6%①。农村基层干部转变工作作风，密切了合作社的干群联系，调动了社员的生产积极性，稳定了党在农村社会治理中的权威性，促进了党的农村社会治理工作有效开展，营造了良好的农业经营环境。

合作化时期，农业合作化组织为党和国家制度运行载体，农村基层党员干部为执行者，这种体制伴随着农村土地产权不断集中而逐渐巩固。合作化组织结构能提高政府整合资源能力，在农业生产力水平较低时，对农村经济发展具有促进作用。但高级社过于集中的管理模式不利于农村要素流动，致使农村经济发展活力不足。随着农业生产集体化和收益分配逐渐集中，以及合作社组织科层化，国家权力通过党组织、乡村干部完成了向农村基层全面下沉，为人民公社政社合一奠定了基础。

三、农地混合所有混合经营影响农业经济发展的原因分析

1. 始终坚持以农业生产为中心

在农业合作化过程中，福建始终坚持以农业生产为中心，以增产增收为衡量成败的标准，将农业合作化运动与农业生产、农村生产力和农民生活水平提高联系起来，使农业合作化运动和农业生产形成良性互动。虽然高级社阶段，曾出现"四过"现象，农地产权集体化程度超过了农村生产力承载和干部管理水平，农业产出一度出现下滑，但福建仍然坚持以农业

---

① 福建农村发展研究中心. 福建省农业合作经济史料：第 2 卷 [M]. 福州：福建科学技术出版社，1991：500.

增产增收为合作化运动的出发点和落脚点①，其间农业产出即使有波动，但由于政策执行得力，农业经济整体发展态势良好。

2. 农地产权由私有向集体所有转变

互助组在土地私有基础上进行劳动协作经营，农民的劳动付出与其收获物呈正相关。熟人社会下，组内能实施有效监督，同时农户拥有退出权，实行共同劳动，这些使得互助组能提高土地和劳动效率，增强抗御自然灾害的能力，强化农地产权激励约束和资源配置功能等。初级社以土地、耕牛等入股和统一经营为特点，在所有制上既保留产权私有又提取一定公共积累，实行集体统一经营，土地只参加分红，按劳动分配所得。初级社内产权关系较清晰，社员拥有土地所有权和退出权，且退出权的自由度与合作社经营风险呈正相关，农民不仅可以实施对合作社的监督，促使管理者改善制度绩效，还可以参与合作社分配等重要决策[159]。初级社股份意味着原始出资的财产已经作为一个独立财产体出现，财产的权利束发生分离，特别是直接占有权、经营权的独立。其中，原始的所有权就演变为对股份的持有权、参与利益分配的权利[160]。初级社的土地产权结构能有效地促进生产要素融合，达到充分利用土地的目的。高级社农地产权主要表现为按劳取酬，土地和农具等已不参加分配，集体拥有土地占有、使用、收益和处置权。高级社土地连片，人力、资金较集中，统一使用土地，统一调配劳力，有利于形成规模经济效应，并可集中力量进行生产技术改革，提高农业生产率。虽然高级社集体产权会受到"搭便车""平均主义"等影响，但保留农民对土地的最终处置权有助于缓解这一矛盾[161]，因为社员对集体资产的关心程度并未因农地集体化而有所下降，产权的激励约束功能依然存在。

3. 农民经营理性

所谓理性，经济学一般定义为"一个决策者在面临几个可供他选择的方案时，会选择一个能令他的效用得到最大满足的方案"。合作化时期，农民在"可供选择的方案"上，受到两方面限制，一是农民主观认知能力，二是外部经济条件[162]。农民对客观世界的理解受其知识水平、理解能力等限制，也受到他人对自己理解的限制。互助组时期，农民选择了劳动协作经营，这是基于当时认知能力、相互理解和经营经验的较佳方案。

① 中共福建省委党史研究室. 福建农业合作化 [M]. 北京：中共党史出版社, 1999: 72.

初级社和高级社时期，以中国共产党为核心的农村基层组织和领导干部掌握了较高知识文化，加之以特定方式对农民进行教育，囿于认识能力的农民选择了跟随党的政策。初级社和高级社时期，农民掌握了农业生产和生活资料，在具体经营方式上，可选择相关生产责任制，加之国家对农业社的支援等共同激发了农民生产积极性。农民的"选择"是其收集信息、比较利弊、选择成本小于收益方案的过程。合作化时期农业经营制度具有正向激励效用，从福建农业产出逐渐增长的事实便可得到印证。在个人"效用最大化"上，合作化阶段农业经营制度带来了农业产出不断增长、物质收入逐渐提高和农村市场渐趋繁荣，更重要的是，也带来了较高的安全保障和名誉地位。农民选择与制度绩效相互依赖，彼此促进。

4. 国家权力下沉

土改后，迅速扩大的农村基层组织，加速国家权力下沉至农村，加强国家对农民人身财产和农村社会经济发展的支配。从互助组向初级社、高级社的过渡中，农民虽有退社权等，但他们中的大多数还是选择了合作。该时期国家已建立了以计划经济为主的经济结构，农村生产和生活资料等都被纳入国家计划之列。国家权力通过党政组织和乡村干部掌握了农地产权制度及农业经营制度变迁的主动权。这也符合布坎南的判断：共有财产制下的人们间相互依赖是最大的[163]。

5. 意识形态强化

以马克思主义为指导的社会主义思想意识形态，树立权威并统领新的政治、经济和文化制度的一切变迁，宣布新政权的制度变迁方案为合乎历史必然性和道德的选择，以降低国家制度安排的交易费用①。合作化时期，社会主义理论交替发挥着批判和意识形态强化功能。社会主义改造前，社会主义理论批判私有经济、推崇公有经济是国家制度安排合法性的关键因素之一。社会主义改造后，社会主义理论则维护农地集体所有和计划经济。不可否认，合作化阶段中国共产党具有强大的社会动员能力，而且掌握意识形态话语权，它促进了农业基础设施建设与改善、农地规模经营、农民生产积极性的高涨、农业科技的投入和农村党政组织的发展等。

6. 干部管理水平有待提高

互助组和初级社时期，农业社规模适中，干部队伍扩大，干部管理水

---

① 张悦. 中国农村土地制度变迁——基于意识形态的视角 [M]. 北京：经济管理出版社，2011：100.

平尚能满足社队发展。高级社后期农业绩效下滑与社干管理水平有一定关系。高级社规模"升级"——社大、事多、情况复杂和管理不便，超越了部分社干部领导和经营管理水平。随着农村生产关系急剧变化，社干部中出现了"吃大锅饭"、挥霍公款和铺张浪费等，有的干部在办高级社时就决定先修办公室、盖礼堂等，有的干部多拿补贴和"多吃多占"①，有的干部作风不民主，脱离群众。在处理集体与个人、贫农和中农问题上，有些社干部不深入调查研究，不和群众商量，特别是不尊重老农意见，造成强迫命令和少数社干决定一切的领导氛围。高级社后期，社干过分强调集中领导和统一管理，偏重于生产，忽视了对财务、分配工作的重视，以致许多农业社因财务紊乱、账目不清而起争执，影响了"按劳取酬，多劳多得"的顺利进行。这些影响了合作社干部对农业生产管理的主动性和积极性，造成农业产出下滑。

7. 农业经营环境非市场性

基于以上分析，合作化期间经济组织效率还是较高的。除了上述原因外，还与农业经营环境相关，即农民间交易在很大程度上具有非市场交易和社区关联性特点。关于这方面研究，本书赞同已有研究观点[166]，研究表明，农村中农村市场分工和农民交易程度的发展远远不够，这使得相同的交易主体在不同的交易领域发生持续的交易关系，交易主体不是匿名的，具有很强的关系性。研究进一步指出，非匿名性交易环节促使农民之间合作契约范围拓展的原因有：非匿名性使得农民之间信息具有共同指示性；市场分工的不发达造成了农民交易范围狭窄，农民间的交往具有重复性；不同交易主体间关联性较强；户籍制度导致农民流动性低，交易对象固定，且不同领域参与主体同一性提高了交易的可行性。另外，从经济组织的内部看，劳动投入与成果呈正向激励且明确而统一，社员在组织内获得归属效益大于其个人生产效益，因而组织释放的良好效益和组织的行为准则得到不断强化和巩固，最终推动组织绩效的提高。

四、小结

农业合作化运动是中国共产党在农村开展的一场深刻政治、经济和社

---

① 中共福建省委党史研究室. 福建农业合作化 [M]. 北京：中共党史出版社，1999：61.

会变革，它以农地私有向集体所有变迁为基础，实现了农民分散经营向集体经营的转变。这场变革初衷是以农业增产为中心，然而发展结果逐渐偏离起初所设想。合作化期间农业经营制度演变是党急于向高级农业经营形式过渡、恢复生产、发展经济和基层强大动员等约束下的选择，在国家明确目标预设和强力主导下，合作化过程更成为一种运动化的治理。有论者认为，合作化所造成的强大压力，将农民卷入集体组织，从而建立起一种在实质上并非合作，而是受国家掌控的统制经济①。就福建而言，本书不赞同非合作观点。通过分析，1951~1957 年，互助组与初级社占据大半，农民基于生产理性选择入社并取得良好经济绩效，如果农民在组织内部不合作或"磨洋工"，其农业绩效也远非上文所述。如果合作组织内部不合作，农民将启动退出机制回归个体家庭经营，虽然当时存在国家增加农民退出成本的可能。本书认为，合作化时，国家已全面掌握了农村、农民和农业的基本情况。首先，基层干部和党员遍布农村，党组织基本覆盖农村且掌握农村决策话语权；其次，农村户籍制度阻止了农民无序流入城市，形成了城乡二元结构格局；最后，统购统销政策使得农业大部分剩余转向城市工业，以指令性计划为主的计划经济，使农业生产、分配和交换都处于国家掌握之中。

土地制度变革是国家政治、经济发展、农民需求及意识形态等相关因素共同作用的结果，也改变了农村中利益集团博弈格局。集体所有制下，农民不再是单独的经营主体，农村成为国家、集体和农民的角力场。集体在很大程度上取代农民原有的经济利益而成为国家处理与农民间关系的中间组织②，合作化中的重视农业，轻视副业便是其表现③。农业合作化虽解决了土地私有和土地分散问题，利于农业增长、形成规模经济、提高农业投入和劳动效率等，但产权模糊带来的激励不足和短时间内正式制度激进

---

① 吴毅，吴帆. 结构化选择：中国农业合作化运动的再思考 [J]. 开放时代，2011（4）：79.

② 王丽华. 中国农村土地制度变迁的新政治经济学分析 [D]. 辽宁：辽宁大学，2012：19-20.

③ 农业合作化中轻视副业的原因，本书认为，农民个体经营时，农业生产一般是按照市场需要和生产习惯进行的。合作化后，尤其在高级社，农民没有农业经营主动权，合作社成为领导和计划生产单位，农民成为合作社的劳动成员，生产计划起到决定性作用。国家"以粮为纲"的政策一般合作社负责实施，它绕过了农民，通过集体"指挥"农民进行生产，实践着国家的农业生产计划。

式变迁与农村社会文化传统习惯等非正式制度的不兼容影响了农业经营制度绩效，造成了集体经济下降，农村无力投入更多生产要素，农民收入增长变缓，产生惰性，劳动效率降低等问题。

互助组农地私有协作经营带来劳动效率提高的同时，也面临着农村习惯势力、小农经济理性、农业经营地理环境差异大、山区农村阶级斗争复杂等因素的影响，并引发一些新矛盾和问题。初级社农地私有入股共同经营能集中土地，促进农业生产，克服土地私有结构下小农经济弊端，但社内统一经营，农地所有权、经营权分离，处置权受限，农民话语权缺乏以及"用脚投票"的市场机制，社员们逐渐失去生产资料占有、使用、收益和处置权，并被收归集体。高级社农地集体所有形成了一种新型社会主义互助合作关系，个人消费品第一次按照劳动者提供的劳动数量和质量来分配，即按劳分配[167]。

合作化时期，中国共产党农村社会治理充分利用了农业制度和组织资源，调动了农民的政治参与积极性，保证了农村社会稳定，但该治理结构下衍生出国家与合作社、合作社内部以及基层干部与农民的矛盾，形成了人民公社相关制度演变的路径依赖。究其原因是农业合作化集体机制与传统小农的矛盾。近代以来，国家很少触及农村社区事务，以自给自足为特征的农村社区具有较强的稳定性。农业合作化后，中国共产党用新式治理理念取代传统农村治理模式，通过农地产权集体化改造传统小农，构建了农村社会集中领导模式。

农业生产有其特殊性，如劳动分散、劳动对象差异、生命不可逆，生产的时间性、区域性，劳动付出与成果联系不稳定等。农业合作化是在以手工劳动为主的情况下，将农业生产要素重新组合的过程。这种组合在社队规模适度的情况下能促进农业经济增长，若社队规模超越一定"边际"，它将受到农业生产规律限制，进而农业绩效下降。高级社后，土地集体所有集中经营忽视了人多耕地少，土地情况复杂等客观因素，"土地集体化"应用各个社，即便是农业生产蕴有潜能，也因制度供给不灵活而无法释放出效率来。因此，历史经验表明，农业规模经营一定要尊重农业资源禀赋、农民生产习惯和农村传统，适应当前社会经济发展水平并尊重农民意愿，将劳动或投资与最终成果联系起来，并配合较高的农村干部管理水平以及避免合作政治化、合作组织行政化和合作运动化等做法。

第六节　农地集体所有下农业经营制度绩效分析

一、经济效益

1. 农业生产要素投入曲折发展

人民公社农地集体所有统一经营，其基本核算单位主体经历了公社、生产大队和生产队，其农业要素投入也随之发生着相应的变化。

（1）土地要素投入。第一，土地投入量。1957～1958 年，福建耕地由2219 万亩减少至 2058 万亩，减少 7.25%，其中茶园实行密植补苗，减少原来间作耕地 25 万亩，兴修水利，修公路、铁路，田间大道及工业基建占用 56 万亩，还有一部分因国防用地和自然灾害而减少。1958 年，种植当年生经济作物和其他作物占用耕地 258 万亩，粮食耕地 1800 万亩，人均1.2 亩，比 1957 年减少 0.14 亩[168]。1958 年以后，耕地面积总量不断减少。1959 年，水利建设、交通等项目共占用耕地 77.79 万亩，开荒 13.44万亩，两者相抵，1959 年耕地减少 64.35 万亩①。1961 年，耕地减少45.84 万亩，其中水利占地 2.60 万亩，交通占地 1.28 万亩，其他基建占地 2.04 亩，改林改牧 3.96 万亩，因灾废弃 11.26 万亩，其他 24.71 万亩[169]。数据显示，人民公社建立阶段，耕地面积逐年减少，1961 年比1958 年减少 192.70 万亩[170]。这是由于基建、抛荒和农地产权频繁调整影响了农民土地投资积极性，同时，自然灾害频发也影响了农民开垦耕地。1962 年，生产队拥有队范围内土地产权，农民生产积极性逐步提高，耕地面积有所增加。1962 年 6 月底，人民公社拥有耕地 1884.2 万亩，比 1961年增长 0.9%，其中集体经营增加 6.8 万亩，社员自营增加 100 万亩，社员自留地为 155.6 万亩[171]。随后几年内人民公社耕地面积不断增长，1963～1966 年，耕地面积由 1962.9 万亩增加到 1981.3 万亩。如图 6-1 所示，

---

① 中共福建省委农村工作部收入分配统计表：1960-04-09［Z］. 福州：福建省档案馆（全宗 106，目录 3，案卷号 32）：67.

1967~1985 年，福建耕地逐年减少，即由 1976.2 万亩降至 1891.8 万亩。至于原因，本书认为，改革开放之前，兴修水利、城镇建设、工矿交通以及农村各项基建等占用了农村耕地，改革开放以后，农村经济结构的调整，退耕改果、改渔、改林、改茶等导致了耕地面积减少。

第二，土地利用率。由于农地产权归公，农民生产积极性骤降，粮食播种面积不断减少。1958~1961 年，粮食作物、经济作物和其他作物播种面积分别减少 194.3 万亩、64.1 万亩和 34.2 万亩。1958~1959 年，由于农地产权急剧变化，产权非排他性，粮食作物播种面积受到巨大影响，一年间减少 316.9 万亩（见附表 12）。如图 6-2 所示，1968 年前，土地播种面积由于产权的变动和政策因素而出现浮动。1968 年粮食播种面积以及粮食产量都急剧下降，至"文化大革命"结束，播种总面积逐渐上升。1962~1977 年，福建耕地复种指数由 159.66% 上升至 204.92%。改革开放后，粮食播种面积和耕地复种指数都不断下降，但粮食产量逐年提高，这是由于农业技术进步，农地耕作制度改进以及农业机械动力和化肥施用量增加的原因。改革开放后，播种面积、耕地复种指数的下降似乎与农地产权使用权、收益权和处置权非排他激励相悖，但笔者通过查阅统计数据了解到，经济作物播种面积不断增加，同时在农业产业结构中，种植业比重下降，林牧副业比重增加。这与福建政府改革开放后调整农业产业结构政策相关，也是福建利用产权结构排他性及自身资源优势发展特色农业经济的结果。人民公社时期，福建耕地复种指数均高于全国平均水平（见图 6-8），尤其是 20 世纪 70 年代初，高出全国平均水平的 50% 以上。如此高的复种指数使福建在全国农业经营中具有典型性，这是在既定制度环境和人多地少的约束下，福建农民根据自身资源和气候优势而作出的农业经营制度安排，它在一定程度上克服了农地集体所有集体经营的低效率，是人民公社时期福建经济长期处于低效率但农民基本生活能够得到保证的重要原因之一。

第三，土地生产率。1958~1962 年，由于受到产权非排他的影响，农地亩产量持续下降，粮食亩产由 147.78 公斤降至 125.95 公斤。1962 年后，农地产权下放至生产队，尽管期间受到政治因素和自然灾害的影响，有些年份产量略有下降，但整体上农地单位面积产量是提高的，1963~1977 年，粮食亩产由 141.08 公斤升至 198.16 公斤。改革开放后，农地亩

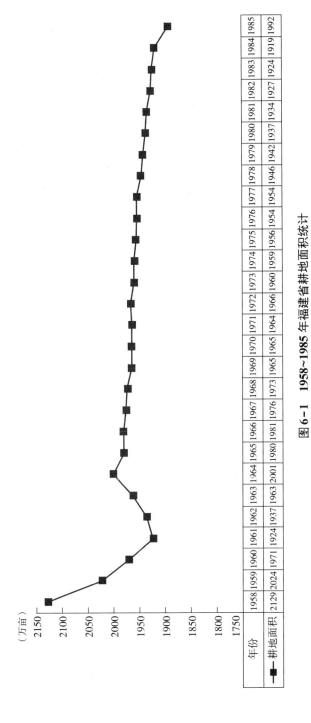

图 6-1 1958~1985 年福建省耕地面积统计

资料来源：福建省统计局. 福建奋进的四十年 [M]. 北京：中国统计出版社，1989：37.

年份	1958	1959	1960	1961	1962	1963	1964	1965	1966	1967	1968	1969	1970	1971	1972	1973	1974	1975	1976	1977	1978	1979	1980	1981	1982	1983	1984	1985
耕地面积	2129	2024	1971	1924	1937	1963	1364	1965	1973	1976	1981	1980	2001	1964	1965	1960	1966	1959	1956	1954	1954	1946	1942	1937	1934	1927	1924	1919

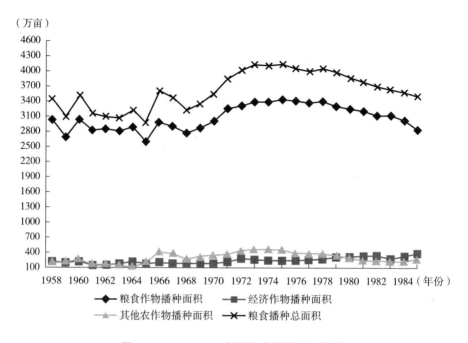

（万亩）

1958 1960 1962 1964 1966 1968 1970 1972 1974 1976 1978 1980 1982 1984（年份）

◆—— 粮食作物播种面积   ■—— 经济作物播种面积

▲—— 其他农作物播种面积   ✕—— 粮食播种总面积

图 6-2   1958~1985 年福建省播种面积统计

资料来源：福建省统计局．福建奋进的四十年［M］．北京：中国统计出版社，1989；福建省委政策研究室．辉煌五十年（福建卷）［M］．北京：中央文献出版社，1999；福建省统计局．崛起的海峡西岸经济区——新中国 60 年的福建［M］．北京：中国统计出版社，2009．

产增长迅速，1978~1985 年，农地亩产由 219.04 公斤升至 280.44 公斤，农地产权集体所有下，其使用权、收益权和处置权的排他性是重要影响因素。与全国相较，人民公社时，福建耕地单位亩产量均高于全国平均水平（见图 6-2），这一方面得益于福建改变耕作制度和集体技术投入与农民经营理性一致，另一方面也是源于农地和制度环境约束下福建农民吃苦耐劳的精神品质。

（2）农业劳动力配置。1958~1985 年，福建粮食播种面积由 3014.6 万亩减至 2832.73 万亩，其间，1971 年后粮食播种面积有所增加，但经济作物和其他作物播种面积增加幅度已超过粮食作物。农业内部产值比例上，1978 年前，种植业、林业、牧业和渔业基本维持 65%、7.5%、12.1% 和 7.2% 左右，1978~1985 年后，种植业产值比例由 63.54% 下降至 50.62%，林业、牧业和渔业产值比例由 7.59%、16.24% 和 8.23% 升至

9.22%、19.81%和11.07%。1957~1985年，农村社会经济结构中，农林牧渔业产值比例由82.1%降至62.3%，农村中工业、建筑业、运输业和商业产值比例分别由7.7%、1.4%、0.5%、0.2%增至22.2%、6.3%、4.2%、5%。上述变化决定了农村劳动力中农业劳动者比重。统计数据显示，1958~1985年，农业劳动者占农村劳动力比例由82.9%降至80.5%（如附表11至附表12所示）。

具体体现为：农业劳动力投入和流动。

首先，农业劳动力投入。如附表5所示，人民公社建立时，由于基本核算单位急剧变动，农业劳动力先大量转移城市，随后又逆向回流农村。1960年，农业劳动力骤降至444万，这主要是农业劳动力向城镇和工矿区转移的缘故。1958~1963年，全省城镇劳动力不断增长，即由17.56万人增至36.05万人。1961年，流入城市农民引致城市人口急增，造成了城市公共产品供应紧张和城镇居民粮食等物资供应严重短缺，同时，农业劳动力锐减也造成了农业产出下降和农村社会生产力破坏。自1961年起，国家对国民经济进行调整，精减大批城镇职工，实行"逆向回流"，1963年全省农业劳动力增至469万。人民公社建立时，福建农村劳动力的特点是"两头多中间少"，即公社刚建立时和后期体制调整阶段劳动力多。如南平建国大队，1957年，全社有536个劳动力，其后劳动力逐年减少，至1960年，全社劳动力减少了118个。1961年5月，建国大队共有劳力719人，占总人口的比例为41.9%，比1957年增加133个，占总劳力的比例为22.8%[172]。如图6-3所示，1963~1985年，福建农业劳动力投入不断增长，即由469万人增至705.71万人，这是户籍制度限制农村劳力流动及农村人口自然增长的结果，同时，它也是维持和促进农业经济增长的重要因素之一。

其次，农业劳动力流动。1958年，福建经济建设进入高潮，大批农村劳力流入城市。据惠安、安溪、南安和闽侯4县不完全统计，共有27654人流入城市。1960~1961年，部分农村受自然灾害影响，全省外流人口增加，如仙游龙华公社金山大队山顶村，只剩下4个老人。之后，福建开展了流动人口清理遣返工作，1969年，福建又进行了人口大清理，主要将农村外流和上山下乡倒流人员遣返至原籍。如图6-4所示，1963~1977年，除了1971年和1975年外（主要受"农业学大寨"等运动影响，农业劳动力有所波动），其余年份，农业劳动力约占农业人口的33%。这表明招工

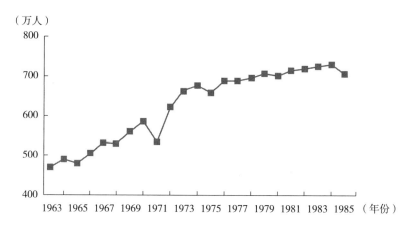

图 6-3　1963~1985 年福建省农业劳动者统计

资料来源：福建省统计局.福建奋进的四十年［M］.北京：中国统计出版社，1989.

制度和户籍制度限制了农业剩余劳力向城市流动。1970 年后，农村劳动力恢复向城镇流动，1971 年城镇劳力占全社会劳力的比例为 5.52%，至 1976 年该比重已恢复到 1965 年水平。对于农村劳动力要素流动缓慢的影响，有研究指出，这降低了农村人口和农业劳动力进行再生产的交易费用及其价格，为农业积蓄了规模甚巨的人口和劳动力，形成了很长一段时间内农村稳固的社会结构，抑制了公有制条件下城市居民规模的扩张，进而减缓了城市在居民住房、教育、医疗卫生等方面要求政府增加福利开支和公共基础设施建设的需求①。本书认为，大量积聚的农村劳动力造成农民"过密化"劳作，影响农民劳动生产率的发挥。1978 年之后，福建农业劳动力转移加速。1978~1985 年农业劳力占农业人口的比例比 1963~1977 年低 0.7%，1985 年为 31.1%，较 1977 年降低 2 个百分点。家庭承包责任制实施后，福建城镇劳力逐年上升，1978~1985 年，由 6.39% 升至 8.22%。这是缘于农地产权改革激发了农民生产积极性，促进了农业产出和农村劳动生产效率及农业经济多元化发展，农业经济发展又促使农村剩余劳力大量涌向城镇和非农产业。如表 6-19 所示，原先农业闲置和隐藏的劳动力转化为现实生产力，从而使农村生产率得到成倍增长。

---

① 韩永文.我国农业在国家工业化建设进程中的贡献分析［J］.当代中国史研究，1999 (2)：73.

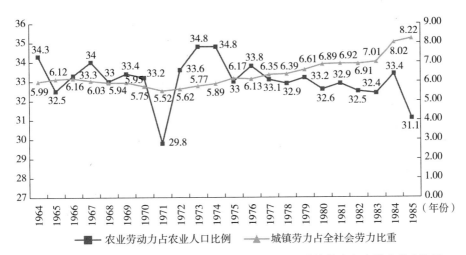

图6-4　1964~1985年福建省农业劳力占农业人口、城镇劳力占全社会劳力比重

资料来源：福建省统计局. 福建奋进的四十年 ［M］. 北京：中国统计出版社，1989：36；福建省委政策研究室. 辉煌五十年（福建卷）［M］. 北京：中央文献出版社，1999：257.

表6-19　闽南三角区各县市农村生产率指数

	晋江	龙海	泉州	东山	漳州	漳浦	南安	同安	永春	惠安	安溪
1978年劳均农业总产值指数	75	100	62	88	75	75	50	100	75	50	75
1986年劳均农村社会总产值指数	100	78	67	64	47	44	44	39	39	31	28

注：1978年农业总产值是旧口径，包括村及村以下工副业产值，基本代表了农村社会生产水平。

资料来源：阎浩. 晋江农业劳动力转移五十年（1936-1986）历史考察 ［J］. 中国经济史研究，1992（1）：39.

　　人民公社时期农业劳动力流动还表现在外调劳力、劳力盲目外流和留队劳力使用等方面①，这些对农业生产产生了一定影响。

　　外调劳力方面，22个大队外出劳力占比22.27%，公社以上单位组织外调占比15.27%，其他原因外出劳力占比4.9%，这些外调导致了社与社、队与队劳力不平衡。同时，外调劳力中男劳力、全劳力以及农业劳力

---

　　① 档案显示，以连江敖江公社凤尾，敖峯，浦口公社浦口；闽侯城门公社城门；龙海县莲花公社山后，天宝公社大寨，角美公社白礁；松政县熊山公社林屯，东平公社凤头，城关公社茶平，花桥公社祖垱，铁山公社铁山，汀沄公社富垅，渭田公社上塘，镇前公社梨洋，蒲城县仙阳公社殿基，下洋；惠安县飞跃公社龙山；沙县夏茂公社洋元，华安县华封公社草坂；长乐县鹤上公社沙京，邵武县胡书公社胡书22个大队的统计数据为依据。农村人民公社劳动力方面几个问题的综合：1960-08-20 ［Z］. 福州：福建省档案馆（全宗106，目录4，案卷号18）：71-77.

居多，致使留队农户平均负担大，影响农业产出。如闽侯县白沙公社黎明连队，全劳力外调劳力占全队全劳力 58%，其中，男劳力占 61%，留队农户每人负担比高级社时增加 1.9 倍。劳力盲目外流上，22 个生产大队有 14 个大队发生盲目外流，外流人数占总劳力 1.65%，主要流向城市或工业建设基地。留队劳力配置上，由于受到劳力外调和外流影响，留队劳力使用分散且生活福利性行业从业人员过多。22 个大队留队劳动力中，实际生产占总劳力的 89.79%，真正从事农业的占 56.82%，从事生活福利行业占 13.48%[173]。上述这些农业劳动力的流动严重降低了农业生产效率。

除了上述劳力要素流动外，农村还存在着另一种劳动力流动形式，即农民离土不离乡就地流动，向社队企业流动。如附表 10 所示，福建社队企业产值除了 20 世纪 60 年代和 70 年代初低外，其余年份不断增长，这引发了农村劳力流向社队企业。如图 6-5 所示，社队企业初办时，农业劳动力向社队企业流动迅速，1959~1960 年，社队企业劳力占农村劳力比重由 4.05% 升至 7.69%。1961~1962 年，受自然灾害影响其比例骤降，1963 年，社队企业劳力不断增加，由于 1965~1971 年数据未查到，本书不作说明。1972 年后，社队企业劳力占农村劳力比重逐年上升，1978~1985 年，其比例由 12% 上升至 23.2%。因农业劳动力转移而发展起来的社队企业，提高了农村集体和农民收入，增强了他们经济实力，逐渐改变了农业经营制度变迁中博弈主体的地位，影响了农业制度变迁的方向和速度。

如图 6-6 所示，本书将人民公社时期农业劳动生产率分为以下阶段：1958~1963 年为农业劳动生产率恢复阶段，至 1963 年福建劳动生产率基本恢复至 1958 年水平。1966 年前，农业劳动生产率逐年提高，1966 年较 1963 年增长 22%。1966~1978 年，农业劳动生产率有所降低，1967~1977 年，平均农业劳动生产率较 1966 年低 4 个百分点。农地责任制的试行和推广激发了农民生产积极性，1978~1985 年，农业劳动生产率增长 269.5%。对比全国，福建该时期的农业劳动生产率高于全国平均水平（见图 6-7），这一方面受到劳力总数，农产品物价和产量等影响；另一方面也从侧面反映了农业经营制度创新所带来的制度激励效果。

（3）资金配置。第一，资金投入。1958~1962 年，人民公社实行"政社合一"，银行成为公社"信用部"。1957~1958 年，全省农贷发放数增加 1.26 倍。1960~1962 年，农业贷款逐年提高并超过 1958 年水平。农地产权集体化下，国家投资是资金的主要来源，由于农民失去农地产权，因而

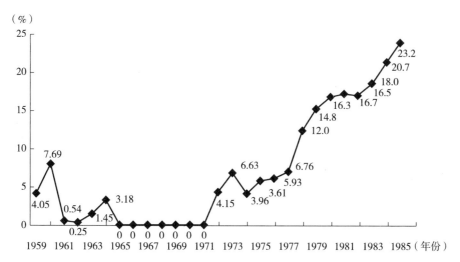

图 6-5　1959~1985 年福建省社队企业劳动力占农村劳动力比例

资料来源：见附表 10，由于 1965~1971 年数据未在档案中查到，故其比例为 0。

农民资金投入积极性下降。如附表 3 所示，1958~1962 年，农村社会固定投资年均约 1.1 亿元，低于 1956 年水平，国家财政支农和农业建设拨款方面稳中有升，1962 年，这两项占财政总支出比例为 17.79%，比 1957 年高 4 个百分点。在这个阶段，还需关注公社算账退款。1959 年，据 53 个县统计，县应退给公社 3485 万元，平均每个县退 66 万元，1959 年 6 月，已兑现 2856 万元，占应退金额的 82%。1961 年，退赔是整风整社运动的一项重要任务，福建省委于同年 8 月制订《1961 年退赔计划》，共计退赔款 28000 万元，其中专、县、市财政和专、县、市企业退 4000 万元，社队退 9500 万元。1962 年，由省下划信贷基金退还基层社的金额为 9403291.71 元。这些退赔对解决农民生活问题，农业生产恢复和发展起到了一定积极作用。另外，退赔还有效地支持了公社基础建设①。人民公社发展阶段，福建农村集体和个人用于农业的投资不断增长，但并非直线上升。1963~1965 年，人民公社投资增长 54%。1966~1976 年，人民公社资金投入趋势是增长的，但 1966~1969 年，农村集体和个人对农业投资有所降低。财政支农资金方面，总量是增加的，但其占财政总支出比例 1963~1977 年基本

---

①　福建省农村人民公社 1962 年基本建设情况年报：1962 [Z]. 福州：福建省档案馆（全宗 180，目录 4，案卷号 766）：1-4.

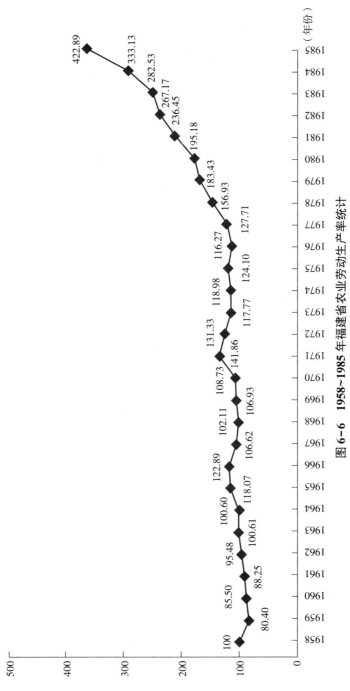

图6-6 1958~1985年福建省农业劳动生产率统计

注: 劳动生产率以农业总产值和农业劳动力人数计算。农业总产值按当年现行价格计算。图中的劳动生产率以指数形式呈现。以1958年为100表示。
资料来源: 福建省统计局. 福建农村经济年鉴 (1994) [J]. 北京: 中国统计出版社, 1995: 22, 39.

与 1962 年相当。如图 6-10 和附录 6 所示，1963～1985 年福建财政支农总体是增加的，这表明政府农业投资意愿不断增长。1978～1985 年，农地产权排他性趋强，农村集体和个人投资由 3.9 亿元增至 13.27 亿元，年均增长 19.11%，政府财政支农和农业基本建设拨款，由 23930 万元增至 31832 万元，国家资金占财政支出比例逐渐下降，由 15.8% 降至 10.38%。整个人民公社阶段，资金要素投入出现曲折，但农地产权公有或集体化促使国家和集体对农村投资不断增长。

第二，资金要素市场。1958 年，福建贯彻"两放、三统、一包"，将农村粮食，商业，财政，银行等部门基层机构下放给人民公社，由公社负责管理经营，公社银行为人民公社农业生产和商品流动提供资金。1959 年初，福建省银行实行指标控制，国家信贷全部由银行处理，并恢复银行机构，下放给县市财政信贷权全部收回。1962 年后，农村信用社被定位为集体所有制下独立资金互助组织，至 1965 年，福建信用社发展至 2812 个。据统计，1969 年农民和集体固定资产投资骤降，较 1968 年下降 18.85%。1973 年，福建将按生产大队建立的信用社转变为公社信用社，体制的转变带来了农民和集体投资意愿的下降，该年农民和集体固定资产投资比 1972 年降 0.51 亿元。改革开放后，随着农业生产责任制的推广，全省农村信用社在保证农业生产和管理模式上作了有益探索。20 世纪 80 年代初，农村信用社开始进行放宽贷款政策，在农村集镇经济集中的村庄适当增设信用分社，在平潭、莆田实行跨地资金调剂，浮动贷款利率，在三明陈大信用社与银行营业所实行所社联营等改革。农村信用社的调整是适应农村经济变化且随着农村改革发展而做的变革。1984 年，福建在中央恢复和加强信用社"三性"① 基础上选择 40 个县 209 个信用社进行试点改革，同年年底，选择连江、沙县、明溪等七个县组建信用合作县级联合社，至 1985 年，福建已基本完成信用社"三性"改革。农村信用社作为农村资金提供的载体，随着农地产权集中和下放而作出调整资金供给政策，并对农业生产资金和农村经济发展产生重要影响。

----

① "三性"是指组织上的群众性，管理上的民主性，经营上的灵活性。它是建立在中央关于"信用社应坚持合作金融组织的性质"精神和农行总行《关于改革信用社管理体制试点的通知》等政策基础上。这项改革主要目的是将农村信用社从官办恢复到民办，成为社员所有，社员管理，为社员服务的自主经营，自负盈亏金融组织，随着农村生产发展，农村信用社逐步转变为为农业生产服务的金融组织。

2. 农村经济组织——规模扩大的小农经济组织

人民公社建立时，"政社合一"体制使农村经济组织成为国家基层政权重要载体，组织剩余输入国家，产权非排他性使农民不关心组织。农村经济组织在行政权力指挥下，社队规模不断扩大，组织生产及其效率发挥受到影响。本节从四个方面对比福建初级社、高级社和人民公社规模变化。

（1）区、乡规模变化。公社化前夕，每区8102户，比1957年底增加80%，因为合并缘故，区数量比1957年底减少43.7%。公社化前夕，每个乡有640户，比1957年增加85%，乡总数比1957年底减少45.2%（见表6-20、表6-21）。

表6-20　福建公社化前夕与高级社时期区的规模对比

	1957年底 （高级社时期）	公社化前夕 （并区并乡后）	两者比较
全省	613个区	345个区	减少268个区、减少43.7%
平均每区	13个乡	12.65个乡	减少0.35个区、减少2.6%
平均每区	4501户	8102户	增加3601户、增加80%

资料来源：农村人民公社资料之一 社队规模变化情况：1961-03-27 ［Z］. 福州：福建省档案馆（全宗106，目录6，案卷号91）：2.

表6-21　福建公社化前夕与高级社时期乡的规模对比

	1957年底 （高级社时期）	公社化前夕 （并区并乡后）	两者比较
全省	7963个乡	4364个乡	减少3599个、减少45.2%
平均每乡	346户	640户	增加294户、增加85%
平均每乡	1428户	2713人	增加1285人、减少90%

资料来源：农村人民公社资料之一 社队规模变化情况：1961-03-27 ［Z］. 福州：福建省档案馆（全宗106，目录6，案卷号91）：2.

（2）社规模变化。高级社因地区差异，社规模悬殊很大。1957年底，平原地区社均255户，半山地社均163户，山区每社118户。从初级社至人民公社，社数量逐年减少，1962年，人民公社为1819个。1958~1962年，社规模扩大10倍多，且在"一大二公"制度环境下，改变人民公社规模的努力变得异常艰难①。

（3）生产大队和生产小队规模变化。1960 年底，福建共有 8275 个大队，平均每个公社 15.6 个大队。1962 年底，生产大队共有 16403 个，平均每个公社有 9.01 个大队。1960 年底，全省共有 69647 个小队，平均每个大队有 8.6 个小队，每个小队平均 43 户。1962 年底，全省有 162255 个生产队，每个生产队 18.91 户，与初级社相较平均户数少 8.59 户。

（4）乡、社比较和社、队比较。1960 年底，公社组织略大于 1955 年区规模（1 个公社等于 1.17 个区），小于公社化前（并区并乡）大区（1 个公社等于 0.66 个区）；1962 年，人民公社组织规模已分别降至 1955 年区和 1958 年大区规模的 1/3 和 1/5。户数规模比较，1960 年底，一个公社平均比 1955 年每区多 1222 户，比公社化前大区少 2379 户；1962 年底，一个公社平均户数比 1955 年区和 1958 年大区分别缩小 62.54%、79.19%。公社与乡数比较，1960 年底，1 个公社等于 1957 年底 16.5 个乡（小乡），公社化前 8.95 个乡（大乡）；1962 年，一个公社等于 1957 年底 4.87 个乡，公社化前 2.63 个乡。1960 年底，大队规模略大于 1956 年高级社（1 个大队 = 1.63 个高级社），大于公社化前高级社（1 个大队 = 公社化前的 2.17 个高级社）；1962 年，1 个大队小于 1956 年底高级社（1 个大队 = 0.8 个高级社），略大于公社化前高级社（1 个大队 = 1.12 个高级社）（见表 6-22）。

表 6-22　1955～1962 年福建大队平均户数变化情况

时间	1955 年小乡	1957 年高级社	1958 年大乡	公社化初期	1959 年体制下放后	1960 年底	1962 年底
每大队平均户数	346	134.4	640	286	237	361	187

　　资料来源：农村人民公社资料之一 社队规模变化情况：1961-03-27［Z］. 福州：福建省档案馆（全宗 106，目录 6，案卷号 91）：2.

　　人民公社时期，社队规模总体分布特点：一是两头小、中间大，这个

---

　　① 农村人民公社资料之一 社队规模变化情况：1961-03-27［Z］. 福州：福建省档案馆（全宗 106，目录 6，案卷号 91）：2.

特点到 1976 年基本不变①。二是地区间差别悬殊。如厦门、闽侯、晋江、龙溪四个专区、市，社队规模大于全省平均规模；福安、龙岩、三明三个专区，社队规模小于全省平均数；南平专区社队规模接近全省平均数；福州市郊公社规模小于全省平均数，生产大队、生产队规模大于全省平均数。福安专区公社数多，公社平均规模最小。农村经济组织规模扩大或缩小是受农地产权非排他性强弱以及国家工业化战略等因素共同决定的。

人民公社建立时，农村经济组织是国家与农民间缓冲层，确保了农产品供给和农业剩余转移至工业，但是，政社合一、集中统一管理模糊了农地产权，切断了农业生产要素流出渠道，离散了农业劳动与劳动报酬关系，影响了微观经济活力，最终导致农业劳动和土地生产率下降。人民公社发展和消亡时，生产队拥有农业生产主动权，组织规模缩小节约了交易费用，自留地收益在一定程度上减少集体工分制对农民生产努力的负面影响，社队企业的壮大和农村责任制的尝试一定程度上对农民形成组织激励。

1958~1962 年，农村经济组织是非竞争市场产物，因受意识形态、组织强制和劳动努力与收益脱钩等影响，农业生产要素和组织配置效率低。1962 年后，基本核算单位下放至生产队，在信息不完全下，生产队不断提升自我经济实力，其间，不断壮大的社队企业参与了城乡劳动力要素分配、城市分工及城乡市场等，成为福建 20 世纪八九十年代经济发展新的增长点。

农地集体所有集体经营决定了农村经济组织统一劳动和集中经营。至于农村经济组织向人民公社过渡的内在机制，本书认为，人民公社是在较低农业生产力水平下保障国家工业化战略目标，转移农业剩余，抑制农民

---

① 1963 年公社平均规模 3000 户以上有 268 个，占比 13.9%；500 户以下有 407 个，占比 20.9%；300 户以下的有 146 个，占比 7.5%。生产大队平均规模 400 户以上的有 1228 个，占比 7.7%；100 户以下的有 4504 个，占比 28.15%；50 户以下的有 1161 个，占比 7.25%。生产队平均规模 40 户以上的有 4067 个，占比 2.5%；20 户以下的有 109594 个，占比 65.6%；10 户以下的有 25024 个，占比 15%。1976 年，公社社均 3000 户以下的占总数比例为 42.86%，3000~8000 户的占比 43.2%，8000 户以上的占比 13.94%；生产大队队均 100~500 户中间层占比 75.91%；生产队队均 11~50 户中间层占比 88.46%。

经营理性的农村经济组织，其本质上是一个规模扩大的小农经济组织①。

3. 农业生产资料有序供应与农村公共建设集中开展

人民公社建立时，福建各地组织力量供应生产资料保证生产有序进行②，在其后 20 多年内，农业机械和马力不断增加。1965 年、1978 年、1985 年，福建农用大型拖拉机（台）、手扶拖拉机（台）、农用排灌动力机械（万台/万马力）分别为 518、118、0.7、9.3；3933、21528、2.6、30.5 和 7445、99880 和 6.2、72.9[174]。这些生产资料的有序供应对大规模农业基础设施建设有一定推动作用。同时农业机械化水平也在不断提升，据统计，1960 年、1978 年和 1985 年，福建实际机耕面积占总耕地面积由 1.19% 上升至 29.14% 和 28.47%。

人民公社发展阶段，福建各地掀起农田基本建设热潮。1973 年，泰宁县发动 19000 多名干部社员进行平整土地、改造低产山垅、综合治理山、水、田，全县平整土地和荒地约 1 万亩，新动工水利工程 108 处，可灌溉 32000 多亩，扩大旱涝保收面积 9000 亩[175]。对于动员农民从事农田基本建设原因，笔者赞同王玉贵观点，他指出，人民公社时期农村大批青年劳动力在秋忙农活忙完后，没有其他农业作业安排，加之农村生活又十分单调，为维持农村社会稳定与充分调动农业劳动力，集中他们从事水利建设，可解决农闲时农村劳动力就业问题，又能进行公共建设[176]。至于集体农地产权与农村基础设施建设关系，本研究赞同邓宏图观点，他指出，

---

① 有研究中指出，人民公社集体组织与自给自足小农家庭农场存在许多相似之处：一是集生产与消费于一体的组织，农产品生产主要是为了满足自身消费与国家征购；二是人民公社限制了劳动力流动，劳动力的机会成本为零；三是人民公社以追求产量最大化为目标而非利润最大化，国家的税收和征购额都取决于总产量，而与劳动生产率和劳动边际成本无关。资料来源：谢冬水，黄少安. 国家行为、组织性质与经济绩效：中国农业集体化的政治经济学 [J]. 财经研究，2013 (1)：30.

② 1958 年泉州组织供应生产资料总值达 1070 多万元，比 1957 年增长 87%。在耕作机械方面，福建 1959 年供应拖拉机 320 混合台、416 标准台，水田铁轮 320 混合台，机引农具 812 混合台，日本三用喷雾机 3 台，三缸高压喷雾机 3 台，改良农具 5014000 台。1962 年春，福建已修好拖拉机 158 台混合台，据 6 个专区市不完全统计，已修复排灌机械 53 混合台/7800 马力，小农具 1511 万件，至 1960 年共有拖拉机站 22 个，拖拉机 297 台，机耕面积达 230000 亩，占全省耕地面积的 1.16%，全省水轮泵、抽水机、脱粒机等分别为 251 台、2364 台和 2251 台等。1961 年，主要农机具数量大幅度增加，农业拖拉机（混合台/标准台）为 426/732.2 台，水泵 1403 台，机引犁 256 台，播种机 25 台等。资料来源：福建省委农村工作部. 关于人民公社基本情况，社有经济，分配，畜牧业生产，全省农村工作部长会议有关几个数字，公社各阶级干部估算等：1960-04-09 [Z]. 福州：福建省档案馆（全宗 106，目录 4，案卷号 26）：91.

农村人民公社农田水利设施的大量投入与建设的重要原因是集体产权与大量农田水利设施的公共属性在本质上是一致的。这使社员愿意接受并支付"无偿劳动"，因为单个劳动者在计算成本与收益时会将集体收益的某部分看作是自己投身建设的农田水利设施的活动中所得到的个人收益①。此外，"农业学大寨"对福建农业基础设施建设也有一定贡献，它促进全省每年都投入约三四百万劳力改造低产田、平整土地、兴修水利、开荒围垦等。1974年冬至1975年春，福建动员538万人，动工工程28000多处，平整土地47.5万亩，改造低产田91.8万亩。这些农业基本建设为福建农业产出增长发挥了重要作用。

综上所述，人民公社时期，福建农业生产条件得到一定改善。如表6-23所示，1952~1985年，除有效灌溉面积增幅不大外，其他农业生产条件指标均有大幅增长。农业机械动力增长1499.4倍，化肥施用量增长70.1倍，农村用电量增长28.8倍。这些表明农地集体所有集体经营能促使农业生产资料集中供应，保证农业生产顺利开展，克服个体农民资金短缺，强化农业机械设备普及，最终促进农业增产。

表6-23 福建省主要年份农业生产条件统计

项目 年份	农业机械动力（万千瓦）	有效灌溉面积（千公顷）	化肥施用量（吨）	农村用电量（万千瓦小时）
1952	0.25	643.33	7000	—
1957	1.97	774.00	20300	—
1962	6.83	950.00	24300	—
1965	15.07	1066.67	80800	3900
1970	34.64	852.00	105800	9800
1975	87.83	904.21	118600	32239
1978	167.72	862.55	212800	48946
1979	204.60	878.63	295075	57597

① 邓宏图.制度变迁中的中国农地产权的性质：一个历史分析视角 [J].南开经济研究，2007（6）：133.

续表

项目 年份	农业机械动力 （万千瓦）	有效灌溉面积 （千公顷）	化肥施用量 （吨）	农村用电量 （万千瓦小时）
1980	240.19	933.07	369918	64315
1981	271.27	836.05	389908	71252
1982	310.76	812.62	455196	79882
1983	323.99	822.90	475615	80056
1984	344.42	804.22	502265	89244
1985	374.85	925.00	491010	112380

资料来源：福建省统计局.福建统计年鉴［J］.福州：福建人民出版社，2011：273.

4. 农业产出波动

1958年，广大农民群众怀着改变农村面貌的迫切愿望和巨大热情投入到农业生产中来，农业产出有所增长。同年底，人民公社体制弊端初显露，权力过分集中、社队干部瞎指挥及作风问题等破坏了农业生产的正常秩序，影响了农民生产积极性。1958~1961年，全省农业总产值由11.03亿元降至10.1亿元，下降9.21%。1957~1961年，主要农副产品，如粮食、食油、甘蔗、生猪存栏及水果分别下降27.16%、72.56%、62.03%、70.82%和48.37%（见表6-24）。

表6-24　1957年和1961年福建省主要农产品生产情况对比

年份	产量				
	粮食 （亿斤）	食油 （万斤）	甘蔗 （万斤）	生猪年末存栏数 （万头）	水果 （万斤）
1957	88.79	4934	247144	401	23548
1961	64.67	1354	93852	117	12159
1961年比1957年下降（%）	27.16	72.56	62.03	70.82	48.37

资料来源：福建省地方志编纂委员会.福建省志·商业志［M］.福州：中国社会科学出版社，1999.

1962 年底，福建农业经济逐步恢复，粮食、经济作物和农副产品产量均有大幅度增产。1963~1965 年，全省把恢复农业放在第一位，并采取一系列措施确保农业增产，同时，积极开展经济作物的多种经营，增加化肥、农业机械等生产资料投入。1957~1965 年，全省农业产值增加 2.18 亿元，增长 19.25%，种植业产值增加 2.43 亿元，增长 25.82%，粮食产量增加 11.5 万吨。

1965~1966 年，由于动乱主要集中在文教部门和党政机关，尚未波及农村，农业经济仍有增长，农业总产值增长 6.2%。1967 年，农业发展受到影响。1967~1969 年，农业总产值连续三年低于 1966 年，虽然 1969 年有所上升，但仍比 1966 年少 0.22 亿元；粮食产量方面，1967 年、1968 年连续两年产量下滑，1969 年粮食产量略超过 1966 年。1969 年 12 月，福建省革命委员会召开工作会议，提出，走社会主义道路还是走资本主义道路，就看是不是坚定不移地贯彻"以粮为纲"方针。粮食过关了，才能腾出劳力、资金，发展多种经营，茉莉花、留兰香、香草、梨子树、桃子树、席草等，就是下决心狠狠地刹下来。福建为了扩大种粮面积，以"闽江桔子红"著称的闽侯，甘蔗之乡莆田、仙游和香蕉主产区漳州、龙海，纷纷大搞"柑桔让路""甘蔗上山""香蕉搬家"[1]。在这个阶段，虽然农业生产受"左"的政策影响，但福建还是制订并不断执行农村经济"十六条"，提出，坚持按劳分配，允许社员适当经营自留地和家庭副业等。1977 年 5 月，福建省委制定并试行《关于当前农村人民公社经营管理若干问题的规定》（以下简称《农业十二条》），从政策和措施上保证农村多种经营和社队企业恢复和发展。1965~1970 年，农业总产值增长 14.74%，年均递增 2.78%，粮食产量增长 111 万吨，增长 24.36%[2]。1970~1975 年，农业总产值增长 32.02%，年均递增 5.71%，粮食产量增加 74 万吨，增长 13.06%。1966~1978 年，农业总产值增加 13.88 亿元，年均增长 5.8%，种植业产值增加 1.93 倍，粮食产量增长 294.9 万吨[3]。由于强调"以粮为纲"，没有处理好粮食和多种经营关系，使经济作物和农村多种经营受到破坏，农民收入减少，许多粮食高产的平原社队，成

---

① 何少川. 当代中国的福建（上）[M]. 北京：当代中国出版社，1991：143.

② 福建省统计局. 福建农村经济年鉴（1994 年）[J]. 北京：中国统计出版社，1995：245.

③ 福建省委政策研究室. 辉煌五十年（福建卷）[M]. 北京：中央文献出版社，1999：265-268.

了"高产穷队"，一些穷困地区大量出现吃粮靠返销，资金靠贷款，生活靠救济的"三靠队"。

1979 年后，福建贯彻"以粮为纲，全面发展，因地制宜，适当集中"方针，在搞好粮食生产同时，搞好粮食与经济作物关系，1979～1985 年，福建农业总产值由 29.29 亿元增长至 59.34 亿元，年均递增 12.48%。1980 年后，福建注重农业产业结构调整，至 1984 年，种植业比例已下降至 46.3%，林牧副渔产值比例上升到 53.7%；全省农村经济商品化率逐步提高，农副产品综合商品率由 1978 年的 40% 提高至 1985 年的 55%；农民商业行为较为普遍，1985 年全省有约占农村劳动力 25% 的农民流向乡镇企业。

人民公社时期，福建农业产量和产值除 1962 年之前有所波动外，其余年份都逐年增长，可见农业经营制度激励了农业总产量提高。这种提高是为了满足国家工业化汲取农业剩余，是由农地产权界定主体——国家强力推行的结果。随着农地产权放松，农民生产积极性激增，他们利用山海资源优势，发展多种经营，增加收入，1958～1978 年，福建农业劳动生产率在 -20%～40% 间波动，1978～1985 年与 1958 年相比较，最低增长 56.93%，最高增长 322.89%（见图 6-7、图 6-8 和图 6-9）。

5. 农民收入增长缓慢及农民购买力有限

1957 年，农村家庭收入中，个体经济占据主要。据连城张家营高级社、闽清井后高级社和武平美溪高级社统计，个体经济收入占家庭收入的 60% 以上[1]。1958 年后，农民家庭副业及其收入归集体，农民生产积极性下降，农村穷队比富队多。全省 10520 个基本核算单位中，穷队、一般队和富队分别占 34.2%、41.32% 和 24.46%；人均收入方面，穷队为 60 元以下，一般队为 80 元左右，富队为 100 元以上。1959 年，穷队和一般队比 1958 年分别减少 2400 个和 175 个，富队增加 2575 个。其中，穷队赶富队占比 24.23%，一般队赶富队占比 25.77%，还未赶上的穷队和一般队经济水平也有所提高。1959 年，社员分配总额为 1123868 万元，人均 94.8 元，

---

① 福建省公社情况：1958-03-29［Z］.福州：福建省档案馆（全宗 106，目录 5，卷宗 60）：14.

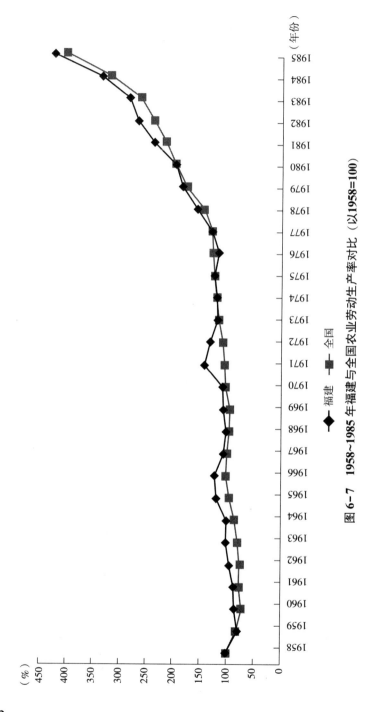

图 6-7 1958~1985 年福建与全国农业劳动生产率对比（以1958=100）

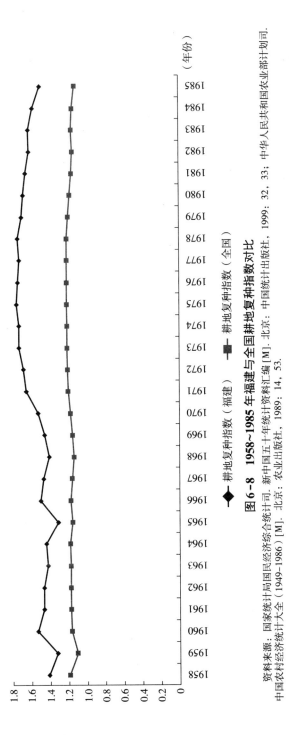

图6-8　1958~1985年福建与全国耕地复种指数对比

资料来源：国家统计局国民经济综合统计司. 新中国五十年统计资料汇编 [M]. 北京：中国统计出版社，1999：32，33；中华人民共和国农业部国农业计划司.
中国农村经济统计大全（1949-1986）[M]. 北京：农业出版社，1989：14，53.

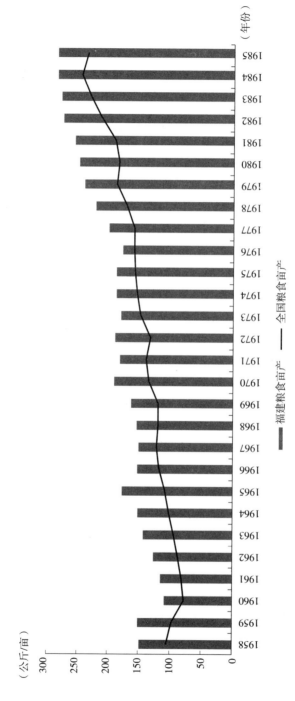

图6-9 1958~1985年福建与全国单位亩产量对比

—— 福建粮食亩产 —— 全国粮食亩产

资料来源：国家统计局国民经济综合统计司. 新中国五十年统计资料汇编[M]. 北京：中国统计出版社，1999：32，33；中华人民共和国农业部计划司. 中国农村经济统计大全（1949~1986）[M]. 北京：农业出版社，1989：14，53.

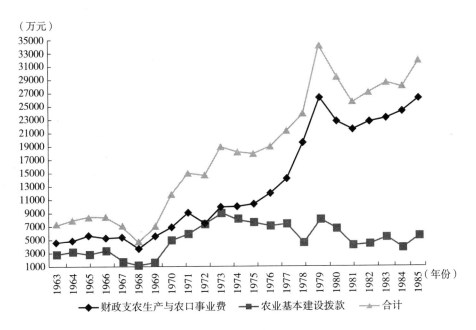

图6-10 1963~1985年福建省财政支农资金统计

资料来源：《中国农业全书·福建卷》编辑委员会. 中国农业全书·福建卷 [M]. 北京：中国农业出版社，1997：71.

较1958年增长6.8%[①]，社员收入绝大部分取之于集体，社员从公社、基本核算单位、包产单位和家庭副业取得收入分别占总收入的6.95%、62.59%、16.08%和15.38%[177]。

1960~1961年，全省农村人民公社总收入增加30.52%，相当于1957年水平，其中，物价因素占81.62%[②]，非生产因素占5.3%；集体经济三级收入和社员家庭副业收入分别增长14.76%和160%，人均收入增加18.28元。1961年，社员实际收入76.25元，排除物价因素，人均66.05元，较1960年增加11.66%。另据12660个大队统计，大部分社

---

① 1959年福建省农村人民公社收入分配调查综合报告：1960-03-19 [Z]. 福州：福建省档案馆（全宗180，目录4，卷宗683）：28.

② 物价因素主要有：受农副产品价格调整因素影响占81.62%，农村初级市场高价因素占18.38%，其中集体经济收入增长受农副产品价格调整因素影响占98.27%，农村初级市场高价因素占1.73%，社员家庭副业收入增长受农副产品价格调整因素影响的占20.19%，受农村初级市场高价因素影响的占79.81%。

员生活水平较低①，据 13182 个大队分配基本口粮统计，每人每月口粮 20 斤以下的占比 35.8%，25~30 斤占比 42.06%；30 斤以上的占比 22.09%[178]。

1962 年，社员收入水平总体比 1961 年有所提高。据 40 个基本核算单位收益分配统计，1961~1962 年，社员平均从集体取得收入减少 5.4 元，但家庭副业收入增加 75 元，总收入增加 69.6 元（见表 6-25）。在这个阶段，集体经济收入总体较低，据 143612 个生产队（占总生产队 88.5%）收益分配资料汇总，集体分配给社员人均收入 50 元以下的队占总队数 68.08%（见表 6-26）。

表 6-25　福建省 40 个基本核算单位社员人均收入统计　单位：元,%

	1962 年	1961 年	1962 年比 1961 年增减
人均收入	189.2	119.6	58.8
集体分配	55.2	60.6	-8.9
家庭副业	134	59	127

资料来源：福建省 1962 年农村人民公社收益分配情况：1963-06-20 [Z].福州：福建省档案馆（全宗 180，目录 4，案卷号 808）：6.

表 6-26　1962 年福建农村集体分配给社员的人均收入按生产队分组情况

单位：元,%

	151 元以上	101~150	76~100	51~75	41~50	31~40	21~30	20 元以下
队数	2424	5103	13692	24619	19421	27822	31867	18664
占总队数	1.69	3.56	9.53	17.14	13.52	19.37	22.19	13

资料来源：福建省 1962 年农村人民公社收益分配情况：1963-06-20 [Z].福州：福建省档案馆（全宗 180，目录 4，案卷号 808）：6.

在劳力对 GDP 贡献率上，如附表 16 所示，人民公社建立时，农业劳动力贡献率上升，1959~1962 年增长 10.17%，这为农民收入分配提供了

---

① 12660 个大队中，集体分配收入平均每人 150 元以上的占 1.13%，100~150 元的占 3.9%，80~100 元的占 7.58%，60~80 元的占 16.63%；50~60 元的占 16.78%，50 元以下的占 53.96%。

大量财富。非农部门对经济的贡献率也上升，非农与农业劳动力贡献系数之比走势上升。城乡居民收入之比下降，农民收入水平提高，这验证了上述结果。产生上述结果的原因，本书认为，一是福建自 1958 年始大办工业，农村劳动力因招工等向城市流动，至 1960 年福建城镇人口达到高峰，为 373.5 万人；二是社队企业发展迅速。如附录 10 所示，人民公社建立阶段，福建社队企业吸纳了大量农村劳动力，农民收入有所增加，如 1960 年，社队企业从业人员达 341655 人，占农村劳动力的比例为 7.69%；三是供给制加补贴制保证了人民必要的生活。

人民公社发展时期，社员收入增长缓慢。1964~1965 年，社员现金分配增加 300 多万元，若按人均来算则更少[1]，如附录 16 所示，农业恢复发展使农业部门对国民经济贡献率增加，非农部门下降，城乡居民收入差距拉大，农民实际收入水平下降。1966~1976 年，福建农民家庭人均收入由 133.28 元降至 104.43 元。人民公社农业经营中，一部分参与劳动努力程度高的社员被众多参与劳动努力程度低的社员驱逐出劳动市场，整个劳动市场效率随之变低，对于农业经营组织者来说，由于监督成本高和规模大等原因，他们无法测量具体劳动质量，只能按平均工资支付报酬，因此，农民收入缓慢增长。附录 16 的 GDP 贡献率即反映了该阶段农民收入。农业劳力部分对 GDP 贡献逐年减少，至 1978 年略微增长，这主要缘于农业生产责任制的激励。该阶段非农部门对国民经济贡献呈下降趋势，非农部门创造的国民财富不多，城乡居民收入比逐年拉大，尤其 1975 年，较 1964 年拉大了 112.18%。此外，超支户也是造成农民收入缓慢的重要原因。本研究举例 1972 年、1974 年、1976 年说明，如表 6-27 所示。农业经营较差的农户成为超支户，公社为维持他们生存，允许其欠公社债，农业经营好的农户因超支户无法得到应有报酬成为空分户，按劳分配不能兑现，劳动积极性大为下降。超支户、空分户与社的三角债困扰着人民公社集体经济发展，1958~1978 年，福建绝大多数县市农民人均年纯收入 200 元以下。1978 年，农民家庭人均收入 137.54 元，较 1976 年增长 31.57%，年均递增 14.7%。1978~1985 年，农民收入水平快速增长，由 137.54 元增长至 396.45 元，年均增长 14.13%。如附录 16 所示，1980~1985 年，农业

---

[1] 1964~1965 年农村人民公社生产队收支分配统计汇总表（三）：1966-05-18 [Z]. 福州：福建省档案馆（全宗 230，目录 3，案卷号 1214）：60.

部门对国民经济贡献维持不变，非农部门则不断下降。在国民经济不断增长下，农民创造出更多国民财富供分配，城乡居民收入比逐年下降，本书认为，农民勤劳、农业经济结构调整是这个阶段农民增收的主要推力，但农地产权的占有权、使用权、收益权不断下放等农业经营制度变革无疑是农民增收的最大贡献者。

表6-27　福建省1972年、1974年、1976年超支户情况

单位：户，元

年份	户数			金额			户均超支
	超支户	总户数	占总户（%）	超支金额	总金额	占总额（%）	
1972	1606374	3493582	45.98	207424376	1080125852	19.20	129.1
1974	1494119	3783417	39.49	187789111	1076228771	17.45	125.7
1976	1696600	3982485	42.60	212587600	1045211100	20.34	125

资料来源：福建省农村人民公社1972年收益分配报表：1973-04-30 [Z].福州：福建省档案馆（全宗197，目录4，案卷号79）；福建省农村人民公社1974年度年终收益分配报表：1975 [Z].福州：福建省档案馆（全宗197，目录4，案卷号220）；福建省农村人民公社1976年度年终收益分配报表：1977 [Z].福州：福建省档案馆（全宗197，目录4，案卷号396）.

人民公社发展时期，农民消费主要以自给和半自给性消费为主，农民购买力有限。如表6-28所示，1978年，农民人均生活消费支出较1962年降低23.63元，下降20.96%，生活消费品方面，食品支出1962年、1965年、1978年分别占总支出的57.41%、71.36%和69.12%，文化生活服务支出占总支出的比例则分别为3.67%、3.49%、2.65%，这主要是因为农民收入水平低，可供支配生活费用有限，生活消费主要用于食品和衣着。1978年后，农民购买力迅速提高，农民消费转向商品性消费。1985年，农民人均消费支出350.57元，较1978年增加1.55倍，农民家庭消费结构中，1978~1985年，住房支出占消费总支出比重由1.7%升至11.28%，其他支出比重由5.93%升到9.96%。

表6-28　福建省主要年份农民人均生活消费支出情况　　单位：元

年份	生活消费支出	生活消费品支出						文化生活服务支出
		总计	食品	衣着	住房	燃料	其他	
1962	136.36	131.36	78.28	5.95		19.04	28.09	5
1965	118.28	114.15	84.4	9.3		10.09	10.36	4.13
1978	112.73	109.74	77.92	13.03	1.89	10.21	6.69	2.99
1979	132.57	129.07	88.79	14.39	5.95	10.29	9.65	3.5
1980	157.67	152.34	99.43	16.01	11.54	13.17	12.19	5.33
1985	350.57	337.21	218.79	24.92	39.55	19.05	34.9	13.36

资料来源：福建省地方志编纂委员会. 福建省志·商业志［M］. 福州：中国社会科学出版社，1999：32.

本书认为，人民公社发展时期，农民收入主要通过工分制参与农业经营成果分配，是一种劳动报酬，而土地报酬则以税费及工农业"剪刀差"流入国家。人民公社时期农业经营制度安排决定了农民拥有有限土地权利，同时，经营管理模式高度集中，农民劳动投入与报酬不相等等问题影响农民生产积极性和主动性，导致农业经济发展缓慢，农民生活水平和购买力提升较慢。人民公社消亡时期，随着农业生产责任制的推广以及农村市场管制的放松，农民生产积极性高涨，农民根据自身资源发展山海经济，农民收入及购买力随之增加。

6. 农村市场中国家行为占据主导

1958年初，福建社会总供给和总需求基本平衡，市场稳定，但由于实施了以公社为核算单位，农业生产衰退，农产品价格急剧上涨。1961年，全省货币流通量为3.65亿元，较1957年增加176%，年末货币流通量与当年社会商品零售额之比由1957年的1：9降至1961年的1：3.7[①]。人民公社建立初，全省取消农村市场，农村集市贸易停止，取而代之的是农村市场物资交流大会。1959年初，据南平、晋江两专区不完全统计，物资交流大会召开2500多次，参加人数456万人次，成交金额达4000多万元，其

————

① 福建省地方志编纂委员会. 福建省志·商业志［M］. 福州：中国社会科学出版社，1999：22.

中购进 2300 万元，占全年农副产品采购总额的 18.16%。另据南平、莆田、永泰等 13 个市县统计，1961 年 1 月至 10 月，农村市场成交总额为 6456 万元，这些商品中，属于生产队所有的占比 41.8%，属于社员个人所有的占比 58.17%，农民中进行相互调剂的占比 41.49%，国营、供销社收购的占比 17.08%，单位和居民购买的占比 41.43%。

人民公社建立时农村市场发展的特点主要有以下两点：

其一，人民公社建立后，农业生产衰退、工业原料紧缺，影响了轻工业生产，轻工业衰退造成了生活资料商品市场困难。同时，原材料需求量膨胀，又导致了生产资料商品市场紧张和物价飞涨。尔后的农村市场逐步开放是基于上述环境下政府调整行为，其主要目的是调节市场供求，使市价回落，生产复苏，供求平衡。农村市场开放鼓励了农民发展商品生产积极性，促进农副业生产，增加社、队和社员收入，活跃了农村经济。

其二，1962 年后，市场的开放活跃了城乡关系，激活了原先农村传统经济关系。许多久已绝迹市场的农副产品如竹兰、陶器、木桶、土箕等陆续上市。

人民公社发展时期，福建根据"发展经济，保障供给"要求，在保证供应农村更多生产资料，供应城市更多原料、材料和城乡人民更多生活必需品的前提下，继续实现"当年平衡，略有回笼"方针。1963 年，全省全年社会购买力为 15.26 亿元，商品零售额为 15.39 亿元，当年货币回笼 1300 万元，主要农产品采购任务超额完成计划，集贸市场价格降低 50% 左右。1966~1976 年，由于受到"左"的思想干扰和破坏，农村商品经济发展受到限制，农村市场持续萎缩，社会人均商品零售额 1970 年比 1966 年下降 11.63%。农村不准社队经商，全省商业网点不足，流通不畅，商品供应紧张，至 1970 年，全省 21 种小商品产量较 1966 年下降的有 11 种，占比 52%[179]。福建有的地方实行"贫下中农管市场"，关闭很多农村集市贸易，使城乡流通渠道重走向单一化，一些从事农村商品生产经营活动的社员被批斗，有的被戴上资本主义"暴发户"的帽子，受到严惩。如福安溪尾公社社员搞投机倒把，副业单干，弃农经商等活动，公社党委组织力量在溪尾、利洋、新溪和林洋四个大队开展农村市场中的"两个阶级、两条道路的斗争""狠狠地打击了投机倒把和破坏市场管理的活动"[180]。随着农业生产责任制的推广，农村市场渐趋活跃，1978 年社会商品零售额比 1976 年增长 12.3%。

人民公社消亡时期，福建根据中央提出的"调整、改革、整顿、提高"方针和"对外开放、对内搞活"政策进行了一系列改革。1979 年，福建在全省开放集市贸易，并按"管而不死，活而不乱"原则进行管理。1979~1980 年，福建全面开展粮油和三类农副产品议购议销，开放牲畜市场，在完成征购超购任务后，粮油等农产品允许社队、农场自己加工销售。1983 年，全省对农民完成统购、派购任务后的产品和非统、派购产品实施放开经营，允许灵活购销，长途贩运。这些措施促进了农村市场经营活跃和多样化。1984 年，福建颁发《关于供销社体制改革若干问题的决定》规定，根据农村商品经济发展要求和供销社民办性质，供销合作社以促进和引导农村商品生产发展为着眼点，以改"官办"为"民办"，变全民为集体，以农民群众集体所有的合作商业为核心，以专业户、联合体和社办企业为主要服务对象。1985 年，福建进行农副产品统派购制度改革，除国计民生的重要农副产品实行合同定购与市场收购并行的"双轨"制外，其他农产品全部放开经营。为了保证农副产品统派购制度改革的顺利进行，福建还采取了一些调控措施，如对粮食实行"购销包干"，给商品粮基地以适当扶持等。1979~1985 年，福建农村集市稳中有增，即由 890 个发展至 1195 个，集市贸易成交额由 69700 万元增长至 168771 万元，年均增长 15.88%（见表 6-29），农村集市贸易成交额大部分为个体和集体经济组织所创，不但激发了农民群众发展商品经济积极性，还通过市场供求关系引导农民经营。农村劳力、技术和资金等生产要素在城乡、地区、产业之间进行较大规模流动，较好地解决了农村发展商品经济所面临的劳动力大量剩余、技术升级不够、资金缺乏等难题[1]。

表 6-29　1979~1985 年福建省农村集市及集市贸易成交额统计

年份	1979	1980	1981	1982	1983	1984	1985
农村集市数（个）	890	849	895	944	956	1065	1195
农村集市贸易成交额（万元）	69700	79185	91523	106136	117733	131799	168771

资料来源：中共福建省委党史研究室. 中国新时期农村的改革：福建卷［M］. 北京：中共党史出版社，1997：465.

---

① 中共福建省委党史研究室. 中共福建地方史（社会主义时期）［M］. 北京：中央文献出版社，2008：807.

综上所述，人民公社时期，国家占据农村市场主导，随着农业生产责任制的推广，农地产权权利束排他性逐渐增强，政府不断调动农民市场交易积极性以及农民根据成本与收益的个人效用最大化共同推动着农村市场的发展。

7. 农民职业技术教育和农技推广体系逐步发展

1960 年，福建"铁民校"12200 余所，农村在校学生数 3059356 人，其中扫盲班有 531027 人，业余高小 2045712 人，初中和技校 333410 人，高中和中技 64873 人，大专 13826 人，半日制职工学校 5718 人，业余师范 64800 人，民校技术班成为推广新技术的积极力量。人民公社建立后，农干校继续开设农业干部培训班，提高领导农业生产管理水平，据统计，农干校 1958~1985 年，共培训 9240 名干部。"文化大革命"前，福建还在公社内部办起了农业中学（见表 6-30），它将学生劳动和学习结合起来，提升了农业劳动者素质，并尝试了农业科学实验。如平和坂仔农业中学进行改良土壤、推广新化肥，培育优良品种等实验，提高了水稻产量，改变当地农业传统耕作制度和不愿施用化肥习惯。改革开放之后，福建乡村开办了乡（村）文化技术学校（班），它是由乡（镇）政府举办和管理的文化技术教育为主体的综合性、多功能农村成人教育基地[181]。福建根据公社农业技术发展需求举办业余初级农业技术学校，组织农民学习科学技术知识，推广先进操作方法和生产经验，同时，还组织当地回乡生产的初中毕业生和具有相当初中程度基层干部、农场职工参加学习，使其在某一项农业生产或科学技术知识上达到中级技术人员水平。人民公社时期，国家对农村教育投资主要为农业耕作，农村人力整体素质提高较慢。据福建省1985 年 1820 个农户抽样调查显示，平均每百个整半劳动力中，文盲或半文盲人数 33.65 人，小学程度人数 40.16 人，初中程度人数 19.38 人，高中程度人数 6.36 人，中专程度人数 0.39 人，大专程度人数 0.06 人[182]。

表 6-30　1958~1965 年福建农业中学数据统计

年份	1958	1959	1960	1962	1965
学校数（所）	751	330	505	72	1041
学生数（人）	41947	31597	40454	5148	56635

资料来源：福建省地方志编纂委员会. 福建省志·教育志［M］. 北京：方志出版社，1998：399.

1960 年初，福建颁布《福建省农业技术推广站工作条例》，农技推广机构进一步完善。1964 年，福建 9 个专区建立"三站" 19 个，县级"三站" 164 个，区级"三站" 355 个。"文化大革命"期间，农技推广受到影响发展缓慢。改革开放后，福建逐步完善省、地、县、乡四级农业技术服务体系。1980 年，福建共建立农技推广站 858 个，农技推广成效显著。例如，大面积护麦灭锈保春收；推广矮秆良种 50 万亩；解决有关栽培技术和病害问题；塑料薄膜育秧育苗；防止甘蔗小象鼻虫和稻螟；扩种绿肥，紫云英并解决红萍越夏、倒萍治虫等技术；进行石灰石粉和磷矿粉试验；创造套种；耕牛人工授精等。同时，福建在改变耕作制度上也做了不懈探索。1956 年以来，单改双，双改三有了很大发展。1955~1965 年，双季早稻增加 198.3 万亩，双季晚稻增加 167.7 万亩，如表 6-31 所示。对于人民公社期间农业技术推广，本书认为，以生产队核心的共同体使农民对其存在着依附和荫庇心理，传统"道德"化特征并未消退，在生产效率低的农村，采用新技术有助于改善农业生产效率和产出，且农民不需要付出很高成本，符合农民成本与收益的核算。

表 6-31　1955~1965 年福建省单改双净增情况

年份	1955	1957	1964	1965
双季早稻（万亩）	413.1	565.5	561.6	611.4
双季晚稻（万亩）	438.4	571.6	577.3	606.1

资料来源：有关改变耕作制度的资料：1965-12-23 [Z]. 福州：福建省档案馆（全宗 101，目录 12，案卷号 315）：280.

农民教育和农业科技反映了人民公社固有特点，即运用群众运动思维进行农业技术改造。一方面，大力推广农业机械化，"抓革命，促生产"以及农业学大寨中的农业大型工程建设等；另一方面，在促进农业经营主体素质和农业生产力提升的同时，为人民公社农业经营制度变迁奠定了基础。

二、政治效应

人民公社初期，福建基层政权除福安专区 7 个县仍保存区制、以乡为单位建立人民公社外，其他县、市均撤掉区、乡（镇），并以相当区的行政区划规模设置人民公社，改乡（镇）基层政权体制为人民公社的基层政权体制。人民公社自建立至消亡，虽有名称、体制、规模等作多次调整（见表6-32）①，它作为农村基层政权，一方面为中国共产党农村社会治理的组织载体，另一方面保证了绝大多数农民就业和低水平生活需求。

表6-32　1958~1983年福建省人民公社统计　　单位：个

年份	农村人民公社	镇和街人民公社
1958	656	缺
1960	574	37
1961	1738	38
1963	1834	191
1966	1258	缺
1971	847	50
1972	867	132
1974	877	缺
1976	835	129
1978	884	82
1981	871	128
1983	849（352个乡）	144

注：1980年省政府批准各县城关撤社建镇，1983年已有部分地区实行撤社建乡，故该年有公社和乡并存。

资料来源：《中国农业全书·福建卷》编辑委员会.中国农业全书·福建卷［M］.北京：中国农业出版社，1997：403.

人民公社的建立伴随着党深入农村的过程。如何在农村贯彻党和国家的意志，需要党在农村培养党员以及在基层政府、农村基层广泛建立党组织。人民公社化，各级干部队伍对社员进行教育，以强化个体社员对公社

① 福建人民公社的全称在1958~1983年间多次变更，1958~1968年称为"人民公社管理委员会"；1969~1979年改称"人民公社革命委员会"；1979~1983年又改为"人民公社管理委员会"。

的依赖，保证党的农村社会治理顺利开展。正如费正清（1990）所言，"农村党组织纪律严明，这样的组织力量在苏联则非常薄弱，甚至不存在。强有力的党委会能够组织大批的工作队，指导农村的根本变革"①。

人民公社初期，福建农业领域党员 10 万余人，占总党员数的 70.86%。全省 611 个公社都建立了党组织，建有党组织的生产大队 6280 个，占比 96.91%，农业领域党组织 6084 个，占总党组织的 96.87%。全省建有党组织的生产队 14082 个，占比 35.21%，农业领域党组织 13702 个，占总党组织的 97.3%。1961 年 8 月，根据中央今后农村党支部"应当以生产大队为单位建立"的指示，福建调整党组织设置形式，截至 1962 年底，共有基层党支部 24096 个（见附录 7）。可见，农村广大党组织已成为党和国家意志输出的主要基层载体，农村干部是主要执行者，他们可保证国家政治权力延伸至农村基层，同时也加强了国家对农民经济生活的规范②。

人民公社发展时期，福建发出《在农村放手发动群众，厉行增产节约，开展社会主义教育运动的紧急指示》指出，农村社会主义教育运动是宣传"三个主义"（社会主义、爱国主义、集体主义），反对"三股歪风"（资本主义、封建主义、铺张浪费），"三要三不要"（要社会主义，不要资本主义；要集体，不要单干；要勤俭办社，不要铺张浪费）。这次社会主义教育的目的是刹住农村"单干风"，维护集体经济制度，增强党的元治理主体地位。其间，福建结合社会主义教育运动整顿党的基层组织，至 1965 年底，福建党支部总数 24292 个，农林水 14346 个，占总数的 59.1%，基层党委 1641 个。1966 年后，福建党组织停止组织生活，至 1973 年 5 月恢复党组织生活。1973 年全省通过整党，重新建立 13050 个农村党支部，1976 年底全省基层党委 1265 个，农村基层党支部 13200 多个，

① ［美］R. 麦克法夸尔，费正清. 剑桥中华人民共和国史：1949-1965［M］. 北京：中国社会科学出版社，1990：126.

② 1960 年全省 541 个公社共有 88183 名干部，社均 163 个。公社机关内共有 13525 个干部，社均 25 个；公社一级的供销，粮站，邮电，医院，税务所，银行营业所，农科所等共有 32460 个干部，社均 60 个；社办企业每个公社 13 个厂，每个厂以 6 人计算全省共有 42198 个干部，每队平均 16 个干部。在大队一级，全省共有 8110 个核算单位，共有干部 129760 个，每队平均 16 个干部，小队内共有 339275 个干部，没对平均 5 个干部；全省有食堂 74000 多个，共有管理干部 148000 多个，每个食堂平均 2 个干部。参见福建省委农村工作部关于人民公社基本情况，社有经济，分配，畜牧业生产，全省农村工作部长会议有关几个数字，公社各阶级干部估算等统计：1960-05-17［Z］. 福州：福建省档案馆（全宗 106，目录 4，卷宗 26）：2.

乡、村党员 32.58 万名。改革开放后至人民公社结束，福建加强党的基层组织建设，并适时整党整风，在农业整顿中既坚持"以粮为纲"，又强调"全面发展"，并在"文化大革命"后拨乱反正，解放思想，领导农村实行家庭联产承包责任制，至 1985 年，福建基层党委增加至 1941 个①。

　　人民公社是政社合一的权力结构和农村行政组织，它融合了农村政治、经济及社会管理等。人民公社作为国家在农村的"代理人"，通过其层层组织体系将党和国家政策、法规贯彻至村，同时，也将广大农民纳入政权组织。农村社会的传统规范和权威体系在人民公社阶段遭到重创，广大农民被人民公社通过政治运动重新组织在超越家庭的新的行动单位之中，即生产队和人民公社。有论者认为该时期的农村权力运作特征是以官僚体系形成政社合一的单质的权力结构。本书认为，那时农村孕育了一个可控的社会秩序。随着农村基层党组织的建立健全和权力不断扩大，农村形成了以党组织为核心的一元化农村社会治理模式：纵向上，公社党委、大队党支部、生产队党小组是垂直领导关系，公社党委书记和大队书记是领导核心，领导其他农村党员和社员；横向上，各级行政组织都要接受党的领导，对党负责，农村权力由政府向党组织集中，党组织在农村处于绝对领导地位，有效地把握着农村社会生产、生活及娱乐等活动。人民公社将农民与国家有机融合在一起，国家权力借助人民公社组织更快速地将权力下沉至农村基层，人民公社行政体制下的村级一元治理模式成为历史的必然[184]。人民公社通过集体经济对农民经济活动和村政运作进行统一规划和安排，农村生产经营和社会生活完全取决于国家制度供给。换言之，随着农村经济生活成为整个国家宏观历史进程中的一部分，传统村庄社区权力相对于国家的时空距离，传统村庄相对于国家的边缘性和自主性，已经消失得几无踪影[185]。农村基层组织在党的领导下，以低廉成本、强动员能力和高效等通过制定和推行农村合作医疗制度、日用品配给制度、农村人口管理制度、义务教育制度、"五保户"制度和烈军属安置制度等统合社会资源，服务国家工业化建设大局[186]。这种农村社会治理模式影响下的农村社会政治形态"暂时"稳定，即迅速发展的以中国共产党领导为核心的农村基层党组织广泛吸纳农村干部并嵌入农村社会其他领域以掌握农村集体行动能力，保障国家政治、经济和社会的稳定运行。

---

① 1958~1985 年福建省党的基层组织统计表见附表8。

三、农地集体所有集体经营影响农业经济曲折发展的原因分析

1. "农业六十条"

关于"农业六十条",有研究者将之称为人民公社"宪法"[187],规范了人民公社农业经营。人民公社期间,"农村六十条"经历了四次修订,分别为1961年3月广州会议《农村人民公社工作条例(草案)》、1961年6月北京会议《农村人民公社工作条例(修正草案)》、1962年9月党的八届十中全会《农村人民公社工作条例修正草案》和1978年12月党的十一届三中全会《农村人民公社工作条例(试行草案)》。其中,党的八届十中全会《修正草案》对农村人民公社农业规范作用影响最为深远。关于这四次修订过程,有研究已作了详细分析①。本节就"农业六十条"与农业经营制度变迁作阐述。1961年"六十条"确立了生产大队为基本核算单位,虽然公社还有"大"的弊端,但"不许硬性摊派""不许无代价地调用劳动力、生产资料和其他物资"等已使生产大队和生产队拥有一定生产主动权②;《草案》第40、17和26条分别规定了社员、生产大队和生产队所拥有的部分产权;《草案》规定,生产大队规模不宜过大,避免分配上把经济水平相差过大生产队拉平;《草案》明确规定家庭副业是社会主义经济的必要补充部分,并允许社员进行市场交易。以上表明,《草案》解决了公社社队规模和农民生产收入问题,有利于激发农民生产积极性和"灾后"农村经济的恢复和发展。1961年北京会议的《修正草案》最大的突破在于其第35条删掉了供给制以及取消了公共食堂③,它部分承认按劳分配,动摇了大公社根基——平均主义,为核算单位向生产队过渡奠定了基础。1962年的《修正草案》最终确立了生产队为基本核算单位④,并在

---

① 《农村六十条》修订过程,辛逸已做了详细研究。参见辛逸."农业六十条"的修订与人民公社的制度变迁 [J]. 中共党史研究, 2012 (7): 43-50.

② 全文见国家农业委员会办公厅. 农业集体化重要文献汇编(下册)[M]. 北京:中共中央党校出版社, 1981: 455-469.

③ 全文见国家农业委员会办公厅. 农业集体化重要文献汇编(下册)[M]. 北京:中共中央党校出版社, 1981: 474-491.

④ 全文见国家农业委员会办公厅. 农业集体化重要文献汇编(下册)[M]. 北京:中共中央党校出版社, 1981: 628-649.

第20~22条中明确规定了生产队拥有生产资料所有权、生产经营权和收益权等，为向国家工业输送剩余，维持农村稳定和农民低物质水平发挥了重要作用。1978年《试行草案》制定与当时全国生产责任制相冲突，未能全面体现农民的需求①。通过分析，"农业六十条"及其规定下的农业经营从内部冲击人民公社"一大二公"特征，为农民探索和创新农业经营制度创造了空间。

2. 国家政治权力与权威

人民公社打破了传统的国家与农民关系，将农民卷入至公社化运动，并最终形成农民对党和国家主导的农业经营制度的认同。它体现了执政者权力与权威的合一，形成了巨大政治资源并为国家开展农村治理所用，是国家对农村的政策输出以及农村对国家农业政策输出的贯彻与执行的有效性基础，也是农村人民公社基层社会政治稳定的基础[188]。

3. 高效"边缘制度"维护作用

有研究指出，人民公社时期，农业低效经营能够长期存在的制度维护因素是由于存在一种制度变迁的机制，使得该社会能够获得新的收入流用于保护它所坚持的低效率制度。这种制度变迁的机制是：制度设计者坚持"低效率"的"核心制度"，同时在这套制度的外围引入较高效率的"边缘制度"，从而创造新的收入来源以维持低效率制度的运行[189]。该收入来源可分为两种：一是自留地制度，二是农村社队企业。这两者分别弥补了公社劳动者和基层代理人激励的低效率，具体发展将在第七章有具体阐述，在此不再赘述。另外，人民公社还存在着两种经济体制，集体所有制和全民所有制，这表明党和国家通过发展自给性和商品性生产以满足农民的需求，增强其对集体的归属感。

4. 农民家庭观念和国家意识形态

人民公社期间，家庭仍是农民关心的重点，但是此时家庭本位与集体间存在着矛盾，国家输入的文化因与地方民间文化传统的巨大差异而形成了此消彼长的张力②。在政府宣传集体优越性下，农民因避免戴上政治帽子而抑制家庭本位欲望，选择集体主义价值取向，从而利于农业生产政策

---

① 全文见国家农业委员会办公厅. 农业集体化重要文献汇编（下册）[M]. 北京：中共中央党校出版社，1981：969-986.
② 张悦. 中国农村土地制度变迁——基于意识形态的视角 [M]. 北京：经济管理出版社，2011：98.

贯彻，促进农业增长。然而，农民远非制度被动接受者，他们基于传统血缘与地缘关系的农村社会组织——宗族，以不易察觉的方式修正、改变、拖延和消解着上级的政策与制度[190]。

5. 农业技术积极效应

人民公社期间，福建农业产出维持低速增长与农业技术关系密切，本节以耕作制度作阐述。耕作制度上，福建水稻普遍采取水旱轮作制。全省各地具体如下：闽北地区，地多人少，较多地区实行稻田水旱轮作一年二熟或三熟，以早稻—秋大豆—油菜（或小麦）为主要方式；闽西地区，气候暖和，雨量适宜，全区以单季早、中稻浸冬休闲一年一熟占多，有些地区也采取早稻与甘薯进行稻薯水旱轮作；闽南地区，气候暖和，雨量充沛，地少人多劳力充裕，稻田多一年二熟或三熟，复种指数高，一般水田采取双季稻—小麦（或大麦、蚕豆）；闽东地区，滨海山区，温暖多雨，山区稻田以单季晚稻一年一熟为主，在滨海河谷平原地区有早（中稻）—冬种（小麦、大麦、蚕豆、豌豆、油菜、马铃薯、蔬菜、绿肥等）[195]。

农业耕作制度对农业产出产生积极效应。第一，改良土壤、提高肥力，促高产、稳产。由于水旱轮种、干湿交替能改变土壤理化性状，增强通气性，提高土温，促进微生物繁殖活动，增加土壤有效养分，为作物繁育创造良好环境。第二，错开季节，调剂劳力，提高劳动生产率。水旱轮作中由于各种作物种、管、收时间不同，错开农作物收种时间，利于调剂忙闲，精耕细作。第三，合理利用土壤中养分，保持土壤肥力。不同作物对土壤养分需求不同。不同作物进行水旱轮作，由于吸肥种类、数量、时间、部位等不同，在作物整个生长发育过程中能充分而合理利用土壤中养分和发挥现有肥料的增产作用。第四，减少病虫杂草危害。不同作物有其伴生病虫杂草。水旱轮作可改变其赖以生存的客观环境，尤其对依靠土地传播的病虫有显著杀伤作用。

6. 文化心态

不同组织或社会的文化多样性，产生制度安排和制度实际的多样性，以及产生组织或社会的资源配置格局的多样性[196]。不同组织行为主体利益差异源于偏好差异，而偏好差异又导源于文化差异（包括社会价值、历史传统、道德伦理、宗教信仰等），由此，制度绩效差异也一部分源于文化差异。福建从汉到三国，民族结构开始发生变化，自晋经唐到宋，经过几次民族融合高潮，福建人口逐渐以汉人为主。入闽汉人时间不同、身份各异，闽人有一个相同点，即福建人对自己处境不满，他们生命中总是活跃着一股力量，换而言之，他们都是传统农业文化的不安分者[197]。这股力量会适时突破国家力量，具体表现为"三包一奖"和大包干制度①。基于福建人民的"不安分"心态，这种试验将会一直进行，改革开放后福建农村经济以及20世纪90年代乡镇企业发展便是例证。

四、小结

农村人民公社设计初衷是希望以最快速度改变农村贫穷面貌，人民公社农业经营制度在长达20余年历程中曾发挥过一定积极作用，尤其是对发动和组织农民进行大规模农业基础建设等。但实践证明，人民公社农业经营制度脱离农村社会经济条件和生产力水平，无法克服经营管理上的高度集中和分配上的平均主义等弊端，人为改变生产关系，以至于长期压抑农民和集体积极性，阻碍了农村生产力发展和农民生活改善。

人民公社农业经营制度是符合国家政治偏好并强制执行的制度安排。偏好意识形态的国家要达到制度安排最优时必须付出高昂的监督成本，偏好经济绩效的农民在追求农业产出时必然偏离国家意识形态，两者互相冲突，使人民公社农业资源配置难以优化，经济发展长期处于低效。人民公社农业经营制度安排以地缘组织取代传统血缘组织，试图走规模化经营之路，但决策者理想与农村现实发生了偏离，公社集体农地产权制度、平均主义分配制度、集中统一的劳动组织形式、不与劳动果实直接挂钩的评工记分制度以及自留地等造成了农业生产要素配置效率不高、农业经营组织频繁变动、农业经济波动、农民实际收入提高缓慢、农村市场农业生产要素流动受阻、农村干部管理有限等内部问题。人民公社农业经营制度否定个体经营，实施集体统一经营，配合国家统购统销取消农村商业市场以及城乡二元户籍制度，使农民没有"退出权"，使农村过剩劳动力从事"过密化"经营，该制度带来国家所需要农产品的同时引发农民劳动报酬边际递减。

"三级所有，队为基础"农业经营制度安排，是经历"三年自然灾害"后国家基于人民公社体制安排成本与收益的考量，其前提是人民公社制度

---

① 具体"三包一奖"和大包干的实施过程在第五章已有阐述，在此不再赘述。

框架不变。有学者认为，当国家"农业总产出恢复到原来水平（1964～1965 年），（人民公社）许多见效政策都被当作权宜之计而弃之不用"[198]。人民公社农业经营制度安排，有两个政策值得关注，一是以生产队为基础的体制。它意味着农地产权下放，生产队拥有土地部分产权、剩余权，这对农业经济发展有一定激励作用；二是允许农民经营家庭副业。这对活跃农村市场，充实人民生活有一定作用。这本是国家为防止农村再度陷入饥荒而采取的类似"安全阀"制度安排，但这种制度安排一方面使农民投入更多劳力和资金在其自留地和副业上，削弱农民对集体的投入；另一方面农民阶层经济实力有所增强并提高其对集体的话语权和谈判地位，为农业经营制度变迁准备了基础。因此，人民公社农业经营制度安排在貌似不合理的外衣之下蕴藏着一定的历史合理性①，它除抑制农民生产积极性外，还为我国农业经营制度变迁起到承上启下作用，符合马克思主义历史唯物主义原理，"无论哪一个社会形态，在它所能容纳的全部生产力发挥出来以前，是绝不会灭亡的"②。

五、进一步思考

通过对人民公社农业经营制度绩效分析，作如下思考：①人民公社以户籍制度、统购统销、就业和社会保障制度为核心的城乡二元结构将农民框在有限耕地上，纵使有农业要素投入成倍增长的努力也会被过密的农村人口所抵消③。②人民公社是基于共产主义理想的制度安排，它不是建立在具有一定工业化基础的农村，而是正在恢复经济中的传统农村，加之党内缺乏民主，给农村经济发展造成一定政治压力，传统农村基础结构被"大呼隆"等运动方式打破，这种来自外部的冲击很难根除农村社区内在联系。③人民公社通过运动式治理影响农地产权配置，实施平均主义和集中劳动，这样的制度安排最终必将导致农村社区的"隐性抵抗"。④人民

---

① 关于人民公社存在合理性，有研究从"工占农利"的经济战略实施的制度保障，农业经济增长，农业生产条件的改善以及人民公社的社会保障制度低成本维持六七十年农村稳定等角度去阐述。详见辛逸. 试论人民公社的历史地位 [J]. 当代中国史研究, 2001（3）：28-36.

② 马克思, 恩格斯. 马克思恩格斯选集：第 2 卷 [M]. 北京：人民出版社, 1995：33.

③ 福建省农业人口从 1950 年底的 1042.7 万增长至 1985 年底的 2265.9 万。资料来源：福建省统计局. 福建农村经济年鉴（1994 年）[J]. 北京：中国统计出版社, 1995：22.

公社农业经营中，福建省委多次提出生产责任制，这表明家庭承包责任制已在农村中酝酿，历史上农民创造的符合自身生产实践的制度能最大限度地发挥其效率。因此，在农业经营制度安排中应充分调动个体经营积极性。⑤人民公社在农业经营制度设计上是以组织化杜绝社会不平等，不承认个体占有资源差异，否定了农民合理收益，牺牲了效率。

第七节　福建农业经营制度绩效比较分析

为了进一步分析福建农业经营制度，本书根据平均增长率计算出不同农业经营制度安排下要素投入增长率和农业产出增长率。具体分为 7 个时段，即 1950~1952 年，1953~1956 年，1957~1958 年，1959~1962 年，1963~1966 年，1967~1977 年，1978~1985 年（见表 6-33）。本节农业经营制度绩效比较是基于不同农地产权下，农业要素投入及其利用效率对农业产出增长的影响。

表6-33　福建不同时间段年平均要素增长率和产出增长率①

时间段	要素投入增长率（%）				总产出增长率（%）
	劳动力	土地	动力	化肥	
1950~1952 年	1.9178	1.1128	11.3762	219.2308	4.3115
1953~1956 年	0.3619	4.0988	4.7481	34.0067	7.2082
1957~1958 年	-10.1966	-3.8834	-4.2511	14.2857	-2.5618

① 平均增长率计算方法：末年减去首年，除以首年数据得到总增长率，然后用总增长率除以年段数得到平均年度增长率。因 1949 年数据不全，故计算从 1950 年开始。资料来源：福建省统计局. 福建劳动 46 年 [J]. 北京：中国统计出版社，1996；福建省统计局. 福建奋进的四十年 [M]. 北京：中国统计出版社，1989；福建省委政策研究室. 辉煌五十年（福建卷）[M]. 北京：中央文献出版社，1999；《中国农业全书·福建卷》编辑委员会. 中国农业全书·福建卷 [M]. 北京：中国农业出版社，1997：71；福建省统计局. 崛起的海峡西岸经济区——新中国 60 年的福建 [M]. 北京：中国统计出版社，2009；福建省统计局. 福建省农村统计年鉴：1991 [M]. 北京：中国统计出版社，1992：91；福建省统计局. 福建农村经济年鉴（1994 年）[M]. 北京：中国统计出版社，1995.

续表

时间段	要素投入增长率（%）				总产出增长率（%）
	劳动力	土地	动力	化肥	
1959~1962 年	-6.0887	-0.0162	-2.9556	12.6829	0.3619
1963~1966 年	2.5977	5.8111	11.4268	55.0802	9.0426
1967~1977 年	2.9888	1.5573	16.3884	6.5869	7.5215
1978~1985 年	0.1847	-1.9324	14.2335	18.6762	15.7538

如表 6-33 所示，1950~1952 年为土地改革时期。该时期，农业总产值年均增长 4.31%。土地、劳力、农业动力和化肥要素投入增长率分别为 1.11%、1.92%、11.38% 和 219.23%。从要素增长率看，土地和劳力较低，农业动力和化肥投入是农业增长的主要因素，尤其是化肥投入，超过全国平均水平[①]。这符合福建客观的农业资源禀赋：耕地总量小，粮食可播种面积相对较少；人口规模低于全国其他省份，加上战争、支援前线以及省内匪患等也占用了部分劳动力。这段时期，福建农业经济处于恢复增长阶段，受到农业技术和耕地面积限制，农民只有在牲畜和农用肥上寻求突破，农民已掌握农地产权，农业经营制度安排对农民生产具有正向激励作用。

1953~1956 年为互助组和初级社时期。该时期，农业产出增长明显，年均增长 7.21%。土地、劳力、农业动力和化肥要素的投入增长率分别为 4.10%、0.36%、4.75% 和 34.01%。纵向上看，劳力、化肥和农机动力增长率明显下降，土地投入增长率增加三倍。究其原因在于劳力减少是农地产权私有和户籍制度限制不够明显下，农民随其经济理性自由流动；化肥减少是合作社组织大规模农民作业、大量施用农家肥所致，同时化肥的生产及其价格也是约束其增长的重要因素；在当时农业技术条件下，农业生产技术主要体现为人力与畜力，农机动力减少与加入合作社民众因恐惧或

[①]　根据黄少安的分析，该时段，全国化肥投入增长率为 77.78%。参见孙圣民，黄少安. 1950—1962 年中国土地制度与农业经济增长的实证分析 [J]. 西北大学学报（哲学社会科学版），2009（6）：65.

担心被"揩油"而大量宰杀牲畜密切有关①；土地增加缘于合作社组织农民大量开垦荒地。综上所述，互助组和初级社阶段，农业产出增加是农地产权制度激励，农业耕作制度变革和劳动积极性提高共同作用的结果，在要素增加速度较慢下福建取得较高农业产出，这说明农业经营投入与产出效率很高。

1957~1958年为高级社发展时期。高级社农地产权集体所有，社队规模已超越传统村落"边界"，这些抑制了农民生产积极性，导致农业产出下滑，其年平均增长率为-2.56%。在农业要素投入中，土地、劳力和动力均出现了3.88%、10.19%和4.25%的负增长，仅化肥增长率为14.29%。1957~1958年，虽然高级社农业总产值和农作物播种面积总量有所增加，但受到农业经营制度约束，其增速有所放缓。纵向上，该阶段劳动力增长率降幅最大，这缘于"大跃进"下，城市工业吸引了大量农村劳力流向城市，如附录15所示。

总之，人民公社前，农业经营制度对农业增产具有正向激励作用，农业产出取决于农民所付出的努力。当这种努力又能够与土地和劳动报酬直接挂钩时，农民生产积极性大为提高。但高级社后期的农地产权制度否定了土地报酬，采取集体劳作和超出干部管理能力的社队规模，一方面挫伤了农民生产积极性，另一方面又强化了人民公社农业经营制度安排的路径依赖。

1959~1962年为人民公社建立阶段（以公社为基本核算单位）。统计资料显示②，农业总产值有所下降，尤其是1960年和1961年，分别比1959年下降了17.25%和9.25%，粮食播种面积波动较大，粮食减产，虽然1962年比1961年有所增长，但总产量比1959年减少10.38%，该时期农业总产出增长率为0.36%。农业要素投入中，劳动力、土地和机械动力都出现了6.09%、0.02%和2.96%的负增长，只有化肥增长率为12.68%。农业劳动力下降除与自然死亡有关外，还与劳动力外流以及盲目外调有关；土地增长率下降除了与播种面积有关外，还与土地使用效率有关，农民土地劳作积极性下降，一方面导致土地产出率下降，另一方面也引发了

① 对于合作化时期，农民大量宰杀耕畜，本书参考陈硕、兰小欢的论文 There Will Be Killing：*Collectivization and Death of Draft Animals*。

② 福建省委政策研究室. 辉煌五十年（福建卷）[M]. 北京：中央文献出版社，1999：265-268. 本节下文中有关农业产出和产值数据均来自该材料，后文不再赘注。

农村部分耕地被抛荒;农业机械动力下降主要与农作大牲畜的大量被宰杀或死亡有关,1959~1962 年,大牲畜由 92.3 万头降至 77 万头。纵向上看,农业机械动力较高级社有所增加,这是由于机械总动力中,农业机械投入增加的缘故,1958~1962 年,农业机械投入由 3.24 万千瓦增至 6.83 万千瓦。

1963~1966 年为人民公社基本核算单位下放至生产队且受政治运动影响较小阶段。该时期,农业总产值不断增加,由 11.28 亿元增至 14.34 亿元,年均增长 8.32%。由于生产队拥有生产自主权,加上自留地又被重新拨回给农民,农民拥有自留地和家庭副业收入,生产积极性大为提高,农业产出增长率由 0.36% 增至 9.04%。农业要素投入中,劳动力、土地、农业机械动力和化肥投入增长率分别为 2.59%、5.81%、11.43% 和 55.08%,与上一个时期相比,这些要素均出现大幅度增加,这与国家经历三年自然灾害后调整农业经营制度密切相关。

1967~1977 年,政治运动对农业发展产生一定影响,如表 6-33 和统计数据所示,农业产出增长率较 1963~1966 年下降 1.5 个百分点,为 7.52%。1970 年之前,农业总产值和粮食产量不断下降,1970 年之后不断上升,但幅度有限。农业要素投入上,劳动力、土地、农业机械动力和化肥的投入都呈现正增长,分别为 2.99%、1.56%、16.39%、6.59%,其中,农业劳动力和农业机械动力增幅较大,这与“运动式”治理动员农村资源有关,土地要素效率下降也与土地产出率下降有关,化肥减少则与其价格有关。由于国家基本坚持农地集体所有集体经营(20 世纪 70 年代“农业学大寨”运动期间,农地产权有所变动,但由于变动年限较短,对农业产出整体影响有限),所以,农业经营基本遵循 1962 年后的产权安排逻辑,农业产出呈现正增长。

1978~1985 年为家庭承包责任制的试行至人民公社结束时期。该时期,农业产出增长率为 15.75%,农业产值和粮食产量上都有大幅度增加。农业劳动力、农业机械动力和化肥投入增长率为 0.18%、14.23% 和 18.68%,土地要素投入则出现 1.93% 的负增长,这是因为改革开放以后,福建对农村经济结构进行调整,退耕改果、改渔、改林、改茶等结果,劳动力投入锐减与福建调整农业产业结构,乡镇企业吸引农村人力有关。

综上所述,1949~1985 年,福建农业产出不断增长,除了高级社时期,但由于时间较短,不影响整体农业产出。农业要素投入中,化肥始终处于正增长，这表明化肥对农业增长有促进作用。劳动力、土地和农业机械动力都呈现不同程度波动。劳动力与人口自然增长、农业生存环境和实际劳动效率有关；土地与农村基建、工矿企业和土地产出效率有关；农业机械动力一直为国家、公社以及生产队所重视，只不过在依赖农业大牲畜的情况下，大牲畜波动会影响到农业机械总动力，而大牲畜变化则源于农民对农地产权感知。

通过比较不同时期农业经营制度绩效，本书得出以下三点结论：

（1）不同时期农民投入农业要素程度与农业经营制度安排有着重要的关联。换言之，农民对农地占有权和使用权的排他性感知影响其对农业要素的投入，农业要素投入比例以及利用效率间接影响农业产出增长率。

（2）农业机械动力与化肥是影响福建农业产出增长的重要因素。这一方面符合福建农业自然资源禀赋，另一方面也说明农业技术变迁对福建农业经济影响较大。但在农业机械化过程中，技术选择主体是政府而非农民，农民被排除在选择集之外[199]。这种农业经济发展的现代化技术选择并非完全符合农业实际、经济规律和农民需求且物化劳动成本高于活劳动成本。至于政府为何要选择农业技术生产力投入？本书认为，人民公社建立前，农业经营组织效率较高，农业技术推行符合国家、社区和农民三者共同利益；人民公社建立后，农业经营组织效率较低，农业技术推行则是国家通过技术生产力提高弥补农业经营组织效率损失，以保持农村经济平稳运行。农业技术推广以其集中、高效特征，在提高农业经营绩效的同时加深了农民对集体经济优越性的认知，减少了农民对农业经营制度效率低的感知，保证了集体经济和社会主义优越性。因此，在农业现代化技术变迁中，政府应尊重并鼓励农民成为技术选择主体，应改变依靠行政手段推行农业技术改造思维，应在遵循自然资源、经济规律前提下，提高农业生产要素效率，为农业技术适应当地农业经营提供良好的服务。

（3）综合考察和分析福建不同时期农业要素投入及其利用效率对农业增长的影响，本书认为"农地产权集体所有，农民掌握农地使用权和收益权，农民家庭经营、股份合作和适度规模经营"是相对较好的农业经营制度安排，农业经营主体拥有的农地产权排他性较强，在制度激励下，他们生产积极性相对较高，能够更大程度地投入和利用农业要素，使土地产出率和劳动生产率普遍提高，从而促进农业产出增长。

第七章 福建农业经营制度变迁动因分析

本章以埃西姆格鲁（Aceomoglu）制度变迁理论的内生理论模型从资源分配、政治权力获得角度阐述国家、集体和农民三者间的博弈过程，并加入农村社会文化传统因素，分析1949~1985年福建农业经营制度变迁动因。①

第一节 埃西姆格鲁内生理论模型

一、模型理论基础——冲突理论

与埃西姆格鲁对制度变迁解释理论相似的有诺思、马克思的制度变迁理论以及国内学者相关研究。诺思坚持"制度决定经济增长"，并认为制度能对私人产权形成保护，增加投资激励，他通过不断实证分析进行论证。马克思以生产力与生产关系、经济基础与上层建设的互动，解释社会制度变迁的原理，对人类社会经济发展史贡献甚巨。国内学者在农地制度变迁方面关注的是农业经济增长背后的农地产权变迁。例如，林毅夫从监督成本角度对人民公社生产队内监督成本与收益进行考察；王红玲、伍山林等对其理论不断修正和补充；黄少安、孙圣民研究1949~1978年中国大陆土地产权制度对农业增长影响；孙圣民还从新政治经济学视角分析我国农业改革与农村经济社会变迁等。上述学者研究为研究农业经营制度变迁

---

① 尹峻，陈永正. 农业经营制度变迁的动因分析——来自福建1949~1985年的经验证据 [J]. 东南学术，2019（5）：151-159.

动因提供了理论基础和研究范式。

埃西姆格鲁的内生理论模型的理论基础是冲突理论。埃西姆格鲁在其制度变迁理论中赞同新制度经济学制度决定经济增长前提，并通过跨国研究，总结国家间经济增长效果之不同是源于制度上的差异。在分析方法上，他和诺思一样采取西方经济学主流方法，并利用历史分析法对制度产生、发展和变革进行动态分析。埃西姆格鲁制度分析前提坚持经济人假设，加入伦理、文化、社会性等影响人理性的因素，并用可以进行数理表达的"信息条件"进行概括。埃西姆格鲁制度变迁理论基础源于社会冲突论，他认为利益团体间冲突斗争引发制度的被选择，利益团体间冲突是制度变迁动因分析的基本要素，冲突性质差异导致不同的制度集，政治权力及其分配是其中决定性变量。政治权力分为法定和实际政治权力，它决定政策和制度的最终均衡结果，政治制度帮助调节政治权力大小，并决定政治权力变更[200]。

二、模型简介

关于埃西姆格鲁内生理论模型，国内学者已有相关研究，他们利用埃西姆格鲁制度变迁理论分析中国改革开放前农村经济。本书采用埃西姆格鲁制度变迁内生理论模型是借鉴学术界研究成果[200]，如图7-1所示。

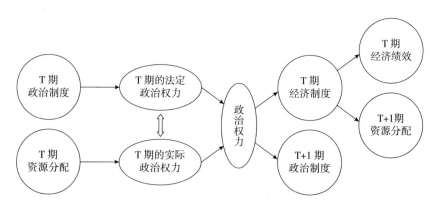

图7-1 埃西姆格鲁制度变迁理论的内生理论模型

该模型包含有政治制度、资源分配、实际政治权力、法定政治权力，经济制度和经济绩效等变量。模型用T和T+1期来表达互相作用变量间的动态变化。T期政治制度和资源分配是决定性变量，决定了后面其他变量的变化。T 期政治制度决定该期法定政治权力，T 期资源分配决定该期实际政治权力，两者融合而成的政治权力影响了 T 期经济制度和未来 T+1 期政治制度变革，取决于政治权力影响的经济制度又决定 T 期经济绩效（经济增长率和未来 T+1 期的资源分配）。模型中，制度变迁的动力是来自社会各阶层所掌握的政治权力，经济制度是内生的并决定经济绩效，它是由社会政治制度和资源分配共同决定的。有研究指出，埃西姆格鲁制度变迁理论包括：经济制度不仅决定了经济增长的潜力，而且也决定了未来资源分配，虽然各地特色文化和地理差异因素可以影响经济绩效，但是国与国经济增长率和繁荣程度的区别主要取决于经济制度的差异。选择哪种经济制度，制度间的比较效率会起一定作用，但主要取决于利益团体政治权力的获得及对比[200]。这说明政治权力（包含法定政治权力和实际政治权力）的拥有是利益团体选择自我偏好制度的基础。埃西姆格鲁进一步指出，政治制度和经济制度都具有黏性，前者指政治制度一般不易变动，除非发生政治权力重组，政治制度变迁迟滞才会消失；后者指经济制度变革必须要作用到政治权力层面，但从政治权力到新的经济制度建立需要一个过程，所以经济制度也具有一定黏性。同样，新的政治制度和经济制度建立后，他们又或许进入新一轮变迁迟滞的循环，存在着黏性可能。本书还加入农村社会文化传统因素，试图全面反映中国局部地区农业经营制度变迁。

诚然，改革开放前农业经营制度变迁具有典型的强制性制度变迁特征，但不可否认的是，地方政府和社区也有获取资源发展地区经济满足自身政绩和民众支持的预期，地方政府和社区对农业经营的企业家创新行为（包产到户）的默认便是例证，这往往是推动制度变迁的关键。另外，家庭承包责任制是源于农业经营当事人的自身需求，即农业经营当事人都有实现自身利益或效用最大化的预期。有论者已从政治经济学角度模型化分析了 1949~1978 年中国土地产权制度变迁过程，分析了公有产权制度如何长期存在，即无效率制度的黏性。① 本书侧重从实际政治权力角度分析农民、集体资源分配和政治权力获得过程，文中的法定政治权力主要指国家宪法等社会政治制度所规定的农地产权变化，实际政治权力主要包括农民、集体经济实力和集体组织行动函数。

---

① 孙圣民．政治过程、制度变迁与经济绩效——以中国大陆土地产权制度变迁为例 [D]. 山东：山东大学，2007：95.

第二节　农业经营制度变迁动因分析

本节将结合模型对福建农业经营制度变迁做进一步解释。

一、法定政治权力

法定政治权力是宪法等社会政治制度所赋予的权力，分配法定政治权力的政治制度的变动，主要体现在国家从宪法层面取消土地的私有产权和取消自由迁徙。1949 年《中国人民政治协商会议共同纲领》规定，"有步骤地将封建半封建的土地所有制改变为农民的土地所有制，保护国家的公共财产和合作社的财产，保护工人、农民、小资产阶级和民族资产阶级的经济利益及其私有财产"，人民有迁徙自由权[①]。1954 年宪法明确规定，"国家依照法律保护农民的土地所有权和其他生产资料所有权" "中华人民共和国公民有居住和迁徙的自由"[201]，关于农地私有产权和自由迁徙的规定内容在 1975 年和 1978 年《中华人民共和国宪法》中被取消。1982 年宪法对家庭承包制和农民自由迁徙也没有提及。1955 年的《关于农业合作化问题》将"个体经营改为集体经营"、1956 年《高级农业生产合作社示范章程》规定，"入社的农民必须把私有的土地和牲畜、大型农具等主要生产资料转为合作社集体所有"[202]、1958 年《关于在农村建立人民公社问题的决议》规定，人民公社为集体所有制，自留地和家庭副业归公社所有，以及 1953 年和 1958 年的《中共中央关于实行粮食统购统销的决议》及《中华人民共和国户口登记条例》等文件推动了农地产权由私有向公有转变及农业经营制度变革。

由上可知，改变农民经营方式及变革农地产权制度的都是决议、草案和条例等，并未涉及政治制度的改变，宪法直至改革开放前仍然保护农民的法定政治权力即一定时期内经济制度已经发生变化但并非由变革的政治制度引起。根据上文理论，经济制度的选择取决于政治权力的获得及分配。中华人民共和国成立至改革开放初，决定法定政治权力的宪法等变动

---

① 中共中央文献研究室. 建国以来重要文献选编：第 1 册 [M]. 北京：中央文献出版社，1993：2.

很少，农民、集体与国家间磨合并影响经济制度变革的只有实际政治权力获取。以工业生产者为代表的国家凭借掌握丰富的经济资源和强大的集体行动能力拥有更强大的实际政治权力，而农业劳动者、农村生产经营组织与管理者，在面对掌握着政治权力的工业生产者时，他们维护自身的经济利益的能力相对较弱[203]。那么国家为什么在改革开放初作出满足农业生产者基本预期的农业经营制度安排——家庭承包责任制？农民和集体是如何获得实际政治权力并增强其在国家农业制度安排中的谈判地位呢？

二、实际政治权力

资源分配决定实际政治权力，在土改至人民公社建立前时期主要从农业产出、农民收入、农业经营组织组织化，农村社会阶层变化来观察；人民公社建立后主要以自留地和家庭副业，农民、集体收入及社队企业为考察对象。

1. 土改至人民公社前的资源分配

（1）农业产出逐年增长。土改和互助组时期，受到产权激励，农业产出增长明显。1950~1953年（按照1952年不变价格计算）农业总产值分别为7.05亿元、7.96亿元、9.42亿元和9.11亿元，年均增长21.57%，其中，种植业产值为6.85亿元、6.86亿元、7.38亿元和8.26亿元，年均增长6.43%，家庭副业收入由0.94亿元增至1.08亿元，年均增长4.73%（见附表9和图7-2）。政治制度所规定的法定政治权力清晰，农民拥有土地产权，农业经营制度释放出正向激励，农民充分挖掘农业生产要素潜力，提升经济实力，以家庭为单位的种植业和副业发展较快。龙岩县大池区大和乡（见表7-1），1929年前该乡副业——纸业收入占全乡总收入28.8%，1929~1948年，农业和副业相比，农业耕地面积、亩产量和年收入都呈下降态势，副业竹山面积、平均产纸和年收入也处于下降趋势，但每个纸折谷量却逐年上升，副业收入很快恢复到20世纪30年代初水平。1949~1953年，农业和副业土地面积都有增加，农业和副业收入也有所增长，分别增长10.71%和98.67%，副业收入增长幅度明显高于农业。如此大的收入差距是产品价格所导致，如表7-1所示，纸业在中华人民共和国成立后价格增加了45%，而农业却只增9.7%。当然该地区为闽西山区，山多农地少，但这可说明农地私有所带来的制度绩效在副业上体现更为明显，农民充分挖掘占有土地和副业资源潜力，提升自我经济实力。

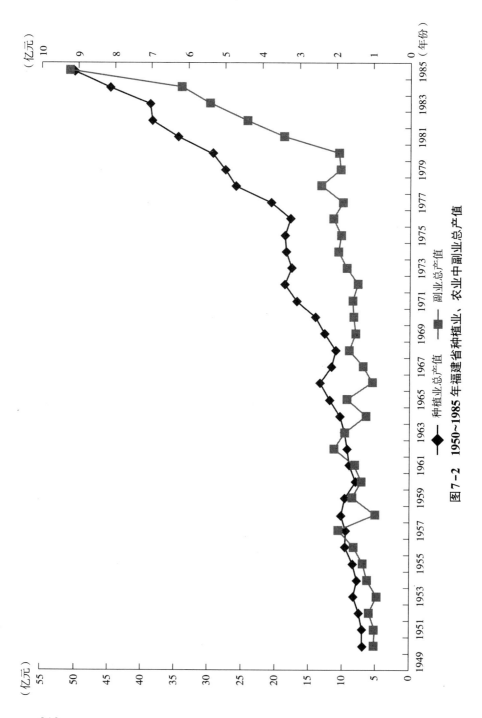

图 7-2 1950~1985 年福建省种植业、农业中副业总产值

表7-1　龙岩县大池区大和乡经济变化统计

时间 项目	纸业				农业			贫农廖初高生活统计 折合量计算（斤）			
	竹山面积（亩）	平均产纸（个）	每个纸折谷量（斤）	年收入折谷量（斤）	耕地面积（亩）	平均亩产量（斤）	年收入折谷量（斤）	农业收入	副业收入	劳力收入	总计
1929 年前	1750	25500	2.5	63750	900	175	157500				
1932~1934 年	1550	21000	5	105000	850	150	127500				
1935~1937 年	1416	16500	6	99000	850	160	136000				
1945 年	1316	15000	6	90000	860	140	120400	589	650		1239
1946 年								589	601		1190
1947 年	1316	15000	7	105000	860	140	120400	641	418		1059
1948 年								641	836		1477
1949 年	1416	15100	11	166100	880	140	123200	195	836		1026
1950 年								619	650	360	1629
1951 年								723	1672	800	3195
1952 年	1416	16500	20	330000	880	155	136400	831	1672	800	3303
1953 年											

资料来源：龙岩县大池区大和乡经济情况调查报告：1953-05-30 [Z]．福州：福建省档案馆（全宗101，目录5，案卷号5）：2.

初级社时期，农地所有权和使用权发生了分离；高级社时期，农地所有权归集体，农民拥有自留地和家庭副业的经营权①，农业产出大部分留在集体和农民手中。如图 7-2 和附录 9 所示，1953~1957 年，福建副业总产值由 0.88 亿元增至 1.91 亿元，年均增长 21.37%。相较于副业，种植业发展速度并没有那么快，1953~1957 年，种植业总产值由 8.26 亿元增至 9.41 亿元，年均增长 3.31%。在这个阶段，自留地一般按土地面积 2%~5% 配给农民，至 1957 年，全省自留地有 59.37 万亩，占耕地总面积 2.67%，人均 5.82 厘。1957 年较合作化初期，主要农产品都有增产，其中 1949~1957 年粮食年均增长 6.64%，增长较快的农产品为小麦和薯类，分别增长了 10.40%、12.08%。② 虽然该时期国家通过政策调整不断削弱农民土地产权强度，但在生存理性驱动下的农民和集体充分利用所占有资源提升其经济实力。这缘于合作社产出归农民全体共同所有，他们和基层干部存在着社区共同体的利益一致性，尤其涉及剩余产品的分配方面[204]。

（2）农村社会阶层变化。农民和集体经济实力的提升引发了农村社会阶层的变化，同时农业生产要素流动也促进农村社会各阶层实力的增强。

第一，中农阶层扩大是土改后农村变化的重要表现。本书以福建八个乡（村）调查资料作分析，即闽侯徐家村、建瓯高阳乡、南平乡高埠乡、福安乡横坑乡、永安县小螺乡、平和县锦溪乡、龙溪县崇福乡和连城县张家营乡（见表 7-2、表 7-3）。表 7-2 表明，土改至 1952 年，地主经济实力下降至富裕中农以下的约占该阶层的 27.5%，富农经济实力阶层经济地位下降的占该阶层的 17.14%，两个阶层总变化户占总户数 30%。中农、贫农中经济地位上升的有 84 户和 435 户，占总户数的比例分别为 12.69% 和 41.55%。从阶层规模看，富裕中农、中农分别扩大了 3.44 倍和 1.79 倍。如表 7-3 所示，1954 年，八个乡（村）地主和富农经济地位下降的共计

---

① 1955 年，福建对自留地和家庭副业作出相关规定：社员私有、主要供自己吃用的小块菜地，零星果树和其他树木、家禽、家畜、小农具和经营家庭副业所需用的工具，都不入社；社员入社土地中可酌留"自留地"，一般以全村每人平均土地 2%~5% 为限；在不影响合作社集体生产情况下，允许社员搞些宜于个人经营的副业生产。参见福建农村发展研究中心. 福建省农业合作经济史料：第 2 卷 [M]. 福州：福建科学技术出版社，1991：353.

② 福建省委政策研究室.《辉煌五十年》（福建卷）[M]. 北京：中央文献出版社，1999：262.

23 户，较 1952 年下降约 80%，其中降为贫农和其他阶层的有 6 户，占总户数 5.26%。富裕中农中有 63.44% 经济地位没有下降，贫农中有超过一半农户上升为中农。1954 年，中农占总农户的比例为 67.9%，比 1952 年增加 41.87%。农村中的富裕阶层（包括地主、富农、富裕中农、中农）占比为 78.96%。如此，农村社会呈现出"中间大、两头小"的"纺锤形"结构①，即中农、新中农、富裕中农占主体。农民经济实力在土地改革和合作化期间的不断提高，夯实其获得实际政治权力的基础。据八个乡（村）统计，参加农业生产合作社户数占全部户数的比例为 29.32%，其中中农（包括新中农）占 83.31%，贫农占 16.69%。从占本阶层比例看，新中农占 33.79%，老中农占 40.59%，贫农占 35.76%。可见，中农化是土改和合作化期间农村社会结构变动的主要趋势，这是农村生产力进步，农业生产迅速恢复和发展的结果。中农经济地位的上升，夯实了其获得实际政治权力的基础，扩大了其对农业生产和农村社会的影响，这点在党照顾中农利益的合作化政策中得以证明。

　　第二，土改至农业合作化时，农业生产要素流动表现为土地租佃、雇工和借贷三个方面，这从侧面反映了中农、新中农和富农等经济实力的增强，具体而言：

　　其一，土地占有和租佃。如表 7-4 所示，新中农和中农阶层占有和使用土地分别占总量 78.63% 和 79.68%。新中农尤其是新富裕中农和富农人均占有量为 2 亩以上。地主人均占有量虽大，但户数和土地总量较小。土地租佃方面，如表 7-5 所示，1954 年较土地改革结束时，租入户数量增加一倍多，租入土地增加 1.4 倍以上，其中贫农和中农租入最多，占总户数 77.5%，占所租土地总量的 90% 左右。各阶层出租土地中以地主最多，但地主人数少，中农和新中农是农村土地出租主体。土地租佃一方面反映了中农、富裕中农租入耕地以满足无足够劳力及转入其他产业者的土地得到充分利用，另一方面也体现了他们出租无力耕作的耕地，以使劳力强而又无更多耕地的农户农业经营需求得到满足。

---

　　① 王瑞芳. 土地制度变动与中国乡村社会变革——以新中国成立初期土改运动为中心的考察 [M]. 北京：社会科学文献出版社，2010：300.

其二，雇工。土改结束时，八个乡（村）的雇工以短工为主，长工出雇 1 户，雇入 6 户。土改后至 1954 年，农村劳动力流动仍以短工为主，雇佣长工仅为 4 户，从雇佣短工阶层看，新中农和中农占主体，因为他们拥有较多土地和其他生产资料，雇入短工对他们发展生产有一定帮助。如表7-6 所示，1954 年农村雇工和出雇农户分别占总户数的 13.49% 和 24.55%，农村劳动力流动主要是农民间互助等临时性劳动力调剂。具体短工出雇和雇入，以中农阶层为例。土改结束时，中农出雇短工 754（工），占总雇工数的比例为 13.22%，1954 年中农和新中农出雇短工 2913（工），占比 52.49%；土改结束时，中农雇入 4688.5（工），占比 44.32%，1954 年中农雇入 5229（工），占比 58.02%。这表明中农阶层土改结束至 1954 年出雇和雇入都有增长，且到 1954 年中农阶层有超过一半农户雇入短工经营，这表明中农阶层经济实力不断增强。农村雇工及其发展表明农村中具有一定经济实力的阶层开始突破家庭劳力限制，对农业资源进行配置，实施农业规模经营，提高农业生产效率。

其三，借贷。如表 7-7 所示，1954 年，八个乡（村）的私人借贷较土改结束时，借入户增加 65.83%，借入金额增加 8.4%，其中，贫农和新中农的户数增加 70%，借入金额增加 3%，其他劳动人民户数增加一倍，借入金额增加二倍以上。借出户增加约 3 倍，借出金额增加 1.6 倍（每户平均借出金额 15 元，较土改时减少 3.18%），借出户中以中农户数增长最快，约 200% 以上，借出金额增加一倍以上。农村之所以会发生借贷，主要有以下三方面原因。①土改结束时，农业经济刚恢复，贫农和大部分中农家庭经济比较困难，缺乏流转资金，而地主、富农则由于政策缘故丧失放贷实力，因此，私人借贷较少。1954 年后，农业迅速发展使农民尤其是中农和新中农有剩余资金可借。②信用合作社发展滞后。据八个乡（村）调查，农村信用社一般都在 1954 年后才建立，所以，当信用社刚建立或尚未发挥作用时，民间流动资金活跃。③农民为改善生活或满足生活特殊要求而发生借贷。如锦溪乡有 14 户（占总借入户 40%）的借贷是缘于结婚和盖房子等。虽然当时借贷是农户因受扩大生产、婚丧嫁娶、生病受灾等因素自我调节的表现，但从借出阶层看，中农和新中农占 2/3 以上，这足以说明中农阶层的经济实力的增强及其所拥有的资源。

表7-2　福建省八个典型乡（村）土改至1952年阶级变化

阶层	地主（户）	富农（户）	其他阶层（户）	富裕中农（户）	中农（户）	贫农（户）	雇农（户）	其他劳动人民（户）	合计（户）	移入（户）	分家（户）	外回（户）	1952年合计（户）	占总户数（%）
地主	55				1				56		1		57	2.76
富农		45			3	1			51		6		57	2.76
其他阶层	4		29		9	18		5	65	1	1		67	3.24
富裕中农	3	13	7	54	71	36		1	185		1		186	9
中农	11	11	9	5	562	380	16	1	995	2	11		1008	48.77
贫农	4	1			12	571	8	2	598	2	4	2	606	29.31
雇农							15		15				15	0.73
其他劳动人民	1		2		4	41		19	67	2	2		71	3.43
合计	80	70	47	59	662	1047	39	28	2032	7	26	2	2067	100
移出						8	1		9					
死绝					1	2			3					
合并					1	2			3					
土改时期合计									2047					
占总户数（%）	3.91	3.42	2.3	2.88	32.44	51.7	1.96	1.36	100					

注：表中一户中农上升为地主，为漏网地主。

资料来源：中共中央农村工作部办公室，八个省土地改革结束后至1954年的农村典型调查（内部资料），1958：226。

表 7-3　1952~1954 年福建省八个典型乡（村）阶级变化

阶层	地主（户）	富农（户）	其他阶层（户）	富裕中农（户）	中农（户）	贫农（户）	雇农（户）	其他劳动人民（户）	合计（户）	移入（户）	分家（户）	外回（户）	1954年合计（户）	占总户数（%）
地主	6								6				6	0.28
富农	1	15		1					17				17	0.81
其他阶层	1	1	47	1	9	3		1	63		2		65	3.09
富裕中农	9	20	1	118	51	8		2	209		1		210	9.97
中农	36	21	14	66	923	312	9	9	1390	2	36	2	1430	67.9
贫农	4		1		14	263	6	2	290	2	13	1	306	14.53
雇农														
其他劳动人民			2		4	5		55	66	3	3		72	3.42
合计	57	57	65	186	1001	591	15	69	2041	7	55	3	2106	100
移出					4	7		2	13					
死绝					1	5			6					
合并			2		2	3			7					
1952年合计	57	57	67	186	1008	606	15	71	2067					
占总户数（%）	2.76	2.76	3.24	9	48.77	29.31	0.73	3.43	100					

资料来源：中共中央农村工作部办公室，八个省土地改革结束后至1954年的农村典型调查（内部资料），1958：227。

表7-4　1954年福建省八个典型乡（村）各阶级、阶层占有耕地、使用土地情况统计

单位：亩

项目	阶层	总计	雇贫农	新中农	新富裕中农	中农	富裕中农	其他劳动人民	改变成份的富农	富农	改变成份的地主	地主	其他阶层	公有
户数		2106	297	759	34	750	180	71	71	15	70	6	58	
人口		9030	1024	2994	147	3772	783	256	408	71	351	26	128	
占有耕地	合计	17301.45	1731.13	6115.3	333.69	7488.13	1534.26	220.4	787.26	16.98	564.16	97.15	288.71	52.25
	占合计（%）	100	9.88	34.92	1.9	42.76	8.76	1.26	4.49	0.96	3.22	0.55	1.6	0.31
	每人平均	1.94	1.69	2.04	2.27	1.99	1.96	0.86	1.93	2.37	1.61	3.74	2.21	
使用耕地	合计	18342.46	1843.2	6760.28	385.57	7855.73	1576	147.6	784.87	169.21	529.19	56.58	109.05	87.97
	占合计（%）	100	19.05	36.9	2.11	42.87	8.59	0.81	4.24	0.92	2.82	0.31	0.6	0.48
	每人平均	2.03	1.8	2.26	2.02	2.08	2	0.57	1.92	2.38	1.49	2.18	0.86	

资料来源：中共中央农村工作部办公室，八个省土地改革结束后至1954年的农村典型调查（内部资料），1958：245。

表7-5 福建省八个典型乡（村）土改、1954年租佃关系情况统计

项目 阶层	总户数	总亩数	土地改革时期 租入土地 户数 合计	占本阶层总户数（%）	亩数 合计	每户平均	土地改革时期 租出土地 户数 合计	占本阶层总户数（%）	亩数 合计	每户平均
总计	2027	17272.09	301	14.85	715.63	2.37	273	13.47	814.42	2.98
贫雇农	1085	7830.04	135	12.44	291.95	2.16	117	10.78	396.1	2.56
新中农										
中农	717	7507	140	19.52	369.7	2.64	86	11.99	230.92	2.68
富农	71	935.85	14	19.71	29.46	2.1	18	25.36	76.34	4.22
地主	80	650.64	9	11.2	21.71	2.41	13	16.2	75.82	5.8
其他劳动人民	27	76.02	3	11.11	2.81	0.93	9	33.3	29.84	3.31
其他阶层	47	272.54					30	63.8	105.4	3.5

续表

阶层＼项目	总亩数	1954 年							
		租入土地				租出土地			
		户数		亩数		户数		亩数	
		合计	占本阶层总户数（%）	合计	每户平均	合计	占本阶层总户数（%）	合计	每户平均
总计	17459.97	673	31.95	1706.59	2.01	465	22.08	1367.86	2.88
贫雇农	1731.16	71	20.9	217.9	3.06	79	26.6	200.08	2.58
新中农	6115.38	279	36.75	760.11	2.72	123	16.21	255.48	2.07
中农	7488.13	272	36.26	644.54	2.37	140	18.6	382.69	2.78
富农	955.19	21	24.41	67.84	3.23	27	31.4	86.91	3.22
地主	661.01	20	20.5	57.27	2.56	20	23.52	104.86	5.25
其他劳动人民	220.4	6	8.45	11.18	1.85	37	52.1	138.71	3.61
其他阶层	288.7	4	6.9	4.8	1.2	39	67.24	174.13	1.46

资料来源：中共中央农村工作部办公室，八个省土地改革结束后至 1954 年的农村典型调查（内部资料），1958：234。

表7-6 福建省八个典型乡（村）土改时期至1954年雇佣关系统计

时期	阶层（项目）	总户数	总亩数	出雇 短工 户数合计	出雇 短工 占本阶层总户数（%）	出雇 短工 工数合计	出雇 短工 工数每户平均	出雇 长工 户数	出雇 长工 人数	雇人 短工 户数合计	雇人 短工 占本阶层总户数（%）	雇人 短工 工数合计	雇人 短工 工数每户平均	雇人 长工 户数	雇人 长工 人数
土改结束时	总计	2027	17272.11	248	12.23	5705	23	1	1	591	34.47	10578	17.99	6	6
	雇贫农	1085	7830.04	162	14.93	4357	26.9			250	43.4	3942.5	15.76		
	新中农														
	中农	717	7507	61	8.51	754	12.21			252	28.44	4688.5	18.6	4	4
	富农	71	935.87	8	11.26	180	22.5			36	50.7	824	22.89		
	地主	80	650.64	13	16.25	348	26.76			29	32.5	621	21.41	1	1
	其他劳动人民	27	76.02	1	3.7	35	35	1	1	7	25.92	118	16.86		
	其他阶层	47	272.54	3	6.38	41	13.66			17	36.17	384	22.59	1	1

续表

时期	阶层	总户数	总亩数	出雇						雇人					
				短工				长工		短工				长工	
				户数		工数		户数	人数	户数		工数		户数	人数
				合计	占本阶层总户数（%）	合计	每户平均			合计	占本阶层总户数（%）	合计	每户平均		
1954年	总计	2106	17460.2	284	13.49	5549	19.6	2	2	517	24.55	9012.5	17.46	4	4
	雇贫农	297	1731.13	74	21.91	1891	25.55	1	1	62	20.87	863	13.92		
	新中农	759	6115.33	113	14.89	2179	19.28			161	21.21	2287	13.89	3	3
	中农	750	7488.13	60	8	752	12.53	1	1	188	23.07	2942	15.65	1	1
	富农	86	955.19	17	19.76	235	13.82			48	50	1110	25.81		
	地主	85	661.31	15	17.64	415	27.66			23	32.94	601.5	21.46		
	其他劳动人民	71	220.4	5	7.04	77	15.4			22	30.99	632	21.46		
	其他阶层	58	288.71							13	22.41	627	48.23		

资料来源：中共中央农村工作部办公室，八个省土地改革结束后至1954年的农村典型调查（内部资料），1958：229。

表7-7 福建省八个典型乡（村）土改时期、1954年私人借贷关系统计

阶层项目	土地改革时期									1954 年								
	总户数	借入				借出				总户数	借入				借出			
		户数合计	占本阶层总户数(%)	金额合计(元)	金额每户平均(元)	户数合计	占本阶层总户数(%)	金额合计(元)	金额每户平均(元)		户数合计	占本阶层总户数(%)	金额合计(元)	金额每户平均(元)	户数合计	占本阶层总户数(%)	金额合计(元)	金额每户平均(元)
总计	2027	234	11.54	6899.05	29.48	74	3.65	1657.91	22.4	2106	398	18.89	7484.69	18.8	294	13.96	4414.33	15
贫雇农	1085	144	13.27	4394.86	30.45	28	2.58	477.12	17	297	92	30.97	1953.02	21.22	9	3.03	348.4	38.7
新中农										759	157	20	2582.35	16.44	71	9.35	1028.08	14.43
中农	717	72	10.04	2023.32	28.1	35	4.88	831.13	23.75	750	98	13.06	2019.49	20.6	113	15.06	1917.22	16.95
富农	71	6	8.45	186.67	31.1	7	9.85	156.75	22.4	86	12	13.95	157.82	13.15	18	20.93	499.04	27.72
地主	80	8	10	127.08	21.18	1	1.25	32.4	32.4	85	13	15.29	81.79	6.3	7	8.24	313.45	44.71
其他劳动人民	27	4	14.81	167.12	41.75	2	7.41	68.85	34.42	71	19	26.76	633	33.31	37	52.11	133.71	3.61
其他阶层	47					1	2.12	91.66	91.66	58	7	12.06	57.22	8.14	39	67.24	174.43	4.46

资料来源：中共中央农村工作部办公室，八个省土地改革结束后至1954年的农村典型调查（内部资料），1958：236。

第三，农村社会层政治地位的变化。如表7-8所示，八个典型乡（村）的党员中，新中农和中农共53人，约占总党员数的90%，团员中新中农和中农占90.48%，这些表明党的基层组织是在以新中农和中农为核心，他们逐渐成为乡村决策主体。农村乡干、社干中，新中农和中农分别占比为88.52%和85.37%。由此，乡村形成了新的政治精英格局：一方面，原有党员干部的经济地位得到提升；另一方面，因经济地位上升的新中农和中农跻身于政治精英行列。乡村干部经济和政治地位提升增强了其参与地方公共事务的权威，改变了原先政治地位与经济基础相分离的乡村政治结构。经济地位提升后的乡村党员和干部如何实现自我实际政治权力，有研究指出，在无法改变大的社会、政治和经济环境下，这些党员干部选择了去政治化的行为模式，他们埋头农业生产不问政治，不顾国家利益，只考虑个人发财致富[205]。这样将会加剧他们偏离主流政治意识的倾向，抽空国家权力在乡村社会的根基。虽然国家会通过以意识形态和政治压力为主的"运动式治理"，在一定程度上削弱了农村基层精英的权力，但以群众运动的方式达致的民众动员，更多的是强大外力干预（包括政治威慑和利益驱动）的结果。这虽能调动起农民短暂的积极性与狂热以及乡村社会秩序"暂时"性稳定，一旦运动中止就很容易故态复萌①。

表7-8　福建省八个典型乡（村）各阶层政治地位情况统计

阶层＼项目		总计	贫农	新中农	新富裕中农	中农	富裕中农	其他劳动人民	其他阶层
总户数		1935	297	759		750		71	58
党员	人数（人）	60	4	41		12		2	1
	占总数（%）	100	6.67	68.33		20		3.34	1.66
团员	人数（人）	168	11	79		73		2	3
	占总数（%）	100	6.54	47.02		43.45		1.19	1.79

① 李里峰. 革命中的乡村——土地改革运动与华北乡村权力变迁 [J]. 广东社会科学，2013（3）：116.

阶层 \ 项目		总计	贫农	新中农	新富裕中农	中农	富裕中农	其他劳动人民	其他阶层
乡干	人数（人）	183	14	101		61		4	3
	占总数（%）	100	7.65	55.19		33.33		2.19	1.64
社干	人数（人）	287	39	134		111		2	1
	占总数（%）	100	13.59	46.69		38.67		0.7	0.35
积极分子	人数（人）	321	26	150		139		3	3
	占总数（%）	100	8.1	46.13		43.3		0.93	0.93

资料来源：中共中央农村工作部办公室，八个省土地改革结束后至 1954 年的农村典型调查（内部资料），1958：244。

2. 人民公社期间的资源分配

在这个时期，本书分为三个阶段进行阐述，具体为人民公社确立阶段、人民公社发展阶段和人民公社消亡阶段。

（1）人民公社确立阶段。第一，自留地和家庭副业。人民公社成立初期，自留地归集体，1959 年后，随着国家体制的变化自留地归属也发生变化。例如，云霄县 1960 年 10 月菜圃 11 个大队自留地变化分 5 个时期：高级社时期，自留地 796.88 亩，占总耕地面积的 2.88%，每户平均 0.165亩；公社化前后，自留地收归集体经营；1959 年体制下放时，有 6 个大队发还自留地 439.32 亩，比高级社时多 1.7 亩，有 5 个大队发给社员饲料地 350.4 亩，较高级社时少 8.86 亩，11 个队自留地、饲料地共 789.72 亩，占总耕地面积的 2.86%，每户平均 0.163 亩；1959 年底至 1960 年春，反右整风后，除梅山、大坑两个队有饲料地 150.5 亩仍由社员经营外，其余9 个队自留地、饲料地均又收归集体经营；1960 年冬，各队再将自留地、饲料地发给社员，并划出一块地给社员开荒，其中自留地 197.5 亩，饲料地 471.14 亩，开荒地 659.45 亩，合计 1328.09 亩，占总耕地面积的4.8%，每户平均 0.273 亩，比原高级社时增加 66%。但是，如果不包括开荒地，则自留地和饲料地共仅 668.64 亩，比高级社时减少 16%[206]。

如附表 9 和图 7-2 所示，由于受到体制频繁变动，农民生产积极性低等影响，种植业产出增长缓慢。家庭副业由于受到 1958 年"大体制"影响，产值也骤降，降幅达 105%。随着基本核算单位下放到生产大队和生产队，并允许社员拥有一定自留地和家庭副业后，家庭副业产值有了明显的增长，1962 年较 1958 年增长 115.35%，较高级社时期增长 6.8%。农地产权的变化对农民投入和农业产出效率产生了影响，但并没有削弱其生产资料部分所有权。

第二，农民和集体收入。人民公社确立阶段，农民和集体收入有一定程度的增长。公社化时期，全省 10520 个基本核算单位中，穷队、一般队和富队分别占比为 34.2%、41.32% 和 24.46%。1959 年社员人均收入为 94.8 元，比 1958 年增长 6.8%，社员从公社、基本核算单位、包产单位和家庭副业取得的收入分别占总收入的比例为 6.95%、62.59%、16.08% 和 15.38%。[①] 1961 年，集体经济三级收入和社员家庭副业收入分别比 1960 年增长 14.76% 和 160%，人均收入比 1960 年增加 18.28 元。1962 年社员从集体取得人均收入比 1961 年减少 5.4 元，但家庭副业收入比 1961 年增加 75 元，总收入比 1961 年增加 69.6 元。这些表明"大公社"体制并未完全抑制农民、集体获取资源分配的努力。

第三，社队企业。社队企业是由农村基层干部实际控制并获取剩余的重要载体。有研究比较了社队企业与人民公社地产的区别：前者面向市场生产由社区获得剩余，后者剩余则被国家独占；前者可以资产重组流动，后者禁止买卖租佃；前者由社队干部及受其委托的社区精英控制，后者受制于国家，所以，社队企业是响应了原有体制下加工工业享有极高利润的刺激，并冲破国家对加工工业高利润的独占，是国家控制农村经济系统的异己物[198]。因此，社队企业是农村基层干部提升经济实力，降低集体行动组织成本，增强自身实际政治权力获得的重要手段[②]。如附表 10 和图 7-3

① 1959 年福建省农村人民公社收入分配调查综合报告：1960-03-19 [Z]. 福州：福建省档案馆（全宗 180，目录 4，卷宗 683）：1-28.

② 谭秋成解释了社队干部为何要办社队企业，他指出，社队干部、尤其是大队和生产队干部作为国家政权与农村社会交汇的关键人物，扮演了双重代理角色，他们既要代理国家监管农业生产、提取农业剩余，又要代理农民，保护共同体利益。社队干部若无条件地完成国家计划，将注定遭农民抵制；而如果他们完全代表农民利益、完不成国家计划，将被取消干部的资格并可能陷入被清算和斗争的地步。在这种两难的困境中，社区政府为了保持自己监管者地位，也为了避免与农民发生冲突，唯一的选择就是在农业之外发展集体工副业，开创出一片完全由自己掌握的"自留地"经济。有了自己控制的经济资源就有了行使权力的财政基础。参见谭秋成. 乡镇集体企业在中国的历史起源——一个经济组织与产权制度相关的案例 [J]. 中国经济史研究，1999（2）：94.

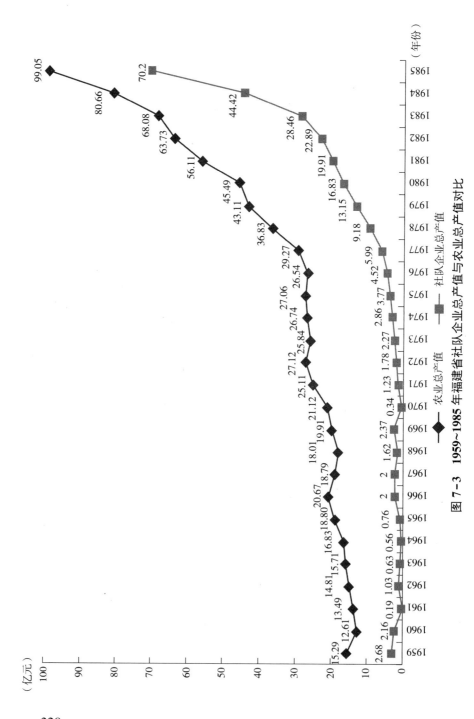

图 7-3 1959~1985 年福建省社队企业总产值与农业总产值对比

所示，1959~1985 年，福建社队企业总产值由 2.68 亿元增加至 70.2 亿元。邓子恢认为，合作社干部的权力随着社规模的扩大和公有化程度的提高而变大，他进一步指出，"现在合作社干部，特别是高级社干部不比过去农民协会的干部，他的权力比乡长也大，他不仅有政治大权，而且有经济大权，人家生产资料都在他手里，饭碗端在他手里"[207]。虽然，农村社队企业是国家和基层社区政府在处理与农民关系过程中遇到困难时通过重新调整两者之间权利关系而达成的交易[208]，但在国家不断模糊农地产权及不能发生激烈制度变革的前提下，农民和基层干部通过不断获取资源增强自我经济实力，以掌握更多的实际政治权力。

人民公社确立阶段，社队企业总产值下降，1962 年较 1959 年下降 1.65 亿元①。1961 年因受到自然灾害影响，社队企业产值仅为 0.19 亿元。1962 年，社队企业数量急剧下降，许多社队企业下放或停办，社队企业从业人员也随之下降了 94.91%，这在一定程度上影响了集体行动力。

（2）人民公社发展阶段。第一，家庭副业收入。1963 年的家庭副业收入较 1962 年降低 13.23%，但实际情况是有所增长，主要由于 1963 年农贸市场价格逐步下降，现金收入和产值计算较 1962 年减少。该时期，农业"以粮为纲"，多种经营并存，1965 年种植业与副业总产值比 1963 年增加 19.73%。如莆田县 1965 年前 4 个月多种经营副业生产收入 1204.28 万元，比 1964 年增加 60%，惠洋公社惠上大队把占户数 68% 长期单干的米粉加工业，组成加工专业队，半年来增加集体收入 1.4 万元[210]。

第二，农民、集体收入。1962~1978 年，福建绝大多数的县市农民人均年纯收入在 200 元以下。1978 年农民家庭人均收入为 137.54 元，基本达到 1966 年前的收入水平，较 1976 年增长 31.57%。

第三，社队企业。1962~1966 年，社队企业产值不断增长，如附表 10 和图 7-3 所示，1965 年为 1963 年的 1.2 倍。由于企业个数以及从业人员数据缺失，本研究暂不分析其变化。该时段社队企业总产值比 1961 年下降 30%~50%，其原因是，1962 年后，中央多次对社队企业进行整顿，规定，公社和生产大队一般不办企业，不设专业的副业生产队[211]，这一情况到

---

① 1962 年，全省社队办企业总收入是按福州市，龙溪专区，闽侯专区，三明专区的 17 个县是资料估算全省总收入。本书认为，这些较平原地区都是福建社队企业较好的地区，社队企业收入水平高，推算会偏高。

1965 年有所好转。1966~1976 年，福建社队企业产值逐年增加，由 2 亿元增至 4.52 亿元。虽然受到一定政治因素的影响，资源分配曾出现不平衡，但农村干部还是有效地掌握了社队企业的发展资源。

（3）人民公社消亡阶段。第一，家庭种植业和副业收入。人民公社消亡阶段，全国已逐渐实施家庭联产承包责任制。1983 年，福建 99.3%的生产队实行以家庭联产承包为主的生产责任制，包干到户占 96.4%。该时期，农地产权属于集体，农民拥有农地使用权、部分收益和处置权。该阶段，种植业和副业产值不断增加，分别由 1977 年的 20.58 亿元、1.83 亿元增至 1985 年的 50.14 亿元、9.22 亿元，年均分别增长 11.77% 和 22.4%。农民在突破人民公社制度限制的过程中形成了两种重要经济形式。一是专业户，他们一般具有较好的人力、物力和财力，在商品生产、集约化和专业化生产方面比一般农民经营水平高，并且能在农村形成"一户富、百家兴""一户兴，带一片"的局面。据统计，截至 1985 年底，福建农村专业户已有 7.3 万户，占农村总户数 1.5%，年纯收入在万元以上的专业大户约占专业户的 2%。二是新经济联合体，它是在专业户的基础发展而来，是专业户产、供、销的联合。1985 年底，新的经济联合体 2.19 万个，参加联合体的农户占全省总农户的 5%[①]。

第二，农民、集体收入。人民公社消亡时期，随着农业生产责任制的推广以及农村市场管制的放松，农民、集体根据资源优势发展"山海经济"，收入也随之增加。1985 年农民家庭人均收入为 396.45 元，是 1978 年的 2.88 倍，年均增长 14.13%。农村在承包经营和家庭自营的基础上，涌现了大批专业户和经济联合体，其中，经济联合体平均每个劳动力纯收入达 1458 元，超过一般农民的 2 倍。这些都有效增强了农民、集体的经济实力。

第三，社队企业。随着生产责任制的推进，福建不断深化农村改革。中共福建省委提出"决不放松粮食生产，积极发展多种经营"，强调"因地制宜，实事求是，面向国内外市场，充分发挥山海优势""让乡镇企业打头阵"。改革开放后，福建乡镇企业发展迎来了新局面。据统计，1978~1985 年，福建乡镇企业由 34237 个增加到 257931 个，增长 7.5 倍；总产值（按不变价格计算）由 9.18 亿元增至 70.2 亿元，年均增长 33.8%；从业

---

① 何少川.当代中国的福建（上）[M].北京：当代中国出版社，1991：173-174.

人员由 870824 人增加到 2036363 人，增长 2.3 倍，其占全省农村劳动力的比例由 1978 年的 12% 升到 1985 年的 23.2%（见附表 10 和图 7-3）。这些表明乡镇企业在农村经济中占据重要地位，为后公社化时期乡村工业发展奠定了基础。

　　基于上述分析，在实施家庭承包责任制之前，自留地和家庭副业符合农民利益趋向，具有自发扩张的内在动力①。农民拥有"隐性退出权"，为集体经济改革提供了一个方向：将农村家庭经营作为未来农村经营的基本组织单位。同时，随着社队企业的发展，集体经济实力得到提升，拥有与国家对话的可能，在时机合适时他们会和农民一起共同改变国家单方面安排产权的逻辑，从而形成国家与农民、集体多次博弈后新的农地产权结构及农业经营制度安排。历史也证明了"交够国家的，留足集体的，剩下都是自己的"制度安排就是国家与集体、农民合作博弈后所达成的"具有约束力的协议"[212]，换得稳定的税收，低成本的监督和农民、集体的支持。

　　上文讲述了农民和集体在掌握分配资源后形成的实际政治权力，那么他们是怎样获得代表实际政治权力的资源呢？本书认为，中华人民共和国成立至人民公社结束时，由于强制性制度供给为农民和农村社会设置了许多限制，导致农民和基层干部选择性地执行国家政策以获得政策外更多的资源分配。究其原因，在农业合作社，尤其是人民公社各层级委托代理中，各级组织都会在约束条件下追求自我预设目标，这些目标不一定与国家完全一致，同时作为委托人的国家也无法做到对代理人"面面俱到"的监督，这些促使他们选择性执行国家政策。

　　一个完整的政策系统，包括政策主体、政策客体及其与政策环境相互作用而构成的整个社会政治系统，其内部各因素的联系是否得当，直接影响到政策运行是否顺畅，并决定着政策效果的好坏[213]。政策环境包括人口、经济、地理、文化等要素。福建在福州等沿海平原地区人口较为集中，在闽西山区人口则较为稀疏；地理上，东部为沿海平原，西部为山区；经济上，福建偏隅东南，其生产力水平低于全国平均水平；文化上，由于交通不便等因素，福建各地文化习俗不同。人民公社时期农业经营制度安排，没有考虑到这些政策环境差异，直接在全省推行"以粮为纲"忽

---

　　① 罗必良. 中国农业经营制度——理论框架、变迁逻辑及案例解读 [M]. 北京：中国农业出版社，2014：93.

视多种经营，忽视政策环境的多样性致使国家政策执行效率低。

总之，虽有国家外在力量干预，但集体和农民不断拓展获得反映实际政治权力的资源分配空间。在农业经营制度实施过程中，农民和集体与国家不断磨合，以取得与国家谈判的话语权。

3. 农村社会文化传统

关于农村社会文化传统，社会科学家和人类学家认为，社会结构反映社会的文化，其中文化信念又是文化的一个重要组成部分。文化信念是社会中全体成员共有的观念与想法，它支配着人们之间以及人与神及其他集团之间的互动。文化是决定社会结构，影响制度发展，在不同社会之间形成制度竞争的一个重要因素。同时，由制度产生的行为使那些导致制度形成的文化得以再生。文化信念与知识不同，它们不能通过实证去发现，也无法通过分析去证明。文化信念经过社会化过程变得统一起来，并为人们所共知。在这个过程中，文化得到了统一、维持和传播[216]。因此，农村社会文化传统与中央政策互动影响了农业经营绩效，进而影响农业经营制度变迁。

有研究将中国农村社会文化传统概括为"均平思想""家庭价值观念""家族主义"和"乡土关系"[217]。本书赞同上述农村社会文化价值观念概述，具体至本研究各个时段如下：

土地改革时，平均地权与均平思想相符，农户家庭是农村社会基本构成单元，对农民而言，家庭是为之奋斗与服务的集合体，凝聚力强。土改后，村落边界与传统村落无异，基本维持原先农村社会网络；互助组与初级社时，农业经营边界与以血缘关系的家族及以地缘关系的邻里重叠，农村社会文化结构中的器物、组织和精神层次相融洽。总之，土改至初级社时，农业经营制度安排与农村社会文化传统相融洽，且农民土地产权相对完整，农村生产力发展迅速。

高级社后期及人民公社时，农业经营制度与农村社会文化传统不融洽。首先，农地产权收归集体，农民"耕者有其田"理想被打破，集体分配虽然采取平均主义，但不能完全体现农民投入与产出。其次，农业经营组织由原先熟人社会扩至陌生人社会，集体劳动瓦解了家庭利益目标，农民对集体的认同程度降低。再次，"集体主义"与"自私自利"矛盾。一方面，国家向农民灌输集体主义，但其过程与农村固有传统文化有冲突，影响了集体主义效果；另一方面，宗族在国家制度变迁中，受到影响，但以生产队为基本核算单位和户籍制度限制农民流动的情况下，农民间固有的联系未完全打破，宗族与家庭观念一起使农民关心家族或家庭，具有"自私自利倾向"。最后，高级社及人民公社规模超过传统村落，原先口头或非正式规范对农民约束力下降，以至于实际农业经营中农民无法做到有效地自我实施，农村中的社会互助减少等。总之，由于国家灌输超前"革命现代性"文化被快速且不合理地引入造成了文化的组织层次超越了器物和价值观层次，导致农村文化内部结构不自洽[218]，影响了农业经营制度绩效。

上述分析了为什么农村社会文化传统影响农业经营制度演变。接下来，将具体进行分析。

农村社会文化自洽能利于互利行动和合作，可以降低人们交往以及国家制度实施成本，提高农业经营效率，反之亦然。土改至初级社时，政府强化基层政权，在家族、社区中嵌入较正规权力结构，其结果是正式和非正式两类村落权力并存①，较大宗族中有权威的人在村落中掌握一定实际权力，农村基层组织规模有所发展，宗族与新型农村基层行政基本重叠，农村中道德压力、舆论、宗族制度认同和伦理精神等可减少"搭便车"等农业经营外部行为。熟人社会的宗族虽有所削弱，但它作为非正式制度存续的土壤未被消除，其规范仍然存在并"隐藏"于农民之间，得到农民"默默"遵守。总之，在这个时段，农村社会文化对农业经营有正向激励，能促进农业经营绩效提高，为农民和集体资源分配和经济实力的提高奠定基础。

第三节　小结

农业经营制度变迁是法定政治权力、实际政治权力和农村社会文化传统等因素相互作用的结果。从其变迁过程来看，以中国共产党领导为核心的国家掌握着制定宪法和法律等法定政治权力，并通过统购统销、一平二

---

① 王铭铭. 村落视野中的文化与权力：闽台三村五论 [M]. 北京：生活·读书·新知三联书店，1997：15.

调方式等从农业中抽取大量租金，当出现农民突破国家产权限制时，取消自由迁徙实行户籍制度，推行土地产权公有等经济制度便应运而生。关于农民和集体社区掌握法定政治权力和实际政治权力情况，本书认为，法定政治权力是保护国家公有体制顺利实施与农地产权稳定，一般不会变动，且为国家所掌握，变动的是实际政治权力。土地改革时期，农民掌握着土地等生产资料，国家只能通过收税来获得租金，且农业经济制度与农村文化相融洽，所以，农村经济政策能够释放出正向激励。合作化时，虽然国家逐渐掌握农民土地产权，但农民和集体拥有一定的土地和公共财产等，且社队规模尚未突破乡土关系。因此，他们相应获得较高谈判地位。人民公社时，集体掌握了土地及其他生产资料残缺所有权，剩余分配权及农村社队企业利润，这些增加了其谈判地位，为农业经营制度变迁奠定了基础；"三级所有，队为基础"后，农民拥有少量自留地和家庭副业，他们把更多精力投入自留地和家庭副业，他们的目的和集体一样，即掌握更多分配资源以达到影响国家经济制度安排的目的。同时，集体化时期，农村社会文化传统虽"隐藏"于大规模的国家意识形态主导的农村社会权威与秩序的网络之中，但它并未彻底消失并对农民和集体集聚资源发挥重要作用。

中华人民共和国成立后至改革开放初，面对变化多端的社会环境，党和国家试图通过"运动式"治理来实现农村社会治理全覆盖。集体组织一方面迎合上级意图，另一方面也要巩固自己的经济实力和"保护"管辖人民的利益，他们易形成利益集团，即毛泽东经常批判的"官僚主义"。农民在朴实政治经验和美好生活愿望下积极参与中央和地方各种运动，但不断实践的失败和理想的破灭使他们加强自我"防御"，为寻求自身利益，他们多表现为选择性地执行政策以获取更多资源。农村社会各种扭曲和非理性的政治运动给了民间传统存续的机会，在渴望幸福生活的引导下，始于人们内心深处，因时而动，以各种现代形式表现出来的农村社会文化传统开始在新的农村社会秩序中寻找着生存机会，影响着农民经营行为。因此，在当前农村社会治理中，如何协调中央、地方、农村之间关系，我们可以从历史中寻找经验与教训。

1949~1985年福建农业经营制度变迁是均衡—冲突—非均衡—均衡的过程。任何一项制度均衡都不是永恒的，它在实践中所涉及的各方主体会发生摩擦和利益冲突，导致非均衡产生，非均衡的实质是法定政治权力与实际政治权力及中央与地方的互动，任何一方占主导，另一方便作出适当调整以保持整个政治权力结构稳定。纵观我国20世纪70年代末家庭承包制，21世纪初《中国农村土地承包法》，再到党的十八届三中全会推进家庭经营、集体经营、合作经营、企业经营等农业经营制度创新无不体现上述过程。因此，研究我国农业经营制度变迁动因，政治制度与资源分配所决定的法定政治权力和实际政治权力以及农村社会文化传统可作为重要研究视角之一。

第八章 研究结论与思考

　　过去是理解当今的一把"钥匙"，以古鉴今才能将关注的问题研究透彻，寻根溯源才能弄清楚现实和过去之间的来龙去脉，只有看透过去与当今才能洞悉未来。当农业经营制度变迁再次走入众多学者的研究视野，这意味着新的一轮制度变迁正悄然发生。当前中国正站在农村改革的十字路口，过去的历史经验和当下的农村现状是农村改革方向的重要依据。本书回顾了 1949~1985 年福建农业经营制度变迁，以农地产权变革为主线阐述了土地改革，农业合作化，人民公社时期农业经营制度变迁及绩效，并结合制度变迁的内生理论模型解释其动因。本书认为，在农民掌握土地产权的土地改革、互助组、初级社时期，农地产权的排他性较强，产权对农民生产具有正向激励作用，农民生产积极性较高，农业经营制度绩效明显。高级社后期至人民公社初期的农地产权结构使农民生产经营失去了产权激励，农业经济增速下降。农地产权下放至生产队后至人民公社结束，农民或农村经济组织掌握农地的实际使用权及部分收益权，农业产出增速较快，但由于农地制度供给不灵活、监督费用高和干部管理水平有待提高等，影响了该阶段农业经营制度的整体效率。

　　农地私有私营向农地混合所有混合经营变迁是自发制度需求到政策指导过程。土改后，由于缺乏生产资料，生产技术水平低，农民自发将土地、劳力、生产工具等生产要素组合在一起，提高其利用效率，农业产出增加。在分配领域里，由于尊重土地和劳动报酬，分配结构能满足农民需求。合作化初期，农村基层社会结构没有脱离传统村落，社员之间联系较为紧密，因而社内矛盾基本内部能消化，农业经济增长，农村社会稳定，农民收入稳步提高。农地集体所有集体经营的核心是农民土地所有权被收回，农民拥有部分经营权，处置权和收益权，这种制度安排的负面效应是农业生产效率低，劳动监督成本高，平均主义分配等，其间，虽农民有过多次尝试"包干到户""包产到户"等制度创新，但还是以失败告终。本书认为，这是各级制度决策者偏好与制度变迁方向一致、国家主流意识形态、制度执行过程中管理和反馈机制失灵、农民意愿被忽视以及民主法制缺失等共同作用的结果。

制度变迁具有典型的路径依赖特征。从农业经营制度演变过程看，有学者总结出制度变迁历史与未来的关联①。通过分析，本书总结出中华人民共和国成立后至人民公社结束时农业经营制度变迁的历史逻辑：土地改革确立了农民家庭独立经营地位，农民拥有的农地产权具有排他性，但随之而来的农村社会分化，农民贫富差距扩大，农村市场活跃等有悖于党和国家政策偏好，制度决策者便以一种折中的组织形式和农业经营制度安排在农民组织化和保留原先中国小农之间寻求平衡，他们学习苏联集体化模式，把农民组织起来[222]，组成农业合作社和农村人民公社。这种模式打破了中国历史上传统的政治双层结构②，变为单一的政治结构，解除了农村宗族势力、宗法结构，消灭农村基层自我组织和调节功能，致使国家政策实施成本高，农业经营制度绩效下降。

第一节 研究观点与结论

第一，制度变迁的核心是权利的重新调整，是将潜在与现实的制度供给与需求达成一致，是倾向于在实力对比上占支配地位的行动主体集合，即在没有外来强制力量和冲突性利益大于共同利益的情况下，权利的初始

---

① 罗必良等学者认为农业经营制度有三条清晰路径：第一，从人民公社的所有权与经营权的"两权合一"，到家庭经营制的所有权、承包经营权的分离，并进一步由以所有权为中心的赋权体系向以产权为中心的赋权体系转变；第二，从改革初期承包权与经营权的"两权合一"，到要素流动及人地关系松动后承包权与经营权的分离，并进一步由以保障农户的经营权为中心的经营体系，向以稳定农民的承包权为中心的制度体系转变；第三，从小而全且分散的小农经济体系，到适度规模与推进农业专业化经营以改善规模经济和分工经济，并进一步在稳定家庭承包权、细分和盘活经营权的基础上，向多元化经营主体以及多样化、多形式的新型农业经营体系转变。详见罗必良，李玉勤. 农业经营制度：制度底线、性质辨识与创新空间——基于"农村家庭经营制度研讨会"的思考 [J]. 农业经济问题，2014（1）：9.

② 这里的政治双层结构是指中国传统历史上的"官民社会"，即在县及以上是以皇权和官僚为主体的社会统治结构，在县以下则是以农民和乡绅为主体的村民自治结构。

界定和重新界定始终决定于有关各方的利益对比，始终遵循有利于强者的"弱肉强食"法则①。权利调整推进的稳定程度取决于制度决策者偏好及利益团体与制度变迁预设目标是否一致。本书认为，在从备选制度集中选择制度进行创新时，制度需求方的意愿很重要，农民被动接受及"运动"式实施制度供给不可取。当前农业经营制度改革要充分调动农民积极性，强化制度供给侧改革，历史经验也证明了农民积极性对农业产出的重要影响。土改和互助组时，农地农民私有，农地产权激励明显，农民生产积极性高，农业经济迅速恢复并逐年增长。初级社在充分尊重农地农有和自愿入社基础上，进行土地使用权入股经营，土地处置权和收益权部分联合，加之有国家投入和政策支持，农民体会到集体生产优越性，生产积极性没有下降，农业产出稳步提升。高级社时，农地集体所有，集体经营，取消土地报酬，且社队规模逐渐扩大，社队干部经营管理水平不高，农民积极性有所下降。因此，农业政策制定者在设计可行的制度安排时，应准确把握社会中占据主导优势的农业经营主体制度需求，以此作为基础，决定制度创新的方向、形式、广度、深度和路径，从而最大限度地提高社会资源配置效率和农民收入水平。

第二，制度变迁是动态演化过程。互助组、初级社、高级社和人民公社时期农业经营制度变迁遵循局部均衡到一般均衡逻辑。理论上符合制度从低级到高级的演变过程，但其变革超过农业经济发展水平和农民的习俗、习惯和认知水平，制度供给方超越于制度需求方，在此基础上建立的农业制度缺乏稳定性，其维系仅靠决策者魅力、意识形态等，一旦受到外部力量冲击，便会被新的制度替代。所以，当前农业制度供给应该尊重工业化、城镇化深入推进，大量农业人口转移至城镇，新型经营主体大量涌现，农村土地流转规模不断扩大，土地承包权同经营权分离普遍等社会现实，以灵活方式实施农业经营制度创新。

第三，党和国家力量对农业经营制度演变产生重要影响。中华人民共和国成立后至改革开放初，党和国家制定路线、方针和政策准则是依靠党和国家力量消灭土地私有制，将农民、村社组织或联合起来，快速步入人民公社，实现了农地集体所有集体经营。本书认为，国家推动农业经营制度变迁本是发展农业经济，提高人民生活水平，但囿于认识水平和政策偏

---

① 盛洪．中国的过渡经济学［M］．上海：格致出版社，2009：68.

好等，农业经济制度变迁实质发生了转变，农民生活并没有实质性改变，农民收入维持较低水平。因此，当前农业制度变迁不应靠行政力量等手段去推动，而应该发挥市场在资源配置中基础作用，迎合农业经济发展需求。

第四，农业经营制度安排过分强调统一忽视了农业经营差异性，这虽满足了国家租金最大化，却束缚了全国各地农业发展空间，损害了农村集体和农民利益。农业经制度安排注重统一能保持各个主体前进方向的一致性，集中力量进行社会主义建设，但它约束了各级主体自我发展空间，造成了各主体在实践中表现为同质化发展，且进入同一层次自我循环。现代社会发展是公共生活领域和个体生存空间差异相容与个体特性追求之间的平衡。对历史上国家统一与个体发展矛盾的反思，有助于当今个体或利益集团寻求恰当的思维方式和行为准则以及国家制定社会发展目标时尊重生存主体差异，追求共生共存价值，为个体和社会整体发展提供更广阔空间。因此，发展现代农业，创新农业经营制度，制度供给者应充分考虑并尊重各地农业资源禀赋的差异、各地农村社会文化传统以及各农业经营主体的独立性和创造精神，发挥各农业经营主体潜力，追求农业发展共生共存共荣。

第五，历史经验表明，劳动付出与收益分离的农业经营主体积极性不高，农业生产经营缺乏效率；农村经济组织扩大能带来规模效益，但超越村落边界的经济组织却带来劳动监督成本和交易费用不断增加；国家通过治理消除了农村社会文化传统部分影响，但源于农民思维中固有的传统或习俗却因国家"退计"后的农地产权安排得到稳定与巩固，"隐藏"于农村内部而不被国家尊重利用的农村社会文化传统成为影响农业经营制度绩效重要因素。因此，有效的农民生产经营是在一定信息、技术和社会环境下，意愿被得到充分尊重的农业经营主体以土地为主要生产资料和劳动对象，依托符合农业经营实际的组织形式，在经济制度与农村社会文化传统融洽和预设经营目标前提下，对农业生产要素进行配置的过程。

因此，本书的结论是在农业经营制度变迁中，农村土地产权制度是其核心，土地的所有权、使用权和收益权影响着农业生产要素的投入，对农业经营制度绩效及农村经济发展影响至关重要，同时农业经营制度变迁的方向、速度、形式、广度和深度等依赖于权利调整或界定中的各行为主体的利益追求和力量对比及政治结构中核心领导者的偏好。对于福建农业经营制度的演变路径，"农地产权集体所有，农民掌握农地使用权和收益权，农民家庭经营、股份合作和适度规模经营"是相对较好的制度安排，农业经营主体拥有的农地产权排他性较强，在制度激励下，他们生产积极性相对较高，能够更大程度地投入和利用农业要素，使土地利用率及产出率和劳动生产率得以提高，农业经济增长明显；明晰因经济地位提升而对农村土地制度有新的需求的农民和农业合作组织产权，制度供给方应尊重其意愿与利益可避免各方因利益摩擦而造成高昂的制度实施成本，最大限度实现制度均衡，促使制度激励充分释放；尊重农村社会文化传统，寻求因时而动以各种形式表现出来的农村社会文化传统与农业经济制度相适应平衡点，释放农业经营制度创新效率；强化农业收入贡献的农业经营制度创新，提高农民收入水平，缩小城乡、区域差距，是农业现代化发展目标结构的基本宗旨。

第二节　研究思考

通过分析福建农业经营制度变迁，社会政治、经济和文化对其影响是如此之大，同时，如此庞杂的制度变迁也为经济学、政治学和历史学等在中国农业经济发展中的应用提供了丰富的实证材料，本节就福建农业经营现实问题，提出相关思考。

一、明确界定农地产权，盘活农地经营权

农村土地产权是农村社会最为基本的制度安排。土地改革平分地权，农地农民私有并消灭了地主阶层。农业合作化和集体化后，党和政府在农村中废除土地私有制，建立农地集体所有集体经营的农业经营制度，但它并未实现所承诺的美好生活，反而农业经济持续低效，农民生产积极性低、生活贫困。"三级所有，队为基础"后，生产队成为独立核算、自负盈亏的基本经济单位，生产队内农民劳动效率低，农业产出增长缓慢。自留地所有权归生产队，其使用权、收益权和部分处置权归农民，实现了土地产权分离，生产效率得到较大提高。从农业合作化到人民公社，农地所

有权和承包经营权是合一的。改革开放后，家庭承包责任制实施农地所有权和承包经营权分开，是以一种有限的"私有产权"替代了原有的集体产权[223]，它赋予农民土地承包权、生产经营权及其所带来的剩余收益权，有效地解决了"人民公社"产权效率低、"搭便车"和劳动监督成本高等问题，降低了交易费用，实现了一定程度"帕累托改进"，促进了农业经济发展。因此，当前农地制度改革中，国家须明晰产权，对土地产权束进一步细化，尊重农民土地承包权，实行农地所有权、承包权、经营权"三权分置"。只有"三权"各自功能得到充分发挥，才能形成层次分明，结构合理的土地产权格局。

本书认为，在城镇化、工业化、农地流转普遍情况下，"三权分置"中应重点盘活经营权。首先，"三权"间权力边界是：所有权是控制集体对土地不规范处置，对土地拥有最终处置权，是保证耕地农用的最后保障；承包权是保证农民经营的收益权和处置权；经营权是在土地资源优化配置下，农民经营土地所得，其核心在于收益权。其次，盘活经营权要建立规范的土地流转交易制度。根据"调研"①，本书认为，福建山区，由于人多地少，土地细碎化较为严重，农村土地流转交易宜用"种植大户或家庭农场与村集体对接"模式，如闽清县白中镇源凤家庭农场、漳平市新桥镇产盂村一点田家庭农场。这可节约经营主体交易费用，对农场主、当地农民、村集体三方都有益。闽南或平原地区，经过平整之后的农地连片、集中，其流转市场宜用"村民小组与村民"模式，如漳州龙海东园镇即采用此模式加农地流转竞标进行土地流转，这种模式是建立在当地已有一定规模适合流转的平整土地、农村经济发展水平高以及农民收入多元化基础之上。另据调研获悉，沙县和明溪县农村土地已整理完毕土地并建立了流转市场，但农民大多外出打工，不愿意流入土地承包经营，这暴露出农地流转市场深层次问题，留待后续进一步研究；再次，盘活经营权应完善农业社会化服务体系。山区或欠发达地区，由于信息沟通成本高，应建立基于农科所或农技站为主的信息服务体系，定期向农民主动提供农技信息或

---

①　"调研"是本研究于2017年6月19~25日参与福建农林大学公共管理学院与福建省国土资源厅合作的"强化农业供给侧结构性改革国土要素保障研究"课题调研简称。该调研在福建闽清，龙岩（漳平），漳州（龙海，漳浦）等地展开。通过与当地国土、农业主管部门以及当地农民，种植大户，合作社访谈了解到福建农村集体、农民土地经营等相关方面的情况。后文涉及该主题，皆用称之为"调研"。

农产品种植等相关信息，经济发达地区适合建立产前、产后服务基地+镇模式对农业经营主体提供种苗、技术和信息服务，此外，盘活经营权应建立尊重本地农地资源禀赋的经营规模。据调研，福建农业规模经营，山区宜100~120亩且需连片集中，这是源于土地成本、交通成本以及雇工工资等因素。经济发达的平原地区宜50亩以下，这主要是受到人力成本高，流转底价高，经营主体能力等约束。最后，盘活经营权，政府应提供扶持新型农业经营体系的政策供给，保证农业经营主体土地流转后经营的各项权利，并提供财政、信贷、保险、用地、项目扶持等。同时，政府还要给予农业经营主体一定法律支持，建立新型经营主体与原承包户之间的利益协调机制，支持新型经营主体之间合作。调研中，接受访谈的农场主、农户、种植大户以及合作社都对上述政策有强烈需求。

二、发展家庭经营，提高农业要素配置效率

一个经济组织发展，既需要形成提高资源配置效率的有效契约，实现组织决策的良好委托代理机制，又需要具有企业家才能的管理人才。土改后，家庭成为农村经济组织主体，家庭成员间能够达成自我实施约束机制，每个家庭成员都为家庭收入而努力耕作，组织内没有委托代理成本。互助组是在家庭经营基础上，将部分劳动力、耕畜和农具统一调配、统一使用，其统一的项目与程度取决于农业生产实际。互助组能在较小范围内实施劳动力、生产工具等流动。初级社组织规模与农民生活的村落重叠，农民拥有的土地所有权和退出权决定了组织配置资源效率高，组织决策的监督和激励机制较强以及组织管理人员效率高。高级社打破了传统小农经济的组织载体，社队规模盲目扩张，社员对集体生产的关心程度和主动性降低。人民公社建立时，农村经济组织是以大公社为基本核算单位，由于组织规模大，监督机制失效，社队干部管理水平有限等，农业经营效率低。1962年后，生产队成为农村经济组织主体，虽然组织规模有所缩小，但其经营管理高度集中和平均主义分配等长期压抑了农民和集体积极性，制约了农村生产发展和农民生活改善，农村经济组织效率整体不高。1978年后，农村经济组织恢复至农地集体所有家庭承包经营，20世纪80年代初农业产出迅速增长。

从人民公社到家庭承包都是"两权合一"经营，前者是土地所有权和

经营权合一，后者是农地承包权和经营权合一。从农地产权制度变迁看，承包经营权与所有权分离产生了较高农业绩效，这为当前"三权分置"提供了历史经验。因此，我国农村经济组织应发挥家庭经营的基础性作用。有研究在总结家庭经营本质时指出，家庭经营是在"拥有承包权前提下对经营权和生产权的'终极控制权'（由于生产经营权依附于承包权，因此生产经营权的流转并不是割裂式的彻底交易，而是迟早还会回到承包者手中的）、'流转决策权'（生产经营权流转给谁、流转多少、流转多久、什么方式流转等）以及流转合作的'剩余索取权'"[224]。家庭经营形式多种多样，可以是交易成本较高的传统家庭经营，可以是雇用农业工人或农业职业经理人的生产大户或家庭农场经营，也可以是在高效农业专业化服务市场下的家庭经营业务外包。在福建，什么样的农村经济组织是农业要素配置效率较高，易为农民接受，交易成本低，符合农村经济特点且能减少要素整合所引起的社会震荡呢？根据调研，本书认为，山区或经济欠发达地区，家庭经营或家庭农场是较为合适的农村经济组织模式；平原或经济发达地区，种植大户、龙头企业和合作社是较符合农业经营实际的组织安排。农业合作组织通过分工分业，为农村经济组织产前、产中和产后提供各种多样服务，解决农业经营困难。同时，政府应引入竞争机制，使农业合作组织在市场主导下优化配置资源。调研中发现，福建已开始集体经济组织授权试点。如晋江市青阳街道阳光社区股份经济联合社颁发了全省第一张集体经济组织证明书，这标志着晋江市农村集体产权制度改革迈出了坚实的一步[225]。

三、加强政府宏观规范，完善农业经营制度法制建设

改革开放前，农业经营制度约束着农村发展和农民生产积极性，改革开放后，农业经营制度改革所释放的激励使农民投入更多热情于土地经营上，然而，20世纪80年代中期，农业产量即出现下滑。随着经济的不断深入发展，农业问题接踵而来，如土地抛荒，土地流转不畅，怎么种地，种什么样的地，等等。因此，发挥政府对农业发展和农民生产宏观规范作用在当前变得至关重要。

农业经营中，政府应进行有限的宏观指导，这种指导并非是人民公社时期的"统死"，而是在政府职权范围内对农业经营中突出问题作出引导。

目前我国农业经营中，"家庭经营"将是主要形式①。如何帮助和引导"家庭经营"将是政府当前和未来一段时间内须考虑的议题。政府应怎样在农业生产中发挥职能呢？人民公社时，政府行政权力过度干预农业经营，政策决策者随意改变农业经济体制和财产所有权关系暴露出了产权保护的法律缺失。因此，农业经营制度、政策和法规与规范仰仗于法律的完善，政府宏观规范职能任重道远。中共十八届三中全会指出，"赋予农民对承包地占有、使用、收益、流转及承包经营权抵押、担保权能……赋予农民对集体资产股份占有、收益、有偿退出及抵押、担保、继承权"。这表明当前或未来政府的立法中心应该涉及土地经营、流转、抵押、担保等问题。

四、推进农业共营制，实现农业经营制度创新

随着工业化的发展，城镇化的推进和农村劳动力转移，农业生产遇到"粮食安全"挑战的同时也面临种地效益低，农民增收乏力等问题。如何破解这一困境，地方政府开始了培育新型农业经营主体，发展规模经营等创新。备受学界推崇的是四川崇州"土地股份合作社+职业经理人+社会化服务"联合共营制。有研究指出，农业共营制实现了农业资源配置的优化以及现代物质技术装备、企业家能力等先进生产要素与经营方式的高效对接，提高了土地产出率、劳动生产率和资源利用率，促进了现代农业经营的集约化、组织化、专业化和社会化，增强了农业可持续发展能力[224]；农业共营制在实现农业经营主体合作共营和经营收益共享的同时，兼顾专业组织、农户、集体与国家等方面利益的共营多赢目标，真正实现微观农业经营主体目标与国家宏观政策目标的互相激励共存共容的多赢局面[227]；"土地股份合作社+农业职业经理人+社会化服务组织"三位一体的"农业共营制"模式，有效破解了粮食生产经营中"地块碎、人力少、资金散、服务缺"四个制约和"谁来经营""谁来种地""谁来服务"三个难题，同时还实现了经营主体"共建共营"、经营收益"共营共享"、经营目标"共营多赢"[228]等。

---

① 本书所界定的"家庭经营"是以家庭成员为主要劳动力，经营模式涵盖家庭，种植大户和家庭农场等，其收入主要来自从事农业经营。

　　以上研究均对农业共营制实现微观经营主体利益需求和政府政策目标给予肯定。农业共营制下合作社、职业经理人、农业社会化服务组织的联合较好地诠释了制度耦合在促进劳动生产率和农业产出，保证粮食供给与安全的优势。但也有学者总结了该模式在发展中存在的问题，如财政补贴作为农业共营机制的重要保障即将到期（2014~2018年），倘若补贴不再延续，那么，为保证粮食安全，解决种粮困难的长效政策创设将是亟须解决的问题。他们进一步指出，农业共营制只适合于人多地少、机械化生产且财政实力雄厚的平原地区；目前推动土地入股合作社的法律创设与《农民专业合作社法》和《物权法》等规定存在不一致的地方，它需单个政府以政策协调统一的制度安排去推动，但要在全国做到普遍推广尚需时日；在合作社分配上，它无法使用按劳分配+按股分红，因为很多参与合作社劳动的农民并没有流转经营权入股；至于职业经理人绩效考核机制对合作社的整体收益和农民收入的正向激励方面，职业经理人在唯收入论下发生了农业经营行为偏离，即在种粮收益偏低和国家粮食安全战略下，职业经理人必须契合当前农民对预期年收益等于或高于当前年收入而转向种植收益高的作物的经营行为又受到严格的限制，等等[229]。

　　那么，我国该如何进行农业经营制度创新？首先，政府农业供给侧结构性改革应以市场为基础进行农业经营组织模式变革。其次，在解决微观经营主体利益需求与政府公共利益之间矛盾方面，政府农业财政补贴不可少，但这种补贴应避免农业经营主体因没有财政补贴而放弃农业经营创新的"依赖效应"。"调研"中，漳平一点家庭农场主为想得到更多或不应有的补贴，他不断向村集体诉苦或混淆概念。同时，政府财政补贴应是长效的，激励农业经营主体完成国家公共目标。最后，根据调研，基层民众对农业金融政策和技术支持的愿望强烈，这凸显出政府金融政策供给实施不够及时。因此，政府应及时、有效地供给农业金融制度，为农业经营的健康、持续发展发挥积极作用。

　　因此，本书所设想的农业共营制是以职业经理人或职业农民+土地入股合作社+"家庭经营"为主的新型农业经营主体为基础，在市场配置资源下，促进土地、补贴、项目、资金、企业家才能等生产要素在公平、竞争环境下向农业经营主体流入，同时，政府及时实施促进要素流动与专业化社会服务体系发展和保证政府公共目标的政策扶持。

五、创新党和政府运作机制，构建新型农村社会治理体系

从土地改革、农业合作化到人民公社，党和政府在农村中形成了一整套群众运动的治理模式，它包含民众动员、乡村治理、资源汲取等。"运动"式农村治理在当时政治、经济环境中具有常规行政手段无法比拟的有利条件，它实现了国家意志在乡村的有效实施，因而得到党和国家的青睐[230]。党的动员和组织效能，通过"运动群众"形成"群众运动"达致对农村社会治理全覆盖。

六、改善农村基层政权组织建设，提高资源整合效率

中华人民共和国成立后，中央构建了中央政府→省级政府→县级政府→乡级政府→自然村的新型行政组织体系。自土地改革开始，中国共产党逐步将所有乡村社会成员纳入基层乡村社会组织网络中。合作化和人民公社阶段，绝大多数公社、生产大队、生产队都设立了党支部、村政权、生产大队、生产队管委会等科层组织，贫农团、贫农小组、贫下中农协会等阶级组织，农民协会、妇女协会、青年协会等群众组织，以及民兵队等武装组织。由此，党依托自然村，成功建构了一个无处不在、无所不包的"权力的组织网络"[230]。这种组织体系一方面巩固了新生政权，另一方面为土地改革、合作化及人民公社进行政治动员和贯彻农业政策提供了组织载体。

土改后，乡政府、乡农民代表大会及农民协会委员会对农村经济管理发挥了一定作用。农业合作化和人民公社时期，农村基层组织体系开始突破传统家族血缘关系和宗法组织，取而代之的是新式阶级论、成分论。新的行政管理秩序是以合作社、生产队为基础普遍建立党、团支部、小组或党团联合小组，充分发挥党员、团员和农村干部带头作用，该阶段基层政权组织对农村约束不断加强，权力不断集中，一方面有效整合资源，另一方面造成了农村制度变迁僵化。

改革开放后，我国农村推行村民委员会建设，至1987年，我国明确了村民委员会是自我管理、自我教育、自我服务的基层群众性自治政府机构。

参照历史，本书就改善农村基层政权组织建设提出以下四点建议：

（1）破除权力过分集中，完善村民基层民主。土改时，民主参与氛围下农民积极拥护新生政权。合作化时，党坚持自愿互利原则发展农业合作社。人民公社时期，国家明确规定民主办社，但集中的经济管理模式使得民主脱离了实际，农民参与积极性遭受限制，基层民主政治建设停留在民主运动的水平上①。历史经验表明，权力过分集中的农村基层组织在获得整合社会资源效率的同时，也约束了农业生产的发展。当前，在壮大集体经济的同时，更要强调以村民自治为核心的村民民主决策和管理体制（包括村民的知情权，参与权，管理权和监督权）的重要性。

（2）中华人民共和国成立后农村干部的作风问题，首先，要加强基层党员教育管理。党内组织生活是党内政治生活的重要内容和载体，是党组织对党员进行教育管理监督的重要形式。其次，改进基层干部作风。营造风清气正的党内政治生态。最后，整合教育培训资源，提高农村干部整体素质，让基层干部掌握与经济发展形势及农村实际相契合的知识。

（3）完善监督机制。要完善村民自治中的民主监督并对制度程序和细节进行建构，完善党内监督。党的十八届六中全会提出，"要建立健全党中央统一领导，党委（党组）全面监督，纪律检查机关专责监督，党的工作部门职能监督，党的基层组织日常监督，党员民主监督的党内监督体系"。

（4）构建基层组织建设内在动力。农村基层政权组织与农民间有较强的利益相关性，这使得农村基层政权组织建设必须兼顾农民利益，在实现农民利益最大化的同时，国家应给予其一定政治与经济激励。

七、加强基层民众动员，实现协商民主政治参与

农业合作化和人民公社时期，农村基层党组织具有较强的民众动员能力。这种政治优势缘于刚性、集权的传统社会管理体制，它虽具有强社会动员能力，但却束缚了农村经济的发展。如今，农村经济和农业科技的发展、社会分化、人口流动加速、城镇化水平和农民素质提高等都是新时期影响农民参与农村事务的重要因素。

---

① 李正华．新中国乡村治理的经验与启示［J］．当代中国史研究，2011（1）：22．

  何谓农民政治参与，学术界未形成统一定义。本书的农民政治参与是农民作为公民通过其非职业化行为影响政府决策的过程，分为无序参与和有序参与。农民有序政治参与可促进农业经济发展。对于农民有序政治参与，本书赞同，有序政治参与的前提是认同现有制度，公民自主适度、依法理性地对公共事务或政府决策进行个人或集体意愿的表达，以达到促进国家与社会关系的良性互动、提高政府治理公共事务能力与绩效的目的。秩序性、理性、自主性和适度性是其显著特征[231]。

  党的十八届三中全会提出了协商民主政治参与路径。有研究对其进行了探讨，认为通过健全并协调全方位、多层次的协商民主制度以开拓农民政治参与路径；聚焦农村经济发展激发农民政治参与热情；推进农村农民教育事业发展提高其政治参与素养；为提高农民政治参与的社会化水平努力培育各种类型农村民间组织；构建农村社区良好的参与型政治文化为营造农民政治参与良好氛围作铺垫；加强农村社区信息公开完善农民政治参与保障机制扩大农民有序政治参与[232]。本书赞同该协商民主制度架构设计，就协商民主制度实施过程，提出相关看法。第一，怎样保证选民小组有效协商？换言之，在农民政治参与意愿低的情况下，如何保障其意愿在候选人中的有效性和代表性？公平、公正的环境是前提，候选人理念和既往政策执行是否关注农民切身利益是决定因素。第二，如何保证农民利益表达能上达至乡或县人大？一方面要加强舆论监督，农民意愿可通过电视、报纸等媒体表达，同时，媒体也负有监督政府政策执行效果责任。另一方面，加强农民组织性建设。历史上，单个农民的谈判地位始终是处于劣势的，只有提高农民的组织性才能提高其影响政府政策制定的强度和广度。第三，农民意愿如何成为政府政策制定的议题选择集？除了开展恳谈会或听证会外，最重要的是民意收集过程。一方面要加强政府干部政策执行责任制，另一方面要充分收集民意信息。对于如何降低信息收集成本过高问题，本研究认为，农民意愿通过农村合作组织、"草根组织"来表达是降低组织成本的有效途径[233]。第四，如何发展农村经济激发农民参与热情？经济基础决定上层建筑，经济水平决定公民政治参与程度。政府应根据农村当地资源禀赋发展适合当地的特色农村经济的同时，做好农民社会保障制度建设，以保证经济高效发展中的社会公平。第五，农民教育问题。开展提高农民文化素质建设，包括农业技术培训、农民职业技能培训等。但这并不意味着农民文化素质与农民政治参与呈正相关。我国农民

（包括传统和现代农民），在特定环境中，都存在生存理性，学术界的调查研究多次证明了真正决定农民政治参与的是国家政策是否与其经济利益相关。农民文化素质的培养能够拓宽他们视野，增强其政治参与中的沟通能力与技巧。第六，如何营造参与型文化氛围？参与型政治文化对政治体系输入和输出都有明确认知。当前农村的实际状态是：如若涉及农民经济利益的政策制定或执行，农民的参与程度就高，反之亦然。如何让农民在深度和广度上更多地参与村务工作，全国各地都进行了制度创新。"恳谈文化"是当前一些基层政府扩大农民参与公共事务重要形式。除了类似于"恳谈会"形式外，政府应拉近干群距离，认真贯彻党的群众路线。第七，村务公开制度能让农民更多地了解本村信息，但是村务信息的真实性是关键。福建南平市"六要"做法①，成效显著。它从制度设计，农民参与、监督，制度实施反馈等方面全程反映村务信息，值得农村基层推广。再如，龙海东园镇将村务公开核心内容，村财务监督信息通过短信发至村民，也是符合当前农村信息化建设的有效之举。

八、完善农地承包经营权，促进农地经营与农业产出效率平衡

土地改革时期，农地私有农户分散经营的制度安排赋予了农民独立的土地经营权，在制度激励下，农业产出增长迅速。互助组阶段基本维持土改时的农业经营格局，农业产出平稳增长。初级社后，农地所有权和使用权分离，农民拥有实际农地经营权，农业产出快速增长。人民公社时，农地集体所有集体经营，生产队为基本核算单位，土地归生产队所有，农民在生产队统一组织和管理下，使用和经营土地，农业产出上下波动。土改至人民公社结束时，农地所有权和承包经营权合一，只不过其合一的主体经历了农民、初级社、高级社、人民公社和生产队。因此，农民拥有实际农地经营权与否是影响农业产出效率的重要因素之一。改革开放后，农业经营实行家庭承包责任制，农地经营权和收益权重归农民，农民生产积极高涨，农业产出（主要指粮食产量）迅速增加，虽然 20 世纪 80 年代中期农业产出有所波动，但总的趋势仍是不断增长的。进入 21 世纪，我国正式

---

① "六要"即村里的事党组织要引领，村民要知道、要参与、要做主、要监督、要满意。

确立了农村土地承包经营权流转制度，农地承包权与经营权实现了分离，土地价值得到进一步拓展，农产品附加值大幅提升，农民生产积极性和投入农业要素热情得到提高，农地利用率和产出率得到提高。如 2003~2014 年福建农业总产值由 461.72 亿元增至 1529.57 亿元[234]。因此，我国农业应在坚持长期稳定的土地承包权，盘活土地经营权，实施所有权、承包权和经营权"三权分置"。

公平与效率是我国农村制度变迁中无法回避的矛盾。如何做到两者的有效统一，是当今和未来农业经营制度创新所要解决的主要问题。在效率方面，农业经营制度变迁与创新的目的是建立一个更为有效的土地资源配置体制，在此体系下，土地使用和经济价值能得到最大发挥，农民收入有实质性增长。效率的另一个体现是促进农业生产要素在以市场为资源配置基础下自由流动，提高生产技术，劳动生产率和农业产出。所以，我国农业经营制度应坚持家庭经营为主要经营形式，逐步实现土地股份合作社和专业化社会服务组织作为有效补充。公平方面，人多地少，农业生产力水平不高和农业发展不平衡是我国农业经营的客观背景。在我国，土地不仅承担社会经济发展功能，还承担社会保障功能，这是缘于詹姆斯·斯科特（1976）认为的农民出于对食物短缺的恐惧所产生的"生存伦理"和"安全第一"原则。当农民收入水平不及城市居民且社会保障得不到满足时，他们追求平均分配土地资源是其"经济人"和"社会人"假设下的最低保险选择。同时，农村中根深蒂固的"均贫富"文化传统又被"集体所有制"约束以及农民、农村集体对市场、产权和中央政策法律的认知不足，从而形成了"土地均分""人人有份"观念和意识形态[235]。随着农民生活水平提高和城镇化不断推进，农村土地价值随之提高，在经济理性驱使下，农民更加"人格化"其土地。在强调制度变迁效率的同时，如果忽视公平，强行割断农民与土地联系，便会影响农村稳定和农业发展。因此，我国农业经营制度创新与选择必须同时兼顾效率与公平，在赋予广大农民土地承包经营权的同时，努力提高农业生产率，并达到两者有效统一，即在平等中注入一些理性，在效率中注入一些人道[236]。

通过上文分析，无论农业经营制度变迁方式是强制性还是诱致性，关键是该制度安排能否使农业经营主体获得最大收益和最低费用。因此，在未来农业经营制度创新中，理性地考虑制度供给与需求方目标一致性是首要原则，要实现制度变迁最大化预期净收益，制度变迁方式与目标选择的不冲突。人民公社失败的经验已表明，制度变迁不但要有强大的制度需求，还需制度供给方针对需求方的灵活性，同时还兼顾农村社会文化传统、法律制度、公众知识积累、科学技术、农村基层组织和农村经济组织等众多变量。本书认为，我国农业经营制度变革与创新应在充分尊重农村经济实际和农村文化传统基础上，不断提高农业经营主体人力素质，在完善法律和农业经营组织前提下，促进农业生产要素以市场为资源配置基础下不断优化、整合，在稳定承包权前提下，盘活农业经营主体农地经营权，并使之与农业产出效率达致平衡。

第三节　研究展望

中华人民共和国成立后至改革开放初，农村土地制度经历了一系列变革，引发了农民生产经营积极性波动，影响了农业经营制度绩效。学术界对农业经营及其相关制度探讨一直都抱有浓厚兴趣。在当前工业化、城镇化发展迅速和农业劳动力流动加快背景下，农业经营制度研究也必将被给予更多持续关注。研究农业经营制度变迁有助于更深刻理解当前农村经济制度改革，并为之提供借鉴经验。因此，本书还是具有重要研究价值。受到研究范围和研究方法等限制，本书还存在一些欠缺的地方，有待日后做进一步深入研究，下一步研究可考虑拓展的有以下两个方面：

（1）农业经营制度绩效与文化多样性。本书选取福建为考察对象，并未对其具体地区进行深入研究。不同农村社区及其社会文化传统及由此产生的组织或社会资源配置多样性，将最终导致社区利益与制度安排冲突。福建独特地理位置造就了各具特色的历史传统、宗教信仰以及道德伦理，能否在同一制度安排中析出不同地区制度绩效差异，并分析文化传统在其中影响，另外，本书也缺乏与全国其他地区农业经营制度变迁绩效对比研究。过去的"熟人社会"非正式约束与农业现代化所产生的对市场和产权认知对农地制度调整影响的对比研究也缺乏。由于个人精力和条件限制，没有对这些方面深入开展研究，因而值得日后做进一步深入调查研究。

（2）农村经济合作组织比较研究。20世纪90年代中期以来，我国一些发达地区农民自发创造了各种新型农村经济合作组织，这些经济组织与我国20世纪五六十年代集体经济组织相较，在发展动因、组织制度、运作模式、利益机制等方面都有着重大区别。揭示这两个阶段农业经济合作组织的内涵、外延以及作用机理将有助于当前农村经济合作组织研究，在后续研究中将对这方面进行深入探索。

参考文献

［1］国务院发展研究中心农村经济研究部课题组. 稳定与完善农村基本经营制度研究［M］. 北京：中国发展出版社，2014：2.

［2］许道夫. 中国近代农业生产及贸易统计资料［M］. 上海：上海人民出版社，1983：134-136.

［3］Thomas P. Lyons. Grain in Fujian：Intra-Provincial Patterns of Production and Trade，1952-1988［J］. The China Quarterly，1992（129）：188-189.

［4］福建省地方志编纂委员会. 福建省志·农业志［M］. 福州：福建人民出版社，1992：1-4.

［5］唐文基. 福建古代经济史［M］. 福州：福建人民出版社，1995：67-68.

［6］（宋）梁克家. 三山志：卷15版籍类·水利［Z］. 福州：海风出版社，2000：167.

［7］（宋）梁克家. 三山志：卷16版籍类·水利［Z］. 福州：海风出版社，2000：177.

［8］（宋）梁克家. 三山志：卷41土俗类·物产［Z］. 福州：海风出版社，2000：648.

［9］林庆元. 福建近代经济史［M］. 福州：福建人民出版社，2001：268.

［10］国家统计局福建调查总队. 福建调查年鉴［J］. 北京：中国统计出版社，2015：151.

［11］汪洪涛. 制度经济学：制度及制度变迁性质解释［M］. 上海：复旦大学出版社，2009：1-3.

［12］约翰·康芒斯. 制度经济学［M］. 北京：华夏出版社，2009：74.

［13］麦考密克，魏因贝格尔. 制度法论［M］. 北京：中国政法大学出版社，1994：19.

［14］科斯. 财产权利与制度变迁［M］. 上海：三联书店，1996：253.

［15］诺思. 制度、制度变迁与经济绩效［M］. 北京：中国政法大学出版社，1994：19.

［16］布林克曼. 农业经营经济学［M］. 北京：农业出版社，1984：4，6，62-74.

［17］孙全亮. 现阶段我国农地经营制度研究［D］. 北京：中共中央党校，2011：3.

［18］艾瑞葆. 农业经营学概论［M］. 北京：农业出版社，1990：237.

［19］亚当·斯密. 国民财富的性质和原因研究：上卷［M］. 北京：商务印书馆，1983：354.

［20］冈纳·缪尔达尔. 亚洲的戏剧——对一些国家贫困问题的研究［M］. 北京：北京经济学院出版社，1992：181.

［21］中国农地制度课题组. 中国农村土地制度的变革——中国农村土地制度国际研讨会论文集［M］. 北京：北京大学出版社，1993：170-188.

［22］张五常. 佃农理论——应用于亚洲的农业和台湾的土地改革［M］. 北京：商务印书馆，2001：2-3.

［23］冯继康. 中国农村土地制度：历史分析与制度创新［D］. 南京：南京农业大学，2005：15.

［24］马尔科姆·卢瑟福. 经济学中的制度：老制度主义和新制度主义［M］. 北京：中国社会科学出版社，1999：1.

［25］中共中央马克思恩格斯列宁斯大林著作编译局. 马克思恩格斯选集：第1卷.［M］. 北京：人民出版社，1972：20-85.

［26］车维汉. 发展经济学［M］. 北京：清华大学出版社，2006：203.

［27］姚洋. 土地、制度与农业发展［M］. 北京：北京大学出版社，2004：16.

［28］王丽华. 中国农村土地制度变迁的新政治经济学分析［D］. 辽宁：辽宁大学，2012：11.

［29］诺思. 经济史中的结构与变迁［M］. 上海：上海人民出版社，1994：17.

［30］柴富成. 新疆兵团农地制度变迁与绩效问题研究［D］. 新疆：石河子大学，2013：22.

［31］谢太平. 当代安徽农业经营制度变迁研究［D］. 陕西：西北农林科技大学，2010：30.

［32］刘裕清. 福建省的土地改革［J］. 福建党史通讯，1986（5）：34.

［33］何少川. 当代中国的福建［M］. 北京：当代中国出版社，1991：57.

［34］福建省人民政府. 福建省人民政府文教厅、华东军政委员会教育部等关于抗美援朝、土地改革、时事政策学习及协和大学学习组织、学习安排等的通知：1950［Z］. 福州：福建省档案馆（全宗5，目录1，案卷号182）：58.

［35］福建农业合作化历史：1962-05［Z］. 福州：福建省档案馆（全宗101，目录12，案卷号260）：10.

［36］华东军政委员会土地改革委员会. 福建省农村调查［M］. 1952：80.

［37］中共福建省委党史研究室. 中共福建地方史（社会主义时期）［M］. 北京：中央文献出版社，2008：59.

［38］福建省地方志编纂委员会. 福建省志·商业志［M］. 北京：中国社会科学出版社，1999：19-20.

［39］刘少奇. 关于土地改革问题的报告［N］. 人民日报，1950-06-30（1）.

［40］张鼎丞. 为完成福建土地改革而奋斗［N］. 福建政报，1951-09-11（107）.

［41］胡绳. 中国共产党七十年［M］. 北京：中共党史出版社，2005：245.

［42］福建农村发展研究中心. 福建省农业合作经济史料：第2卷［M］. 福州：福建科学技术出版社，1991：86.

［43］陈于勤. 福建省土地改革运动探讨［J］. 党史研究与教学，1994（1）：50.

[44] 泉州市鲤城区委员会文史资料委员会. 泉州鲤城文史资料：第15辑 [M]. 泉州：泉州市鲤城区委员会文史资料委员会，1997：25.

[45] 李里峰. 阶级划分的政治功能——一项关于"土改"的政治社会学分析 [J]. 南京社会科学，2008（1）：65.

[46] 陈支平. 近500年来福建的家族社会与文化 [M]. 上海：三联书店，1991：63.

[47] 王铭铭. 村落视野中的文化与权力：闽台三村五论 [M]. 北京：生活·读书·新知三联书店，1997：54.

[48] 中国土地改革编辑部. 中国土地改革史料选编 [M]. 北京：国防大学出版社，1988：805.

[49] 林金枝，庄为玑. 近代华侨投资国内企业史资料选辑（福建卷）[M]. 福州：福建人民出版社，1985：57.

[50] 肖际唐. 新中国成立初期土地改革中华侨政策的制定 [J]. 中共党史研究，2013（3）：35.

[51] 福建省地方志编纂委员会. 福建省志·华侨志 [M]. 福州：福建人民出版社，1992：188-189.

[52] 赵贺怡. 建国初期福建侨区土地改革运动评析 [D]. 福建：福建师范大学，2013：39.

[53] 福建省地方志编纂委员会. 福建省志·共产党志 [M]. 北京：中国社会科学出版社，1999：84.

[54] 苏俊才. 闽西土地改革运动述评 [J]. 当代中国史研究，2002（1）：113.

[55] 毛泽东. 建国以来毛泽东文稿：第1册 [M]. 北京：中央文献出版社，1987：669.

[56] 中共中央文献研究室. 关于建国以来党的若干历史问题的决议（注释本）[M]. 北京：人民出版社，1985：17.

[57] 福建农村发展研究中心. 福建省农业合作经济史料：第1卷 [M]. 福州：福建科学技术出版社，1988：6.

[58] 马克思，恩格斯. 马克思恩格斯全集：第23卷 [M]. 北京：人民出版社，1965：830.

[59] 马克思，恩格斯. 马克思恩格斯选集：第2卷 [M]. 北京：人民出版社，1972：635.

［60］毛泽东. 毛泽东选集：第 3 卷 ［M］. 北京：人民出版社，1991：931.

［61］毛泽东. 毛泽东选集：第 5 卷 ［M］. 北京：人民出版社，1977：27.

［62］韩永文. 我国农业在国家工业化建设进程中的贡献分析 ［J］. 当代中国史研究，1999（2）：70.

［63］杜润生. 杜润生自述：中国农村体制变革重大决策纪实 ［M］. 北京：人民出版社，2005：39.

［64］1955 年 8 月 16 日，毛泽东为中央起草的转发辽宁省委报告的通知，转自刘庆旻. 建国初期农业合作化运动及其评价 ［J］. 当代中国史研究，1995（4）：46.

［65］张乐天. 告别理想——人民公社制度研究 ［M］. 北京：东方出版社，1998：59.

［66］《当代中国农业合作化》编辑室. 建国以来农业合作化史料汇编 ［M］. 北京：中共党史出版社，1992：172.

［67］福建省龙岩县铁石乡土改前后阶级变化情况及农业合作化全面规划的意见：1955-09-10 ［Z］. 福州：福建省档案馆（全宗 106，目录 1，案卷号 380）：25.

［68］周其仁. 产权与制度变迁：中国改革的经验研究 ［M］. 北京：北京大学出版社，2004：10.

［69］毛泽东. 毛泽东选集：第 4 卷 ［M］. 北京：人民出版社，1992：1482.

［70］农业部农村经济研究中心当代农业史研究室. 中国土地改革研究 ［M］. 北京：中国农业出版社，2000：317.

［71］毛泽东. 建国以来毛泽东文稿：第 4 册 ［M］. 北京：中央文献出版社，1990：384.

［72］周祝平. 1949 年以后中国的人口与制度变迁 ［J］. 人口学刊，2002（2）：44.

［73］杨涛. 福建农业经济 ［M］. 福州：福建人民出版社，1988：67.

［74］《中国农业全书·福建卷》编辑委员会. 中国农业全书·福建卷 ［M］. 北京：中国农业出版社，1997：112.

［75］农业生产合作社问题报告提纲：1952 ［Z］. 福州：福建省档案

馆（全宗 197，目录 2，案卷号 482）：11.

　　[76] 中共福建省委党史研究室. 福建农业合作化 [M]. 北京：中共党史出版社，1999：45.

　　[77] 中共福建省委办公厅. 福建农业合作化运动：第 1 册 [M]. 福州：福建人民出版社，1956：406.

　　[78] 张留伟. 人民公社制度设计与变迁研究 [D]. 河南：河南师范大学，2008：1.

　　[79] 安贞元. 人民公社化运动研究 [M]. 北京：中央文献出版社，2003：49.

　　[80] 中共中央文献研究室. 建国以来重要文献选编：第 4 册 [M]. 北京：中央文献出版社，1993：67-71.

　　[81] 中共中央文献研究室. 建国以来毛泽东文稿：第 7 册 [M]. 北京：人民出版社，1992：268-269.

　　[82] [美] R. 麦克法夸尔，费正清. 剑桥中华人民共和国史：1949-1965 [M]. 北京：中国社会科学出版社，1990：164-165.

　　[83] 中共中央文献研究室. 建国以来重要文献选编：第 2 册 [M]. 北京：中央文献出版社，1992：123.

　　[84] 薄一波. 若干重大决策与事件的回顾（下卷）[M]. 北京：中共中央党校出版社，1991：623.

　　[85] 董辅礽. 中华人民共和国经济史（上卷）[M]. 北京：经济科学出版社，1999：342.

　　[86] 中共中央文献研究室. 毛泽东文集：第 7 卷 [M]. 北京：人民出版社，1999：44.

　　[87] 周锡锋. 人民公社化运动起源探析 [D]. 河南：河南大学，2010：11.

　　[88] 中共中央文献研究室. 建国以来重要文献选编：第 11 册 [M]. 北京：中央文献出版社，1994：449-450.

　　[89] 中央文献研究室. 毛泽东读文史古籍批语集 [M]. 北京：中央文献出版社，1993：142-151.

　　[90] 胡乔木. 胡乔木文集：第 2 册 [M]. 北京：人民出版社，1993：265-266.

　　[91] 整顿农业队伍、吸取经验教训，组织 1958 年的农业生产大跃进：

1958-01-20［Z］. 福州：福建省档案馆（全宗 197，目录 1，卷宗 594）：50-58.

［92］李锐. 庐山会议实录［M］. 长沙：湖南教育出版社，1989：4.

［93］宋银桂. 简论农村人民公社运动的原因［J］. 湘潭大学学报（哲学社会科学版），2008（5）：134.

［94］吴毅，吴帆. 结构化选择：中国农业合作化运动的再思考［J］. 开放时代，2011（4）：70.

［95］中共中央文献研究室. 建国以来毛泽东文稿：第 6 册［M］. 北京：中央文献出版社，1992：334.

［96］郭德宏. 中华人民共和国专题史稿：第 2 卷［M］. 成都：四川人民出版社，2004：236.

［97］中共中央文献研究室、中央档案馆《党的文献》编辑部. 中共党史重大事件述实［M］. 北京：人民出版社，1993：137.

［98］中共中央文献研究室. 毛泽东文集：第 8 卷［M］. 北京：人民出版社，1999：117.

［99］中共福建省委党史研究室. 中国新时期农村的改革：福建卷［M］. 北京：中共党史出版社，1997：5.

［100］张晶盈. 华侨农场归侨的认同困惑与政府的归难侨安置政策［J］. 华侨大学学报（哲学社会科学版），2013（1）：32.

［101］张晶盈. 福建华侨农场的社会化转型——以泉州双阳华侨农场为例［D］. 厦门：厦门大学，2008：38.

［102］吴文智. 从双第华侨农场的发展看福建华侨农场的发展和未来前景［D］. 厦门：厦门大学，2001：33.

［103］王旖旎. 福建武夷华侨农场研究：以农场档案（1966-1985）为切入点［D］. 厦门：厦门大学，2007：23.

［104］全省华侨农场春耕生产形势好［N］. 福建侨乡报，1981-04-16（1）.

［105］黎相宜. 国家需求、治理逻辑与绩效——归难侨安置制度与华侨农场政策研究［J］. 华侨华人历史研究，2017（1）：57.

［106］福建省人民政府土地改革委员会. 福建省土地改革文献汇编（上册）［M］. 福建省人民政府土地改革委员会，1953：65.

［107］中共中央文献研究室. 建国以来重要文献选编：第 3 册［M］.

北京：中央文献出版社，1992：410.

　　［108］福建省委办公厅办公室关于人民公社整风算账等问题的基本情况统计：1959-06［Z］.福州：福建省档案馆（全宗101，目录2，卷宗40）：12-20.

　　［109］温铁军.中国农村基本经济制度研究［M］.北京：中国经济出版社，2000：208.

　　［110］叶扬兵.中国农业合作化运动研究［M］.北京：知识产权出版社，2006：215.

　　［111］中共中央文献研究室.建国以来刘少奇文稿：第2册［M］.北京：中央文献出版社，2005：306-307.

　　［112］中共福建闽侯地委生产合作部关于如何解决农业生产合作社具体政策问题的情况与经验总结：1954-12-23［Z］.福州：福建省档案馆（全宗106，目录5，案卷号8）：2.

　　［113］杜润生.当代中国的农业合作制（上册）［M］.北京：当代中国出版社，2002：399.

　　［114］南平地委办公室通讯小组.南平专区发展多种经济收到显著成效［N］.福建日报，1957-01-04（1）.

　　［115］各地有关劳动管理问题的调查材料综合：1961-07-14［Z］.福州：福建省档案馆（全宗106，目录6，案卷号11）：10-46.

　　［116］社员自留地变化情况：1961-04-01［Z］.福州：福建省档案馆（全宗207，目录2，案卷号477）：16.

　　［117］关于工分值问题的资料：1961-06-14［Z］.福州：福建省档案馆（全宗106，目录6，案卷号11）：16.

　　［118］刘功财.定期预支劳动报酬成经常制度［N］.福建日报，1957-02-16（2）.

　　［119］中共南平地委工作组.建峰农业社全面发展生产的经验［N］.福建日报，1957-02-20（2）.

　　［120］福建省委农村工作部关于整社情况的报告通知：1959-07-31［Z］.福州：福建省档案馆（全宗106，目录3，卷宗18）：51-54.

　　［121］1959年福建省农村人民公社收入分配调查综合报告：1960-03-15［Z］.福州：福建省档案馆（全宗180，目录4，卷宗683）：43.

　　［122］1961年农村人民公社收益分配情况：1962-03-13［Z］.福州：

福建省档案馆（全宗 180，目录 4，案卷号 206）：138-145.

[123] 福建省改变耕作制度的经验问题：1957-01 ［Z］. 福州：福建省档案馆（全宗 197，目录 2，卷宗 732）：14-16.

[124] 许永杰. 福建农业合作化历史 ［M］. 福州：福建人民出版社，2011：122.

[125] 中共中央文献研究室. 建国以来重要文献选编：第 1 册 ［M］. 北京：中央文献出版社，1993：336-343.

[126] 福建省委农村工作部关于整社情况的报告通知：1959-07-31 ［Z］. 福州：福建省档案馆（全宗 106，目录 3，卷宗 18）：54.

[127] 胡洪曙. 农地产权制度与农村经济绩效研究 ［J］. 财经论丛，2007（5）：14.

[128] 李宁. 农地产权结构、生产要素与农业绩效 ［J］. 管理世界，2017（3）：46.

[129] 黄祖辉，王敏. 农民收入问题：基于结构和制度层面的探析 ［J］. 中国人口科学，2002（4）：16-17.

[130] 邓宏图. 制度变迁中的中国农地产权的性质：一个历史分析视角 ［J］. 南开经济研究，2007（6）：132.

[131] 刘明达. 加强农村基层党组织建设的理性思考 ［J］. 社会主义研究，2003（2）：100.

[132] 吴鹏. 基层党组织角色转换相关分析 ［J］. 岭南学刊，2003（5）：26.

[133] 王冰. 中国农业生产组织政策绩效分析与评价 ［J］. 经济评论，2004（4）：65.

[134] 谢冬水，黄少安. 国家行为、组织性质与经济绩效：中国农业集体化的政治经济学 ［J］. 财经研究，2013（1）：30.

[135] 马克思. 资本论：第 3 卷 ［M］. 北京：人民出版社，1975：890-909.

[136] 福建省统计局. 福建统计年鉴 ［M］. 福州：福建人民出版社，1984：57-68.

[137] 福建省委政策研究室. 辉煌五十年（福建卷）［M］. 北京：中央文献出版社，1999：258.

[138] 福建省地方志编纂委员会. 福建省志·金融志 ［M］. 北京：新

华出版社，1996：167-169.

　　[139] 杨富堂. 基于制度利润视角的农地产权制度演进研究 [J]. 农业经济问题，2013（8）：39.

　　[140] 一年来工农业生产的总结报告：1950-10-01 [Z]. 福州：福建省档案馆（全宗 200，目录 1，案卷号 192）：143.

　　[141] 福建省统计局. 福建统计年鉴 [M]. 北京：中国统计出版社，1997：158.

　　[142] 福建省土地改革基本总结：1952 [Z]. 福州：福建省档案馆（全宗 197，目录 2，案卷号 482）：5.

　　[143] 福建省龙海县地方志编纂委员会. 龙海县志 [M]. 北京：东方出版社，1993：126.

　　[144] 李里峰. 革命中的乡村——土地改革运动与华北乡村权力变迁 [J]. 广东社会科学，2013（3）：112.

　　[145] 农业部产业政策与法规司. 中国农村 50 年 [M]. 郑州：中原农民出版社，1999：448.

　　[146] 王瑞芳. 土地制度变动与中国乡村社会变革——以新中国成立初期土改运动为中心的考察 [M]. 北京：社会科学文献出版社，2010：165.

　　[147] 廖鲁言. 三年来土地改革运动的伟大胜利 [N]. 人民日报，1952-09-28（2）.

　　[148] 解放几年来农业生产投资增长情况：1953-09 [Z]. 福州：福建省档案馆（全宗 101，目录 1，案卷号 263）：44.

　　[149] 社队规模变化情况：1961-04-01 [Z]. 福州：福建省档案馆（全宗 207，目录 2，案卷号 477）：5.

　　[150] 肖卫等. 农村经济组织中的“委托—代理”关系：理论、实践与政策 [J]. 上海经济研究，2010（8）：83.

　　[151] 福建日报. 调整组织、改进合作社生产领导 [N]. 福建日报，1957-01-23（2）.

　　[152] 农业厅. 本省各地调查近万个农业社的结果表明 30% 社达富裕中农生产水平 [N]. 福建日报，1957-12-06（1）.

　　[153] 1954 年农村市场情况：1955-01-20 [Z]. 福州：福建省档案馆（全宗 206，目录 2，卷宗 55）：85.

［154］福建省人民委员会关于开展国家领导下的自由市场的情况与问题的报告：1956-12-15 ［Z］. 福州：福建省档案馆（全宗205，目录3，卷宗408）：20.

［155］福建省人民委员会关于开展国家领导下的自由市场的情况与问题的报告：1956-12-15 ［Z］. 福州：福建省档案馆（全宗205，目录3，卷宗408）：21.

［156］胡凤云. 全省已有近百万农民参加民校学习 ［N］. 福建日报，1957-01-22（2）.

［157］中共福建省委办公厅. 福建农业合作化运动：第1册 ［M］. 福州：福建人民出版社，1956：366.

［158］蔡清伟. 建国以来中国共产党农村社会治理思想的历史演进 ［J］. 西南交通大学学报（社会科学版），2015（7）：102.

［159］张红宇. 中国农地制度变迁的政治经济学分析 ［D］. 重庆：西南农业大学，2002：34.

［160］刘金海. 从农业合作化运动看国家构造中的集体及集体产权 ［J］. 当代中国史研究，2003（6）：106.

［161］张悦. 中国农村土地制度变迁——基于意识形态的视角 ［M］. 北京：经济管理出版社，2011：104.

［162］林毅夫. 小农与经济理性 ［J］. 中国农村观察，1988（3）：31.

［163］刘承韪. 产权与政治：中国农村土地制度变迁研究 ［M］. 北京：法律出版社，2012：40.

［164］薄一波. 若干重大决策与事件的回顾（上卷）［M］. 北京：中共中央党校出版社，1991：405.

［165］张勇. 农业合作化运动与农村经济变革——长沙县农业合作化运动研究（1951-1956）［M］. 长沙：湖南大学出版社，2015：223.

［166］文启湘. 农村集体经济组织长期生存与制度变迁原因探讨——兼论人民公社的建立、失败与乡镇企业的改制 ［J］. 现代财经，2008（9）：10-11.

［167］许经勇. 中国农村经济制度变迁六十年 ［M］. 厦门：厦门大学出版社，2009：44.

［168］本省土地基本情况和今后安排的初步意见：1959-03-31 ［Z］. 福州：福建省档案馆（全宗180，目录4，卷宗45）：84-85.

［169］1961 年福建农村人民公社耕地面积年报：1961 ［Z］. 福州：福建省档案馆（全宗 180，目录 4，案卷号 747）：15-16.

［170］福建省统计局. 福建农村经济年鉴（1994 年）［M］. 北京：中国统计出版社，1995：245.

［171］1962 年上半年报综合耕地面积情况：1962-09-19 ［Z］. 福州：福建省档案馆（全宗 180，目录 4，案卷号 208）：57.

［172］农村人民公社调查研究资料之十五（劳动力问题）：1961-05-10 ［Z］. 福州：福建省档案馆（全宗 101，目录 6，案卷号 498）：38.

［173］农村人民公社劳动力方面几个问题的综合：1960-08-20 ［Z］. 福州：福建省档案馆（全宗 106，目录 4，案卷号 18）：71-77.

［174］1961 年主要农业生产机具设备拥有量：1961 ［Z］. 福州：福建省档案馆（全宗 180，目录 4，案卷号 747）：3.

［175］泰宁县报道组. 泰宁掀起冬季农田基建热潮 ［N］. 福建日报，1974-01-05（1）.

［176］王玉贵. 论农村人民公社的制度绩效——兼析农村人民公社制度长期存在并最终解体的原因 ［J］. 中共天津市委党校学报，2010（2）：73.

［177］1959 年福建省农村人民公社收入分配调查综合报告：1960-03-19 ［Z］. 福州：福建省档案馆（全宗 180，目录 4，卷宗 683）：1-8.

［178］1961 年农村人民公社收益分配情况：1962-03-13 ［Z］. 福州：福建省档案馆（全宗 180，目录 4，案卷号 206）：138-145.

［179］福建省地方志编纂委员会. 福建省志·二轻工业志 ［M］. 北京：方志出版社，2001：115.

［180］福建日报. 以党的基本路线为纲管好农村市场 ［N］. 福建日报，1973-12-17（3）.

［181］福建省地方志编纂委员会. 福建省志·教育志 ［M］. 北京：方志出版社，1998：434.

［182］福建省统计局. 1985 年福建省农村住户和农经抽样调查资料 ［M］. 福州：福建省统计局，1986：1.

［183］福建省委农村工作部关于整社情况的报告通知：1959-07-31 ［Z］. 福州：福建省档案馆（全宗 106，目录 3，卷宗 18）：59.

［184］韩小凤. 从一元到多元：建国以来我国村级治理模式的变迁研

究［J］. 中国行政管理，2014（3）：54.

［185］吴毅. 村治变迁中的权威与秩序：20世纪川东双村的表达［M］. 北京：中国社会科学出版社，2002：95-96.

［186］李正华. 新中国乡村治理的经验与启示［J］. 当代中国史研究，2011（1）：21.

［187］辛逸. "农业六十条"的修订与人民公社的制度变迁［J］. 中共党史研究，2012（7）：39.

［188］吴毅. 人民公社时期农村政治稳定形态及其效应——对影响中国现代化进程一项因素的分析［J］. 天津社会科学，1997（5）：98.

［189］罗必良. 中国农业经营制度——理论框架、变迁逻辑及案例解读［M］. 北京：中国农业出版社，2014：92.

［190］高王凌. 人民公社时期中国农民"反行为"调查［M］. 北京：中共党史出版社，2006：192.

［191］福建各地区和省直机关讨论干部作风问题：1960-04［Z］. 福州：福建省档案馆（全宗101，目录2，案卷号441）：43-48.

［192］李付安. "大跃进"运动悲剧命运探源［J］. 当代中国史研究，2003（3）：51-52.

［193］张海荣. 人民公社解体再探——基于农民主体地位与基层实践逻辑的考察［J］. 当代中国史研究，2009（6）：56.

［194］张军. 关于人民公社组织的若干思考［J］. 中国农村观察，1988（3）：16.

［195］福建省稻田水旱轮作概况：1962［Z］. 福州：福建省档案馆（全宗303，目录3，案卷号127）：49.

［196］盛洪. 中国的过渡经济学［M］. 上海：格致出版社，2009：70.

［197］苏文菁. 区域发展与区域文化研究——以闽文化为例［J］. 福建省社会主义学院学报，2004（2）：24.

［198］周其仁. 中国农村改革：国家和所有权关系的变化（上）——一个经济制度变迁史的回顾［J］. 管理世界，1995（3）：186.

［199］中国传统农业向现代农业转变的研究课题组. 中国传统农业向现代农业转变的研究［J］. 当代中国史研究，1997（1）：24.

［200］孙圣民，徐晓曼. 经济史中制度变迁研究三种范式的比较分析［J］. 文史哲，2008（5）：152.

［201］中共中央文献研究室. 建国以来重要文献选编：第 5 册［M］. 北京：中央文献出版社，1993：523，540.

［202］中共中央文献研究室. 建国以来重要文献选编：第 8 册［M］. 北京：中央文献出版社，1993：407.

［203］孙圣民. 政治过程、制度变迁与经济绩效——以中国大陆土地产权制度变迁为例［D］. 山东：山东大学，2007：79.

［204］武力. 过犹不及的艰难选择——论 1949-1998 年中国农业现代化过程中的制度选择［J］. 中国经济史研究，2000（2）：92.

［205］李里峰. 土改结束后的乡村社会变动——兼论从土地改革到集体化的转化机制［J］. 江海学刊，2009（2）：164.

［206］社员自留地变化情况：1961-03-27［Z］. 福州：福建省档案馆（全宗 106，目录 6，案卷号 91）：22.

［207］中华人民共和国国家农业委员会办公厅. 农业集体化重要文件汇编（上）［M］. 北京：中共中央党史出版社，1981：552.

［208］谭秋成. 乡镇集体企业在中国的历史起源——一个经济组织与产权制度相关的案例［J］. 中国经济史研究，1999（2）：95.

［209］中共福建省委党史研究室. "大跃进"运动：福建卷［M］. 北京：中共党史出版社，2001：13.

［210］莆田县组织多种经营生产专业队调查报告：1965-08［Z］. 福州：福建省档案馆（全宗 197，目录 1，案卷号 1909）：518.

［211］中共中央文献研究室. 建国以来重要文献选编：第 15 册［M］. 北京：中央文献出版社，1997：703-704.

［212］董国礼. 中国土地产权制度的变迁：1949-1998［J］. 中国社会科学季刊（香港），2000（31）：12.

［213］陈振明. 政策科学［M］. 北京：中国人民大学出版社，2004：55-56.

［214］溪坪大队为什么上不去：1975-08-30［Z］. 福州：福建省档案馆（全宗 197，目录 4，案卷号 258）：19-20.

［215］包产到户的结果：1962［Z］. 福州：福建省档案馆（全宗 180，目录 4，案卷号 208）：199.

［216］格雷夫. 大裂变：中世纪贸易制度比较和西方的兴起［M］. 北京：中信出版社，2008：197-198.

［217］周晓庆. 从农村社会文化传统看当代中国农业的演变［J］. 古今农业，2003（4）：22-23.

［218］李先明. 当代中国乡村文化转型的启示［J］. 内蒙古社会科学（汉文版），2010（1）：128.

［219］蔡立熊. 当代中国农村宗族制度演化的一般逻辑［J］. 制度经济学研究，2009（Z1）：144.

［220］John W. Leuis. The Leadership Doctrine of the Chinese Communist Party：The Lesson of the People's commune［J］. Asian Survey，1963（10）：463.

［221］干方平. 1949-1966年党处理农村宗族问题研究及其启示——以广东为个案［D］. 广东：华南师范大学，2007：26.

［222］丁力. 新时期农业和农村经济结构的战略性调整［J］. 当代中国史研究，2002（4）：63.

［223］柳建平. 中国农村土地制度及改革研究——基于土地功能历史变迁视角的分析［J］. 经济问题探索，2011（12）：114.

［224］罗必良，李玉勤. 农业经营制度：制度底线、性质辨识与创新空间——基于"农村家庭经营制度研讨会"的思考［J］. 农业经济问题，2014（1）：9.

［225］东南网. 福建省第一张集体经济组织证明书在晋江颁发［EB/OL］. http：//qz. fjsen. com/2017-06/29/content_ 19732254. htm，2017-06-29.

［226］瞭望新闻周刊. 种粮积极性受挫 农村新型经营体何以"毁约退地"［EB/OL］. http：//news. xinhuanet. com/2016-10/22/c_ 1119767807. htm，2016-10-22.

［227］程国强，罗必良，郭晓明. "农业共营制"：我国农业经营体系的新突破［J］. 农村工作通讯，2014（12）：47.

［228］骆明军. 崇州农业共营制探索与实践［J］. 农村经营管理，2015（8）：14.

［229］尚旭东，韩洁. 短期效应、生存压力与农业共营制的长效兼顾［J］. 改革，2016（8）：137-143.

［230］李里峰. 群众运动与乡村治理——1945-1976年中国基层政治的一个解释框架［J］. 江苏社会科学，2014（1）：227.

[231] 魏星河. 我国公民有序政治参与的涵义、特点及价值 [J]. 政治学研究，2007（2）：32-33.

[232] 杨雅厦. 协商民主视角下农民政治参与的困境及对策研究 [J]. 东南学术，2016（4）：89.

[233] 陈前恒，魏文慧. 草根组织经历与政治参与：来自中国村庄选举的证据 [J]. 中国农村观察，2016（1）：38.

[234] 福建省统计局. 福建统计年鉴 [J]. 北京：中国统计出版社，2015：264-266.

[235] 丰雷等. 中国农村土地调整制度变迁中的农户态度——基于1999-2010年17省份调查的实证分析 [J]. 管理世界，2013（7）：50-51.

[236] 阿瑟·奥肯. 平等与效率——重大抉择 [M]. 北京：华夏出版社，1987：105.

附　录

附表1　福建省各阶层土地改革前后土地的占有变化

项目 阶层	户口			
	户数	占总户数的比例（%）	人口	占总人口的比例（%）
地主	57686	2.031	329847	2.16
地主兼工商	1858	0.045	14006	0.12
工商兼地主	2818	0.0992	20245	0.174
华侨工商地主	713	0.0251	4773	0.038
地主华侨工商	49	0.001	350	0.003
小计	63124	2.221	369221	3.175
半地主富农	11284	0.397	62427	0.536
富农	38889	1.369	235335	2.023
小计	50173	1.766	297762	2.56
债利生活者	1758	0.061	7462	0.064
工商业家	27357	0.964	101078	1.385
小土地出租者	68365	2.406	215214	1.85
中农	1001325	31.246	4633114	39.844
贫农	1248055	43.931	4659658	40.073
雇农	104424	3.675	249917	2.149
手工业者	57003	2.006	206018	1.771
小商贩	32601	1.147	150907	1.297
其他	187200	6.589	696648	5.991
合计	2841415	100.00	11647010	100.00

续表

项目 阶层	土改前土地占有			土改后土地占有		
	亩数	占总土地 的比例 （％）	人均亩数	亩数	占总土地 的比例 （％）	人均亩数
地主	2516092.45	12.328	7.62	523229.75	2.511	1.58
地主兼工商	115213.2	0.564	8.22	8921.66	0.042	0.64
工商兼地主	106078.6	0.519	5.23	6465.76	0.031	0.32
华侨工商地主	14856.76	0.072	3.11	2323.92	0.011	0.71
地主华侨工商	1056.86	0.005	3.02	248.75	0.001	0.71
小计	2753298.07	13.125	7.45	541189.84	2.597	1.47
半地主富农	314472.17	1.54	5.03	146982.97	0.705	2.35
富农	728805.44	3.131	3.09	595025.24	2.856	2.53
小计	1043277.61	4.672	3.2	742008.21	3.561	2.49
债利生活者	11219.56	0.054	1.5	10323.71	0.049	1.38
工商业家	135851.48	0.665	0.84	48249.59	0.231	0.3
小土地出租者	503341.63	2.466	2.34	371855.89	1.784	1.72
中农	6597738.76	32.328	1.42	9047441.63	43.42	1.95
贫农	2833590.32	13.884	0.61	8689018.77	41.7	1.86
雇农	57999.22	0.284	0.23	527045.8	2.529	2.11
手工业者	50081.14	0.245	0.24	137147.27	0.658	0.67
小商贩	43646.11	0.213	0.29	75910.1	0.364	0.50
其他	314279.77	1.539	0.45	507346.96	2.435	0.73
公田	6039881.44	29.595		307746.22	1.477	
小计	20384205.11	100.00	1.75	21005283.99	100.00	1.80

资料来源：福建省土改委员会关于全省土改成果统计表：1952-10-20 ［Z］. 福州：福建省档案馆（全宗106，目录1，案卷号144）：3.

附表 2　福建省土地改革进度说明

项目　专区	全省			1950 年土改进度				1951 年土改进度												
	总县市数	总区数	总乡数	8月至11月完成		至12月完成		1月至2月完成		至3月完成		至4月完成		至6月完成		至7月完成		至8月完成	
				县数	乡数	县数	乡数	县数	乡数	县数	乡数	县数	乡数	县数	乡数	县数	乡数	县数	乡数
建阳	9	57	508	0	17	0	17	0	125	0	170	0	245	1	256	1	271	1	286
南平	9	70	641	0	9	0	29	0	42	0	51	1	365	1	365	1	365	1	374
福安	7	46	524	0	6	0	16	0	86	0	92	0	194	0	202	0	202	0	202
闽侯	8	80	683	0	8	0	350	0	447	0	466	7	541	7	626	7	629	7	633
晋江	9县1市	140	1670	0	17	0	17	0	332	0	396	0	599	2县1市	833	2县1市	833	2县1市	1330
龙溪	10县1市	67	805	0	4	0	4	0	35	0	199	0	220	0	220	0	220	2县1市	514
永安	7	39	343	0	3	0	3	0	16	0	31	0	53	0	64	0	64	0	74
龙岩	7	74	638	0	7	0	7	0	64	0	177	0	383	0	383	0	383	4	500
福州市郊	1	8	29	0	1	0	3	0	10	0	11	1市	29	1市	29	1市	29	1市	29
厦门市郊	1	1	11	0	0	0	0	0	0	0	0	0	0	0	0	0	0	0	0
总计	68县4市	582	5852	0	72	0	416	0	1157	0	1593	8县1市	2629	11县2市	2978	11县2市	2996	17县3市	3942

续表

项目 专区	1951 年土改完成进度								1952 年土改完成进度							
	至 9 月		至 10 月		至 11 月		至 12 月		至 1 月		至 2 月		至 3 月		至 6 月	
	县数	乡数	县数	乡数	县数	乡数	县数	乡数	县数	乡数	县数	乡数	县数	乡数	县数	乡数
建阳	2	320	3	394	3	396	3	428	3	432	6	479	8	503	9	508
南平	4	416	5	509	5	510	5	511	5	511	8	633	9	641	9	641
福安	1	242	1	416	2	422	2	428	2	428	7	524	7	524	7	524
闽侯	7	633	7	640	7	652	7	679	7	679	8	683	8	683	8	683
晋江	5县1市	1405	8县1市	1494	8县1市	1645	8县1市	1665	8县1市	1665	9县1市	1670	9县1市	1670	9县1市	1670
龙溪	4县1市	514	9县1市	768	9县1市	798	10县1市	805	10县1市	805	10县1市	805	10县1市	805	10县1市	805
永安	0	74	2	178	2	178	3	179	3	179	3	189	3	265	7	343
龙岩	4	588	5	603	5	594	7	638	7	638	7	638	7	638	7	638
福州市郊	1市	29	1市	29	1市	29	1市	29	1市	29	1市	29	1市	29	1市	29
厦门市郊	0	0	0	0	0	0	0	0	0	2	1市	11	1市	11	1市	11
总计	27县3市	4221	40县3市	5031	41县3市	5224	45县3市	5364	45县3市	5368	58县4市	5661	59县4市	5769	68县4市	5852

注：数的下面所加黑线条，系各省（市）完成土改时间。

资料来源：福建省人民政府土地改革委员会编印（内部资料）[M]．福建省土地改革文献丛编（下）[M]．福建省人民政府土地改革委员会．1953：12.

附表3　1950~1985年福建省农业资金投入统计

年份	农村社会固定资产投资额（亿元）	财政总支出（万元）	财政支农生产与农口事业费（万元）	农业基本建设拨款（万元）	农业贷款（万元）
1950	0.22				72
1951	0.09		100		352
1952	0.24	12534	216	89	649
1953	0.32	14001	279	307	1306
1954	0.36	14873	366	467	1778
1955	0.54	14881	606	881	4605
1956	1.14	24361	1335	1872	9465
1957	0.55	24725	1279	1984	8788
1958	1.1	67728	2096	10892	11104
1959	1.18	89738	5487	3547	8700
1960	1.58	110546	8586	6522	12599
1961	0.87	57786	6889	2913	13927
1962	1.07	35951	4680	1719	14066
1963	1	41708	4483	2749	15886
1964	1.23	45228	4750	3150	15496
1965	1.54	49900	5563	2775	16457
1966	1.27	53627	5162	3332	17525
1967	1.03	44275	5284	1760	18762
1968	1.22	33267	3498	1207	18819
1969	1	53357	5506	1511	19869
1970	2.35	83446	6832	4928	23454
1971	2.15	91089	9040	5969	12696
1972	2.91	91482	7360	7318	12428
1973	2.4	102396	9902	8993	12854

年份	农村社会固定资产投资额（亿元）	财政总支出（万元）	财政支农生产与农口事业费（万元）	农业基本建设拨款（万元）	农业贷款（万元）
1974	2.5	101845	9973	8115	14368
1975	3.48	98582	10332	7552	15263
1976	2.7	101447	11940	7069	18657
1977	2.06	113545	14025	7298	20237
1978	3.9	151440	19454	4476	25681
1979	4.03	160263	26180	7888	38397
1980	4.74	150511	22729	6644	50523
1981	4.98	142654	21499	9612	57599
1982	8.13	164215	21499	4206	64667
1983	8.59	175481	23240	4346	84286
1984	10.38	205239	24240	3780	132199
1985	13.27	306399	26163	5669	141488

资料来源：《中国农业全书·福建卷》编辑委员会.中国农业全书·福建卷［M］.北京：中国农业出版社，1997：71；福建省统计局.崛起的海峡西岸经济区——新中国60年的福建［M］.北京：中国统计出版社，2009：231，235，255.

附表4 1949~1957年福建农业产出与投入统计

年份	粮食产量（万吨）	油料产量（包括花生、油菜籽）（万吨）	农业总产值（亿元）	种植业总产值（亿元）	农业机械总动力（万千瓦）	有效灌溉面积（万亩）	化肥使用量（折纯量）（万吨）
1949	283	7.29			0.2		
1950	311	6.46	7.77	6.85	0.2	950	0.13
1951	337.5	7.46	7.77	6.86	0.2	958.01	0.32
1952	372	9.89	8.44	7.38	0.25	965	0.7

年份	粮食产量（万吨）	油料产量（包括花生、油菜籽）（万吨）	农业总产值（亿元）	种植业总产值（亿元）	农业机械总动力（万千瓦）	有效灌溉面积（万亩）	化肥使用量（折纯量）（万吨）
1953	388	7.3	9.11	8.26	0.3	987	0.99
1954	377	9.18	8.55	7.74	0.45	1101	1.44
1955	389.5	9.74	9.57	8.34	0.65	1041	1.67
1956	443.5	9	11.08	9.56	0.72	1116	2
1957	444	9.39	11.32	9.41	1.97	1161	2.03

注：农业总产值和种植业总产值按当年不变价格计算。

资料来源：福建省统计局．崛起的海峡西岸经济区——新中国60年的福建［M］．北京：中国统计出版社，2009：237-239；福建省统计局．福建奋进的四十年［M］．北京：中国统计出版社，1989：39.

附表5　1958~1985年福建省劳动力相关数据统计表

年份	农业劳动者（万人）	农业劳动力占农业人口比例（%）	国有职工人数（万人）	城镇集体和个私劳动者（万人）
1958	465.9	38.6	122.91	17.56
1959	571	46.7	111.07	20.99
1960	444	36.4	129.02	21.7
1961	460	36	101.09	26.95
1962	466.7	34.5	77.34	30.9
1963	469	33.6	76.92	36.05
1964	488.7	34.3	81.75	36.63
1965	479.23	32.5	83.83	38.73
1966	505.55	33.3	86.77	40.4
1967	530.68	34	86.77	40.74
1968	529.78	33	86.76	41.36

年份	农业劳动者 （万人）	农业劳动力占 农业人口比例 （%）	国有职工人数 （万人）	城镇集体和 个私劳动者 （万人）
1969	560.81	33.4	86.76	42.96
1970	585	33.2	93.37	43.66
1971	533.6	29.8	102.13	43.85
1972	621.38	33.6	109.2	45.31
1973	661.15	34.8	105.95	47.17
1974	675.89	34.8	108.17	48.93
1975	657.41	33	111.42	52.71
1976	688.13	33.8	116.39	53.12
1977	689.29	33.1	119.14	55.99
1978	696.7	32.9	148.49	59.05
1979	707.55	33.2	156.7	63.01
1980	701.24	32.6	167.46	66.43
1981	715.21	32.9	176.35	69.31
1982	718.43	32.5	183.03	71.02
1983	725.36	32.4	187.3	74.37
1984	729.45	33.4	182.82	88.39
1985	705.71	31.1	191.37	94.71

资料来源：福建省统计局. 福建奋进的四十年 [M]. 北京：中国统计出版社，1989：36；福建省委政策研究室. 辉煌五十年（福建卷）[M]. 北京：中央文献出版社，1999：257.

附表 6　1963～1985 年福建财政支农统计

年份	1963	1964	1965	1966	1967	1968	1969	1970	1971	1972	1973	1974
财政支农生产与农口事业费（万元）	4483	4750	5563	5162	5284	3498	5506	6832	9040	7360	9902	9973
农业基本建设拨款（万元）	2749	3150	2775	3332	1760	1207	1511	4928	5969	7318	8993	8115
合计	7232	7900	8338	8494	7044	4705	7017	11760	15009	14678	18895	18088
年份	1975	1976	1977	1978	1979	1980	1981	1982	1983	1984	1985	
财政支农生产与农口事业费（万元）	10332	11940	14C25	19454	26180	22729	21499	22648	23240	24240	26163	
农业基本建设拨款（万元）	7552	7069	7298	4476	7888	6644	4206	4346	5302	3780	5669	
合计	17884	19009	21323	23930	34068	29373	25705	26994	28542	28020	31832	

资料来源：《中国农业全书·福建卷》编辑委员会. 中国农业全书·福建卷 [M]. 北京：中国农业出版社，1997：71.

附表7 1958年福建党员及党组织分布情况统计表

党员分布情况

	人数	党员数
总计	11705600	141204
农业	9766984	100060
工业	468549	10402
钢铁	155136	5130
基本建设	137321	2143
交通运输业	53047	1251
财经粮贸	72605	6045
生活福利	479876	13886
食堂	259574	11216
文化教育事业	492023	2034
其他	381516	7526

党组织分布情况

	合计	农业	钢铁	基本建设
人民公社数	611	611		
已建立党组织的	611	611		
生产大队数	6480	6328	140	2
已建立党组织的	6280	6084	119	8
生产队数	39984	39288	346	203
已建立党组织的	14082	13702	127	70
仅有个别党员的	16401	16165	152	39
无党员的	9501	9421	67	94

注：1958年12月31日数据。

资料来源：农村人民公社党组织和党员分布情况统计表：1959-02-17 ［Z］. 福州：福建省档案馆（全宗102，目录2，案卷号308）：6.

附表8　1958~1985年福建省党的基层组织统计

年份	党支部数（个）	党总支数（个）	基层党委数（个）
1958	13256	1013	800
1959	17196	1117	869
1960	18932	1351	916
1961	24515	1086	1988
1962	24096	854	2026
1963	24249	979	2015
1964	24925	906	1958
1965	24292	852	1641
1966	15923		493
1971	20818	193	1073
1972	23407	327	1166
1973	26658	443	1304
1974	27973	506	1290
1975	28832	584	1242
1976	27845	666	1265
1977	31063	741	1318
1978	32322	843	1370
1979	34882	986	1456
1980	36330	1028	1526
1981	38251	1100	1567
1982	39542	1214	1616
1983	40434	1221	1901
1984	41654	1372	1935
1985	42988	1533	1941

资料来源：福建省地方志编纂委员会．福建省志·共产党志［M］．北京：中国社会科学出版社，2001：255.

附表9　1949~1985 年福建农业种植业和副业总产值统计

年份	种植业总产值（亿元）	副业总产值（亿元）	年份	种植业总产值（亿元）	副业总产值（亿元）
1949			1968	11.01	1.65
1950	6.85	0.94	1969	12.68	1.48
1951	6.86	0.93	1970	14.01	1.52
1952	7.38	1.08	1971	16.8	1.55
1953	8.26	0.88	1972	18.55	1.41
1954	7.74	1.13	1973	17.55	1.72
1955	8.34	1.25	1974	18.49	1.95
1956	9.56	1.52	1975	18.57	1.88
1957	9.41	1.91	1976	17.77	2.09
1958	10.12	0.93	1977	20.58	1.83
1959	9.6	1.56	1978	25.8	2.42
1960	7.94	1.3	1979	27.39	1.9
1961	8.93	1.47	1980	29.19	1.94
1962	9.23	2.04	1981	34.5	3.43
1963	9.53	1.77	1982	38.33	4.42
1964	10.36	1.16	1983	38.69	5.43
1965	11.84	1.69	1984	44.63	6.19
1966	13.36	1	1985	50.14	9.22
1967	11.56	1.26			

资料来源：福建省统计局. 福建奋进的四十年［M］. 北京：中国统计出版社，1989；福建省委政策研究室. 辉煌五十年（福建卷）［M］. 北京：中央文献出版社，1999.

附表 10 1959~1985 年福建省社队企业（乡镇企业）主要经济指标统计

年份	企业个数（个）	从业人员（人）	占全省农村劳动力比例（%）	总产值（按不变价格计算）（亿元）
1959	4878	231509	4. 05	2. 68
1960	34137	341655	7. 69	2. 16
1961	607	24799	0. 54	0. 19
1962	305	11794	0. 25	1. 03
1963	4765	67995	1. 45	0. 63
1964		155600	3. 18	0. 56
1965				0. 76
1966	1552			2
1967	1491			2
1968	1546			1. 62
1969	1357			2. 37
1970	1737			0. 34
1971				1. 23
1972	17832	258133	4. 15	1. 78
1973	16443	438966	6. 63	2. 27
1974	16529	267946	3. 96	2. 86
1975	27401	369119	5. 61	3. 77
1976	29524	408432	5. 93	4. 52
1977	32862	466041	6. 76	5. 99
1978	34247	870824	12	9. 18
1979	40685	1093381	14. 8	13. 15
1980	43129	1214350	16. 3	16. 83
1981	44066	1260378	16. 7	19. 91
1982	45775	1303866	16. 5	22. 89
1983	70518	1453890	18	28. 46

年份	企业个数（个）	从业人员（人）	占全省农村劳动力比例（%）	总产值（按不变价格计算）（亿元）
1984	149464	1746286	20.7	44.42
1985	257931	2036363	23.2	70.2

　　资料来源：表格数据是通过历年福建省档案析出，有些数据未能查到，即为空白。1977年之前数据是社队企业数量、常年固定劳动力和总产值，见档案：福建省农村人民公社1977年公社、生产大队企业基本情况：1978-04-16［Z］. 福州：福建省档案馆（全宗197，目录4，案卷号481）；福建省农村人民公社1976年公社、生产大队企业基本情况：1977-04-27［Z］. 福州：福建省档案馆（全宗197，目录4，案卷号395）；福建省农村人民公社1975年公社、生产大队企业基本情况：1976-04-07［Z］. 福州：福建省档案馆（全宗197，目录4，案卷号290）；福建省农村人民公社1974年度年终收益分配报表：1975［Z］. 福州：福建省档案馆（全宗197，目录4，案卷号220）；1973年全省农村人民公社年终收益分配报表：1974［Z］. 福州：福建省档案馆（全宗197，目录4，案卷号145）；福建省农村人民公社（社队办企业）1972年度年终收益分配报表：1973-07-31［Z］. 福州：福建省档案馆（全宗197，目录4，案卷号142）（其中社队企业从业人员是不完全统计，公社企业只统计了1915个，大队企业只统计了9388个）；1960年福建省社办企业基本情况年报表：1961-01-05［Z］. 福州：福建省档案馆（全宗180，目录4，案卷号703）；福建省1963年农村人民公社收益分配情况：1964-04［Z］. 福州：福建省档案馆（全宗197，目录1，案卷号1422）；福建省农村人民公社1963年收益分配情况：1964-07-02［Z］. 福州：福建省档案馆（全宗197，目录1，案卷号1422）；1963年劳动力资源增加，分配使用逐趋合理：1964-04-06［Z］. 福州：福建省档案馆（全宗180，目录1，案卷号13）；福建省1959年社办企业情况统计表：1960-02-23［Z］. 福州：福建省档案馆（全宗106，目录3，案卷号31），1964年数据，社队企业总产值，限于资料只查到生产队工业总产值，在查阅1964年公社企业、事业职工工资时发现农村人民公社社队企业职工收入为5158万元，所以，如加上社工业产值，应会比1963年数据大；1964年农业生产统计年报：1965-03-31［Z］. 福州：福建省档案馆（全宗180，目录2，案卷号224）；1964年公社企业、事业职工工资计算表：1965-05-22［Z］. 福州：福建省档案馆（全宗180，目录1，案卷号59）；1965年社队企业总产值，选取当时生产队工业产值，参见上报国家统计局1965年农业统计年报：1966［Z］. 福州：福建省档案馆（全宗180，目录3，案卷号110）；1966-1969年社队工业，选取当时统计年表中工业企业中其他企业类型，参见档案："三五"资料——产值、产品和产量（1966-1970）：1966-1977［Z］. 福州：福建省档案馆（全宗180，目录6，案卷20），其他工业中也必然包括非社队企业工业，所以该数值比真正社队企业总产值要高；1970年资料来源：各地市1970年工业总产值计主要工业品产量年报：1970［Z］. 福州：福建省档案馆（全宗180，目录6，案卷号19）。1978年之后统计数据均为乡镇企业经济指标，见福建省统计局. 福建省农村经济年鉴：1994［M］. 北京：中国统计出版社，1995：235；农村劳动力总人数参见福建省统计局. 福建劳动46年［J］. 北京：中国统计出版社，1996.

附表 11　福建省主要年份农村社会总产值构成

年份	农林牧渔业（%）	工业（%）	建筑业（%）	运输业（%）	商业（%）
1952	90.2	7.7	1.4	0.5	0.2
1957	82.1	12.1	3	1	1.8
1978	73.2	16.3	5	0.9	4.6
1979	73.9	15.3	4.7	1.1	5
1980	71	17.5	4.8	1.3	5.4
1981	71.6	16	6.5	1.1	4.8
1982	72.2	14.9	7	1.2	4.7
1983	69.4	15.8	7	3.5	4.3
1984	65.3	20.2	6.3	3.8	4.4
1985	62.3	22.2	6.3	4.2	5

资料来源：福建省统计局.福建农村经济年鉴（1994 年）　[M].北京：中国统计出版社，1995.

附表12 1949~1985 年福建省农业及农业经济结构相关数据

年份	粮食作物播种面积（万亩）	经济作物播种面积（万亩）	其他农作物播种面积（万亩）	农业劳动者（万人）	农业劳动者占农村劳动力比例（%）	历年种植业林牧渔业产值占农林牧渔业总产值比重（%）（按当年现行价格计算）			
						种植业	林业	牧业	渔业
1949				469.87	100				
1950	2878.7	152	65.1	487.01	100	74.05	1.84	11.13	3.02
1951	2891.9	162.7	65.1	494.68	100	70.14	4.91	12.37	3.27
1952	2908.3	191.3	65.1	505.69	100	66.67	5.87	12.83	5.06
1953	2942.3	189.8	83.5	514.81	100	69.47	5.29	12.62	5.47
1954	2936	199.6	91.2	522.79	100	64.66	7.18	12.53	6.35
1955	2982.4	227.5	102.5	532.61	100	64.55	6.97	11.53	7.43
1956	3283.4	217.2	110.4	520.4	100	63.99	6.96	11.78	7.09
1957	3223.1	217.4	126	518.8	100	55.19	12.67	13.78	7.15
1958	3014.6	217.5	195.9	645.9	82.9	65.41	10.92	10.79	6.98
1959	2679.7	193.5	220.4	571	99.9	62.79	12.62	6.08	8.51
1960	3026	214.7	261.4	444	91.4	62.97	12.61	4.44	9.91
1961	2820.3	153.4	161.7	460	87.3	66.19	5.78	8.59	10.75
1962	2846.4	152.4	93.1	466.7	82.4	62.32	4.25	11.82	8.11
1963	2792.7	172.4	91.1	469	76.1	60.66	4.65	14.58	8.98

续表

年份	粮食作物播种面积（万亩）	经济作物播种面积（万亩）	其他农作物播种面积（万亩）	农业劳动者（万人）	农业劳动者占农村劳动力比例（%）	历年种植业林牧渔业产值占农林牧渔业总产值比重（%）（按当年现行价格计算）			
						种植业	林业	牧业	渔业
1964	2880.5	210	107.6	488.7	98.3	63.36	6.97	15.23	7.58
1965	2589.2	179.3	195.9	479.23	94	62.99	6.54	15.11	6.54
1966	2974.5	204.1	410.4	505.55	94	64.63	9.09	14.27	7.26
1967	2901.6	185.6	377.1	530.68	94	61.52	8.89	15.01	8.04
1968	2774.1	177.1	268.9	529.78	93.9	61.13	6.94	15.05	7.88
1969	2861.7	174.2	304.1	560.81	94	63.69	7.43	14.06	7.58
1970	3000.7	181.7	343.4	585	89.5	66.34	7.05	12.59	7.01
1971	3251.1	212.4	377.2	533.6	80.8	66.91	6.89	14.14	6.05
1972	3310.7	275.7	437.4	621.38	95.4	68.39	6.93	13.23	6.38
1973	3391.7	263.4	462.5	661.15	99.2	67.92	7.08	12.58	5.96
1974	3391.6	239.5	473.4	675.89	99.2	69.23	6.74	11.49	5.43
1975	3436.3	238.6	459.7	657.41	93.6	68.63	6.87	11.97	5.58
1976	3410.6	248	391.7	688.13	95.9	66.96	7.61	11.64	5.92
1977	3365.9	255.2	382.7	689.29	95.5	70.31	6.66	10.83	5.94
1978	3400.7	270	380.9	696.7	95.7	71.02	6.36	10.51	5.45

续表

年份	粮食作物播种面积（万亩）	经济作物播种面积（万亩）	其他农作物播种面积（万亩）	农业劳动者（万人）	农业劳动者占农村劳动力比例（%）	历年种植业林牧渔业产值占农林牧渔业总产值比重（%）（按当年现行价格计算）			
						种植业	林业	牧业	渔业
1979	3304.9	307.4	354.7	707.55	95.6	63.54	7.59	16.24	8.23
1980	3263.3	310.4	287.2	701.24	94.1	64.17	7.49	16.22	7.85
1981	3206.3	337.4	246.2	715.21	94.5	61.49	8.23	15.59	8.57
1982	3125.3	349.9	229	718.43	90.9	60.14	7.69	16.29	8.96
1983	3126.6	289.8	226.2	725.36	89.8	56.83	8.18	16.86	10.16
1984	3025.6	324.7	229.8	729.45	86.3	55.33	8.77	17.84	10.41
1985	2832.73	391.8	279.03	705.71	80.5	50.62	9.22	19.81	11.07

资料来源：福建省统计局．福建劳动46年［M］．北京：中国统计出版社，1996；福建省统计局．福建奋进的四十年［M］．北京：中国统计出版社，1989；福建省统计局．崛起的海峡西岸经济区——新中国60年的福建［M］．北京：中国统计出版社，2009；福建省统计局农村处．福建省农村统计年鉴［M］．北京：中国统计出版社，1992．

附表 13　1949～1985 年福建省人口总量统计

年份	年末总人口数	比上年增长人口数	年均增长率（‰）
1949	11879000		
1950	12105061	226061	19.03
1951	12334295	229234	18.94
1952	12592002	257707	20.89
1953	13025192	433190	34.40
1954	13385071	359879	27.63
1955	13666171	281100	21.00
1956	14004371	338200	24.75
1957	14525119	520748	37.18
1958	14933811	408692	28.14
1959	15430482	496671	33.26
1960	15726178	295696	19.16
1961	15978093	251915	16.02
1962	16396500	418407	26.19
1963	16783661	387161	23.61
1964	17034889	251228	14.97
1965	17597614	562725	33.03
1966	18136836	539222	30.64
1967	18608137	471301	25.99
1968	19176406	568269	30.54
1969	19744924	568518	29.65
1970	20287464	542540	27.48
1971	20896964	609500	30.04
1972	21506831	609867	29.18
1973	22104100	597269	27.77
1974	22579185	475085	21.49

续表

年份	年末总人口数	比上年增长人口数	年均增长率（‰）
1975	23102667	523482	23.18
1976	23619133	516466	22.36
1977	24111918	492785	20.86
1978	24527671	415753	17.24
1979	24879269	351598	14.33
1980	25177796	298527	12.00
1981	25568993	391197	15.54
1982	26040222	471229	18.43
1983	26397967	357745	13.74
1984	26768338	370371	14.03
1985	27130979	362036	13.55

资料来源：福建省地方志编纂委员会．福建省志·人口志［M］．北京：方志出版社，1998：20.

附表14 1949~1985年福建省市镇总人口和市镇非农业人口

年份	总人口（万人）	市镇人口		市镇非农业人口	
		数量（万人）	占总人口比例（%）	数量（万人）	占总人口比例（%）
1949	1187.9	171.3	14.42		
1954	1338.5	251.9	18.82		
1955	1366.6	206.7	15.13		
1956	1400.4	227.4	16.24	170.7	12.19
1957	1452.5	237	16.32	175	12.05
1958	1493.4	302.1	20.23		
1959	1543.1	345.5	22.39		
1960	1572.6	373.5	23.75		
1961	1597.8	363	22.72	243.5	15.24
1962	1639.7	353.5	21.56	235.2	14.34
1963	1678.4	339	20.2	226.4	13.49

年份	总人口（万人）	市镇人口		市镇非农业人口	
		数量（万人）	占总人口比例（%）	数量（万人）	占总人口比例（%）
1964	1703.5	347.8	20.42	229.1	13.45
1965	1759.8	356.7	20.27	234.4	13.32
1966	1813.7	363.4	20.04	238.8	13.17
1967	1860.8	379.8	20.41	243.4	13.08
1968	1917.6	388.3	20.25	247.8	12.92
1969	1974.5	383.4	19.42	241.5	12.23
1970	2028.7	389.6	19.2	242.6	11.96
1971	2089.7	400.4	19.16	235.8	11.28
1972	2150.7	402.6	18.72	241	11.21
1973	2210.4	413.1	18.69	247.8	11.21
1974	2257.9	424.3	18.79	254.4	11.27
1975	2310.3	439.2	19.01	257.3	11.14
1976	2361.9	448.3	18.98	262.9	11.13
1977	2411.2	457.1	18.96	267.2	11.08
1978	2452.8	467.9	19.08	275.5	11.23
1979	2487.9	484.2	19.46	290.5	11.68
1980	2517.8	498	19.78	300.4	11.93
1981	2556.9	535.9	20.96	311.6	12.19
1982	2604	548.2	21.05	319.8	12.28
1983	2639.8	598	22.65	330.4	12.52
1984	2676.8	997.9	37.28	360	13.45
1985	2713.1	1162.3	42.84	385	14.19

注：公安人口统计年报中市镇人口通常包括两种口径：一是市镇总人口（即市、镇辖区内的全部人口，但不包括市县人口），由于计入辖区范围内的大量郊区乡村人口和县级市所辖乡、镇所辖村的人口，其统计数字偏大。二是市镇非农业人口，由于仅统计居住在市镇范围内的非农业人口，而没有计入进入市镇进行非农业活动的农业人口，统计数字偏小。因此，各年福建城镇人口实际规模介于上述两者之间。

资料来源：福建省地方志编纂委员会．福建省志·人口志［M］．北京：方志出版社，1998：112-113.

附表15 1949~1985年福建省乡村人口及其占总人口比重

年份	总人口（万人）	总人口-市镇人口		总人口-市镇非农业人口	
		数量（万人）	占总人口比例（%）	数量（万人）	占总人口比例（%）
1949	1187.9	1016.6	85.58		
1954	1338.5	1086.6	81.18		
1955	1366.6	1159.9	84.87		
1956	1400.4	1173	83.76	1229.7	97.81
1957	1452.5	1215.5	83.68	1277.5	87.95
1958	1493.4	1191.3	79.77		
1959	1543.1	1197.6	77.61		
1960	1572.6	1199.1	76.25		
1961	1597.8	1234.8	77.28	1354.3	84.76
1962	1639.7	1286.2	78.44	1404.5	85.66
1963	1678.4	1339.4	79.8	1452	86.51
1964	1703.5	1355.7	79.58	1474.4	86.55
1965	1759.8	1403.1	79.73	1525.4	86.68
1966	1813.7	1450.3	79.96	1574.9	86.83
1967	1860.8	1481	79.59	1617.4	86.92
1968	1917.6	1529.3	79.75	1669.8	87.08
1969	1974.5	1591.1	80.58	1733	87.77
1970	2028.7	1639.1	80.8	1786.1	88.04
1971	2089.7	1689.3	80.84	1853.9	88.72
1972	2150.7	1748.1	81.28	1909.7	88.79
1973	2210.4	1797.3	81.31	1962.6	88.79
1974	2257.9	1833.6	81.21	2003.5	88.73
1975	2310.3	1871.1	80.99	2053	88.86
1976	2361.9	1913.6	81.02	2099	88.87
1977	2411.2	1954.1	81.04	2144	88.92
1978	2452.8	1984.9	80.92	2177.3	88.77

年份	总人口（万人）	总人口-市镇人口		总人口-市镇非农业人口	
		数量（万人）	占总人口比例（%）	数量（万人）	占总人口比例（%）
1979	2487.9	2003.7	80.54	2197.4	88.32
1980	2517.8	2019.8	80.22	2217.4	88.07
1981	2556.9	2021	79.04	2245.3	87.81
1982	2604	2055.8	78.95	2284.2	87.72
1983	2639.8	2041.8	77.35	2309.4	87.48
1984	2676.8	1678.9	62.72	2316.8	86.55
1985	2713.1	1550.8	57.16	2328.1	85.81

资料来源：福建省地方志编纂委员会．福建省志·人口志［M］．北京：方志出版社，1998：121-122.

附表16　福建省若干年相关数据

年份	GDP（亿元）	人均GDP（元）	农业GDP（亿元）	农业GDP比重（%）A	农业劳动力比重（%）B	农业劳动力贡献系数 A/B	非农部门劳动力贡献系数 (1-A)/(1-B)	非农与农业劳动力贡献系数之比 [(1-A)/(1-B)]/(A/B)	城镇居民人均收入（元）C	农民人均收入（元）D	城乡居民收入比 C/D
1952	12.73	102	8.44	66.3	81.95	0.81	1.87	2.31	106.18	69.97	1.52
1955	16.45	122	9.57	58.17	80.49	0.72	2.14	2.97	138.26	91.95	1.50
1957	22.03	154	11.32	51.38	79.38	0.65	2.36	3.63	164.68	112.13	1.47
1959	29.22	192	11.13	38.09	64.03	0.59	1.72	2.92	205.85	104.85	1.96
1962	22.12	137	11.23	50.76	78.34	0.65	2.27	3.49	203.4	154.57	1.32
1964	25.95	153	11.48	44.24	79.16	0.56	2.68	4.79	210.6	134.58	1.56
1965	28.81	166	13.5	46.86	79.14	0.59	2.55	4.32	216.58	128.74	1.68
1966	32.13	180	14.34	44.63	79.27	0.56	2.67	4.77	222.72	133.38	1.67
1975	46.92	201	20.45	43.58	79.13	0.55	2.71	4.93	332.61	100.39	3.31
1978	66.37	273	28.22	42.52	75.11	0.57	2.31	4.05	370.58	137.54	2.69
1980	87.06	348	31.13	35.76	72.93	0.49	2.37	4.84	449.64	171.75	2.62
1981	105.62	416	37.93	35.91	71.51	0.5	2.25	4.50	451.52	231.65	1.95
1982	117.81	457	42.74	36.28	70.02	0.52	2.13	4.09	519.56	268.16	1.94

续表

年份	GDP（亿元）	人均GDP（元）	农业GDP（亿元）	农业GDP比重（%）A	农业劳动力比重（%）B	农业劳动力贡献系数 A/B	非农部门劳动力贡献系数 (1-A)/(1-B)	非农与农业劳动力贡献系数之比 [(1-A)/(1-B)]/(A/B)	城镇居民人均收入（元）C	农民人均收入（元）D	城乡居民收入比 C/D
1983	127.76	487	44.11	34.53	68.71	0.5	2.09	4.18	573.36	301.84	1.89
1984	157.06	591	50.81	32.35	66.24	0.49	2.01	4.10	582.15	344.94	1.69
1985	200.48	737	59.34	29.59	61.55	0.48	1.83	3.81	733.31	396.45	1.85

注：A 表示农业 GDP 占总 GDP 比例；B 表示农业劳动力占社会劳动者比例；(1-A)/(1-B) 为非农部门劳动力对 GDP 贡献系数；A/B 为平均每单位农业劳动力对 GDP 贡献系数；[(1-A)/(1-B)]/(A/B) 为非农部门劳动力与农业部门劳动力对 GDP 贡献系数之比。A/B 小于 1 表明非农部门对经济增长贡献率高，农业劳动力生产效率低，农民从事农业劳动所创造的社会财富低于社会平均水平。

资料来源：黄祖辉、王敏．农民收入问题：基于结构和制度层面的探析 [J]．中国人口科学，2002 (4)：17；福建省委政策研究室．辉煌五十年 (福建卷) [M]．北京：中央文献出版社，1999：248，265；福建省统计局．崛起的海峡西岸经济区——新中国 60 年的福建 [M]．北京：中国统计出版社，2009：224；福建省统计局．福建劳动 46 年 [J]．北京：中国统计出版社，1996：11.

后　记

　　本书是在我的博士论文基础上修改完善而成的。我博士论文的顺利完成，首先要感谢我的博士生导师陈永正研究员给予的指导与支持。陈老师学识渊博、治学严谨，循循善诱，谆谆教导，从论文的开题到初稿完成，以及论文预答辩和送审都给予悉心指导，同时，在生活上，陈老师也给予我无微不至的关怀，他亲和睿智、平易近人，做人和做事的原则，让我受益终生，在此谨致以衷心的感谢！在论文的写作过程中，我也得到了师母林小玲老师的鼓励支持与帮助，让我感到无比温暖。

　　在本书撰写过程以及博士学习阶段，多位老师、同事和好友给了我很大的支持与帮助。在出版之际，我务须一一感谢。

　　在博士学习阶段，许多老师在课堂上给予我启迪。感谢王林萍教授、黄和亮教授、徐学荣教授、郑庆昌教授、陈钦教授、庄佩芬教授等。

　　在博士论文资料收集和写作过程中，我得到了众人的帮助。感谢福建省档案馆给予的大力支持，特别感谢陈慧芳副处长对我查询资料的帮助。感谢刘伟平教授在论文选题、调研和写作阶段对我的指导。感谢宁满秀教授、林本喜副教授对本研究开题提出的宝贵意见。感谢王文烂教授对我论文框架的具体指导，感谢他细致认真、真诚与专业的修改。感谢管曦副教授和唐江桥博士对我论文具体章节提出的指导意见，他们付出相当多的时间帮助我修改论文。感谢福建省委党史研究室原副主任林强研究员对我论文初稿的评审意见。在本书修改完善过程中，感谢苏时鹏教授对本书的审读意见，感谢杨国永副教授对本书修改完善的指导。

　　最后，要感谢我的父亲母亲、岳父岳母，以及我的妻子。在博士论文写作过程中，他们不仅给予我精神上的支持，而且给我论文写作提供了充足的时间保证。父母远在安徽老家经常打电话关心我论文进展。而我的妻子既要照顾刚刚出生的儿子，又要兼顾工作，我内心十分感激她对我默默的支持。本书修改完成之际正是儿子上幼儿园小班之时，在孩子需要我陪伴的时光里，我因忙于书稿修改没有更多的时间陪他，内心亏欠之感日渐深重，感谢岳父岳母帮忙照顾和接送小孩。

掩卷而思，还有许多老师、同事和好友未能一一提及，在此一并感谢！

谨以此拙作献给我所有的老师、同事、家人和朋友！

尹　峻

2020 年 10 月于福州

图书在版编目（CIP）数据

福建农业经营制度变迁研究：1949-1985 / 尹峻著. —北京：经济管理出版社，
2020.12

ISBN 978-7-5096-7665-3

Ⅰ. ①福… Ⅱ. ①尹… Ⅲ. ①农业经营—经济制度—研究—福建—1949-1985
Ⅳ. ①F327.57

中国版本图书馆 CIP 数据核字（2020）第 253996 号

组稿编辑：张馨予
责任编辑：张馨予
责任印制：黄章平
责任校对：陈晓霞

出版发行：经济管理出版社
　　　　　（北京市海淀区北蜂窝 8 号中雅大厦 A 座 11 层　100038）
网　　　址：www. E-mp. com. cn
电　　　话：（010）51915602
印　　　刷：唐山玺诚印务有限公司
经　　　销：新华书店
开　　　本：720mm×1000mm /16
印　　　张：19.75
字　　　数：323 千字
版　　　次：2020 年 12 月第 1 版　　2020 年 12 月第 1 次印刷
书　　　号：ISBN 978-7-5096-7665-3
定　　　价：98.00 元